Marcelino Menéndez y Pelayo

Historia de los heterodoxos españoles

Libro VII

Barcelona **2024**
Linkgua-ediciones.com

Créditos

Título original: *Historia de los heterodoxos españoles.*

© 2024, Red ediciones S.L.

e-mail: info@linkgua.com

Diseño de cubierta: Michel Mallard.

ISBN tapa dura: 978-84-9953-709-2.
ISBN ebook: 978-84-9897-100-2.

Sumario

Brevísima presentación

La vida

Marcelino Menéndez y Pelayo. (1856-1912). España.

Estudió en la Universidad de Barcelona (1871-1873) con Milá y Fontanals, en la de Madrid (1873), y en Valladolid (1874), donde hizo amistad con el ultraconservador Gurmesindo Laverde, que lo apartó de su liberalismo.

Trabajó en las bibliotecas de Portugal, Italia, Francia, Bélgica y Holanda (1876-1877) y ejerció de catedrático de la Universidad de Madrid (1878). En 1880 fue elegido miembro de la Real Academia española, diputado a Cortes entre 1884 y 1892 y fue director de la Real Academia de la Historia. Al final de su vida recuperó su liberalismo inicial.

La historia antigua de los heterodoxos

Sin la historia eclesiástica (ha dicho Hergenroether) no hay conocimiento completo de la ciencia cristiana, ni de la historia general, que tiene en el cristianismo su centro. Si el historiador debe ser teólogo, el teólogo debe ser también historiador para poder dar cuenta del pasado de su Iglesia a quien le interrogue sobre él o pretenda falsearlo. [...] Nada envejece tan pronto como un libro de historia. [...] El que sueñe con dar ilimitada permanencia a sus obras y guste de las noticias y juicios estereotipados para siempre, hará bien en dedicarse a cualquier otro género de literatura, y no a éste tan penoso, en que cada día trae una rectificación o un nuevo documento. La materia histórica es flotante y móvil de suyo, y el historiador debe resignarse a ser un estudiante perpetuo...

A pesar de que, como admitía Menéndez Pelayo en las «Advertencias preliminares» a la segunda edición de *La historia de los heterodoxos españoles* de 1910, «nada envejece tan pronto como un libro de historia», ésta sigue siendo una obra sumamente erudita y un documento de incomparable interés para entender el pensamiento conservador de un sector significativo de la sociedad española de principios del siglo XX.

Libro séptimo

Capítulo I. La heterodoxia entre los afrancesados

I. Invasión francesa. El espíritu religioso en la guerra de la Independencia. II. La heterodoxia entre los afrancesados. Obras cismáticas de Llorente. Política heterodoxa del rey José: desamortización, abolición del Santo oficio. III. Literatos afrancesados. IV. Semillas de impiedad esparcidas por los soldados franceses. *Sociedades secretas.*

I. Invasión francesa. El espíritu religioso en la Guerra de la Independencia

Nunca, en el largo curso de la historia, despertó nación alguna tan gloriosamente después de tan torpe y pesado sueño como España en 1808. Sobre ella había pasado un siglo entero de miseria y rebajamiento moral, de despotismo administrativo sin grandeza ni gloria, de impiedad vergonzante, de paces desastrosas, de guerras en provecho de niños de la familia real o de codiciosos vecinos nuestros, de ruina acelerada o miserable desuso de cuanto quedaba de las libertades antiguas, de tiranía sobre la Iglesia con el especioso título de protección y patronato y, finalmente, de arte ruin, de filosofía enteca y de literatura sin poder ni eficacia, disimulado todo ello con ciertos oropeles de cultura material, que hoy los mismos historiadores de la escuela positivista (Buckle por ejemplo) declaran somera, artificial, contrahecha y falsa.

Para que rompiésemos aquel sopor indigno; para que de nuevo resplandeciesen con majestad no usada las generosas condiciones de la raza, aletargadas, pero no extintas, por algo peor que la tiranía, por el achatamiento moral de gobernantes y gobernados y el olvido de volver los ojos a lo alto; para que tornara a henchir ampliamente nuestros pulmones el aire de la vida y de las grandes obras de la vida; para recobrar, en suma, la conciencia nacional, atrofiada largos días por el fetichismo covachuelista de la augustísima y beneficentísima persona de Su Majestad, era preciso que un mar de sangre corriera desde Fuenterrabía hasta el seno gaditano, y que en esas rojas aguas nos regenerásemos después de abandonados y vendidos por nuestros reyes y de invadidos y saqueados con perfidia e iniquidad más que púnicas por la misma Francia, de la cual todo un siglo habíamos sido pedisecuos y remedadores torpísimos.

Pero ¡qué despertar más admirable! ¡Dichoso asunto, en que ningún encarecimiento puede parecer retórico! ¡Bendecidos muros de Zaragoza y Gerona, sagrados más que los de Numancia; asperezas del Bruch, campos de Badén, épico juramento de Langeland y retirada de los 9.000, tan maravillosa como la que historió Jerofonte!, ¿qué edad podrá oscurecer la gloria de aquellas victorias? y ¿de aquellas derrotas, si es que en las guerras nacionales puede llamarse derrota lo que es martirio, redención y apoteosis para el que sucumbe y prenda de victoria para el que sobrevive?

Precisamente en lo irregular consistió la grandeza de aquella guerra, emprendida provincia a provincia, pueblo a pueblo: guerra infeliz cuando se combatió en tropas regulares o se quiso centralizar y dirigir el movimiento, y dichosa y heroica cuando, siguiendo cada cual el nativo impulso de disgregación y de autonomía, de confianza en sí propio y de enérgico y desmandado individualismo, lidió tras de las tapias de su pueblo, o en los vados del conocido río, en las guájaras y fraguras de la vecina cordillera, o en el paterno terruño, ungido y fecundizado en otras edades con la sangre de los domeñadores de moros y de los confirmantes de las cartas municipales, cuyo espíritu pareció renacer en las primeras juntas. La resistencia se organizó, pues, democráticamente y a la española, con ese federalismo instintivo y tradicional que surge en los grandes peligros y en los grandes reveses, y fue, como era de esperar, avivada y enfervorizada por el espíritu religioso, que vivía íntegro a lo menos en los humildes y pequeños, y caudillada y dirigida en gran parte por los frailes. De ello dan testimonio la dictadura del padre Rico en Valencia, la del padre Gil en Sevilla, la de fray Marlano de Sevilla en Cádiz, la del padre Puebla en Granada, la del obispo Menéndez de Luarca en Santander. Alentó la Virgen del Pilar el brazo de los zaragozanos, pusiéronse los gerundenses bajo la protección de san Narciso; y en la mente de todo estuvo, si se quita el escaso número de los llamados liberales, que por loable inconsecuencia dejaron de afrancesarse, que aquélla guerra, tanto como española y de independencia, era guerra de religión contra las ideas del siglo XVIII difundidas por las legiones napoleónicas. ¡Cuán cierto es que en aquella guerra cupo el lauro más alto a lo que su cultísimo historiador, el conde de Toreno, llama, con su aristocrático desdén de prohombre doctrinario, singular demagogia, pordiosera y afrailada supersticiosa y muy repugnante! ¡Lástima que sin esta demagogia tan maloliente, y que tanto atacaba los nervios al ilustre conde, no sean posibles Zaragozas ni Geronas!

Sin duda, por no mezclarse con esa demagogia pordiosera, los cortesanos de Carlos IV, los clérigos ilustrados y de luces, los abates, los literatos, los economistas y los filántropos tomaron muy desde el principio el partido de los franceses y constituyeron aquella legión de traidores, de eterno vilipendio en los anales del mundo, que nuestros mayores llamaron afrancesados. Después de todo, no ha de negarse que procedieron con lógica; si ellos no eran cristianos ni españoles, ni tenían nada de común con la antigua España sino el haber nacido en su suelo, si además los invasores traían escritos en su bandera todos los principios de gobierno que ellos enaltecían; si para ellos el ideal, como ahora dicen, era un déspota ilustrado, un césar impío que regenerase a los pueblos por fuerza y atase corto al papa y a los frailes, si además este césar traía consigo el poder y el prestigio militar más formidable que han visto las edades, en términos que parecía loca temeridad toda resistencia, ¿cómo no habían de recibirlo con palmas y sembrar de flores y agasajos su camino?

La caída del Príncipe de la Paz a consecuencia del motín de Aranjuez (17 de marzo de 1808) dejó desamparados a muchos de sus parciales, y procesados a Estala y otros, todos los cuales, por odio a la causa popular a los que llamaban bullangueros, no tardaron en ponerse bajo a protección de Murat. Ni tampoco podía esperarse más de los primeros ministros de Fernando VII, los Azanza, Ofarril, Ceballos, Escoiquiz Caballero, todos los cuales, tras de haber precipitado el insensato viaje del rey a Bayona, o pasaron a los consejos del rey José, o se afrancesaron a medias, o fueron, por su torpeza y necias pretensiones diplomáticas, risa y baldón de los extraños.

Corrió al fin la sangre de mayo, y ni siquiera la sanguinaria orden del día de Murat, que lleva aquella fecha bastó a apartar de él a los afrancesados, que no solo dieron por buenas las denuncias de Bayona, sino que concurrieron a las irrisorias Cortes convocadas allí por Napoleón para labrar la felicidad de España y destruir los abusos del antiguo régimen, como decía la convocatoria de 24 de mayo.[1] Las 150 personas que habían de constituir esta diputación, representando el clero, la nobleza y el estado llano, fueron designadas por la llamada junta Suprema de Gobierno o elegidas atropellada y desigualmente, no por las

---

1 «Españoles: Vuestra monarquía es vieja, mi misión es renovarla; mejoraré vuestras instituciones y os haré gozar, si me ayudáis, de los beneficios de una reforma sin que experimentéis quebrantos, desórdenes y convulsiones.»

provincias, alzadas en armas contra la tiranía francesa, sino por los escasos partidarios de la conquista napoleónica, que se albergaban en Madrid o en la frontera, anunciando en ostentosas proclamas que el héroe a quien admiraba el mundo concluiría la grande obra en que estaba trabajando de la regeneración política. Algunos de los nombrados se negaron rotundamente a ir, entre ellos el austero obispo de Orense, don Pedro de Quevedo y Quintano, que respondió al duque de Berg y a la junta con una punzante y habilísima representación, que corrió de un extremo a otro de España, labrando hondamente en los ánimos.

Los pocos españoles congregados en Bayona a título de diputados (en 15 de junio aún no llegaban a 30) reconocieron solemnemente por rey de España a José Bonaparte, el cual, entre otras cosas, dijo al inquisidor don Raimundo Ethenard y Salinas que «la religión era base de la moral y de la prosperidad pública y que debía considerarse feliz a España, porque en ella solo se acataba la verdadera»; palabras vanas y encaminadas a granjearse algunas voluntades, que ni aun por ese medio logró el intruso, viéndose obligado a cambiar de táctica muy pronto y a apoyarse en los elementos más francamente innovadores.

Abriéronse al fin las Cortes de Bayona el 15 de junio, bajo la presidencia de don Miguel de Azanza, antiguo virrey de México, a quien asistieron como secretarios don Mariano Luis de Urquijo, del Consejo de Estado, y don Antonio Ranz Romanillos, del de Hacienda, conocido helenista, traductor de Isócrates y de Plutarco. Anunció el presidente en su discurso de apertura que «nuestro mismo regenerador, ese hombre extraordinario que nos vuelve una patria que habíamos perdido, se había tomado la pena (sic) de disponer una Constitución para que fuese la norma inalterable de nuestro gobierno».

Efectivamente, el proyecto de Constitución fue presentado a aquellas Cortes, pero no formado por ellas, y aun hoy se ignora quién pudo ser el verdadero autor, puesto que Napoleón no había de tener tiempo para entretenerse en tal cosa. Nada se dijo en ella contra la unidad religiosa, pero ya algunos diputados, como don Pablo Arribas, luego de tantísima fama como ministro de Policía, y don José Gómez Hermosilla, buen helenista y atrabiliario crítico, de los de la falange moratiniana, solicitaron la abolición del Santo oficio, a la cual fuertemente se opuso el inquisidor Ethenard, secundado por algunos consejeros de Castilla. También don Ignacio Martínez de Villela propuso, sin resultado, que a nadie se persiguiese por sus opiniones religiosas o políticas, consignándose así expresamente en la Constitución. La cual murió non nata, sin que llegara siquiera a reunir cien firmas, aunque de grado o por fuerza se hizo suscribirla a todos los españoles que residían en Bayona.

Reorganizó José su Ministerio, dando en él la secretaría de Estado el famoso Urquijo, promotor de la descabellada tentativa de cisma jansenista en tiempo de Carlos IV; la de Negocios Extranjeros, a don Pedro Ceballos; la de Hacienda, a Cabarrús; la de Guerra, a Ofarril; la de Gracia y Justicia, a don Sebastián Piñuela; la de Marina, a Mazarredo, y la de Indias, a Azanza.[2] En vano se intentó atraer a don Gaspar Melchor de Jovellanos y comprometer su nombre haciéndole sonar como ministro del Interior en la *Gaceta de Madrid*, porque él se resistió noblemente a las instancias de todos sus amigos, especialmente de Cabarrús, y les respondió en una de sus comunicaciones que, «aunque la causa de la Patria fuese tan desesperada como ellos imaginaban, sería siempre la causa del honor y en la lealtad, y la que a todo trance debía seguir un buen español»

II. La heterodoxia entre los afrancesados. Obras cismáticas de Llorente. Política heterodoxa del rey José: desamortización, abolición del Santo oficio

Los afrancesados y los liberales, que, andando el tiempo, fácilmente perdonaron a los afrancesados su apostasía en consideración al amor que profesaban a la cultura y a las luces del siglo, se deshacen en elogios del rey José, pintándole como hombre de condición suave y apacible, aunque muy dado al regalo y a los deleites; cortés y urbano, algo flojo de voluntad, pero muy amante del progreso. ¡Lástima que nuestros padres no se hubiesen entusiasmado con ese rey filósofo (así le llamaban en las logias), cuyos sicarios venían a traernos la nueva luz por medios tan eficaces como los saqueos de Córdoba y las sacrílegas violaciones de Rioseco!

Estipulóse en los dos primeros artículos de la capitulación de Madrid (4 de diciembre de 1808) «La conservación de la religión católica, apostólica, romana, sin tolerancia de otra alguna», y «de las vidas, derechos y propiedades de los eclesiásticos seculares y regulares, conservándose el respeto debido a

---

2   Después de la rota de Bailén, Piñuelas y Ceballos abandonaron el partido del intruso. A Ceballos le exceptuó Napoleón en el llamado perdón general, que dio en Burgos en 12 de noviembre.

los templos, conforme a nuestras leyes». Pero, apenas instalado Napoleón en su cuartel general de Chamartín, decretó la abolición del Santo oficio, la venta de las obras pías y la reducción de los conventos a la tercera parte, con cuyas liberales medidas creció el número de afrancesados. En Valladolid suprimió el convento de dominicos de san Pablo so pretexto de que en él habían sido asesinados varios franceses.

Entronizado de nuevo José por el esfuerzo de su hermano, decretó en 17 de agosto la supresión de todas las órdenes monacales, mendicantes y de clérigos regulares, adjudicando sus bienes a la Real Hacienda, y en decretos sucesivos declaró abolida la prestación agrícola que llamaban voto de Santiago mandó recoger la plata labrada de las iglesias y suprimió toda jurisdicción civil y criminal de los eclesiásticos, con otras providencias al mismo tenor, ante las cuales se extasía aún hoy el señor Mesonero Romanos en sus *Memorias de un setentón,*[3] llamándolas «desenvolvimiento lógico del programa liberal iniciado por Napoleón en Chamartín».

El canonista áulico de José era, como no podía menos de serlo, el famoso don Juan Antonio Llorente, de cuyas hazañas en tiempos de Carlos IV tienen ya noticia nuestros lectores, y que, perdidas sus antiguas esperanzas de obispar y mal avenido con su dignidad de maestrescuela de Toledo, que le parecía corto premio para sus merecimientos, encontró lucrativo, ya que no honroso, el meterse a incautador y desamortizador con título de director general de Bienes Nacionales, cargo de que los mismos franceses tuvieron que separarle por habérsele acusado de una sustracción, o, como ahora dicen, irregularidad, de 11 millones de reales. No resultó probado el delito, pero Llorente no volvió a su antiguo destino, trocándole por el de comisario de Cruzada. Durante la ocupación francesa, Llorente divulgó varios folletos, en que llama a los héroes de nuestra independencia plebe y canalla vil, pagada por el oro inglés; se hizo cargo de los papeles de la Inquisición que llegaron a sus manos (no todos afortunadamente), quemó unos y separó los restantes para valerse de ellos en la *Historia,* que ya traía en mientes, y escribió varios opúsculos canónicos, de que conviene dar más menuda noticia. Es el primero la *Colección diplomática de varios papeles antiguos y modernos sobre dispensas matrimoniales y otros*

---

3   Madrid, Imprenta de la *Ilustración española y americana* (1880), página 73.

16

Puntos de disciplina eclesiástica,[4] almacén de papeles regalistas, jansenísticos y medio cismáticos en que andan revueltos, con leyes de Honorio y de Recesvinto y con el *Parecer* de Melchor Cano el *Pedimento* de Macanaz y las contestaciones de los obispos favorables al cisma de Urquijo; todo ello para demostrar que «los obispos deben dispensar los impedimentos del matrimonio y demás gracias necesarias para el bien espiritual de sus diocesanos cuando el gobierno lo considere útil, aun estando expedito el recurso a Roma» y «que la suprema potestad civil es la única que pudo poner originalmente impedimentos al matrimonio»…, todo lo cual corrobora el autor con citas del *Código de la humanidad* y de la *Legislación Universal*, no sin insinuar, así como de pasada, que él y otros canonistas de su laya reconocían en el infeliz José iguales derechos que en los monarcas visigodos para convocar nuevos sínodos toledanos y estatuir o abrogar leyes eclesiásticas restaurando la pura disciplina.

Con mucha copia de doctrina jurídica contestó a este papel el doctor don Miguel Fernández de Herrezuelo, lectoral de Santander, en un cuaderno que llamó *Conciso de memorias eclesiásticas y político-civiles*,[5] donde no se limitó al punto de las dispensas, en que la doctrina de Llorente es formalmente herética, como lo declaran las proposiciones 57 y 60 de la bula *Auctorem Fidei*, por la cual Pío VI condenó a los fautores del sínodo de Pistoya, sino que se remontó al origen de la potestad y jurisdicción de la Iglesia, probando que no era meramente interna y espiritual, sino también exterior y contenciosa, y que desde los mismos tiempos de san Pablo había puesto y declarado impedimentos al matrimonio, v. gr., el de *cultus disparitas: nolite iugum ferre cum infidelibus*.

Los consejeros del rey José dieron la razón a Llorente, y por real decreto de 16 de diciembre de 1810 mandaron a los pocos obispos que les obedecían

---

4 Su autor, don Juan Antonio Llorente, doctor en Cánones y abogado de los tribunales nacionales. Segunda edición. Madrid. Imprenta de don Tomás Albán y Compañía, 1822 (es reimpresión, como se ve, la primera edición es de 1809, por Ibarra), VIII + 268 + 8 de apéndice.

5 *Conciso... en defensa de la potestad de la Iglesia y Silla de san Pedro, contra la doctrina estampada en el discurso preliminar de la «Colección diplomática»*, que dio a luz don Juan Antonio Llorente, sobre dispensas matrimoniales y otros *Puntos de disciplina eclesiástica*; con una crítica anti-diplomática de algunas materias de la Colección. Ordenado y publicado por el doctor don Miguel Fernández de Herrezuelo, presbítero, canónigo lectoral de la santa iglesia de Santander, examinador sinodal del obispado. Madrid, Imprenta de Ibarra, 1813; 4.º, 131 páginas.

dispensar en todo género de impedimentos; tropelía muy conforme con la desatentada política que el césar francés había adoptado con el mártir Pío VII. Pero Llorente lanzado ya a velas desplegadas en el mar del cisma, no se satisfizo con la abolición de las reservas, y quiso completar su sistema en una *Disertación sobre el poder que los reyes españoles ejercieron hasta el siglo XII en la división de obispados y otros Puntos de disciplina eclesiástica*,[6] [7] con un apéndice de escrituras merodeadas de aquí y de allá, truncadas muchas de ellas, apócrifas o sospechosas otras, y no pertinentes las más a la cuestión principal. Habían proyectado los ministros de José hacer por sí y ante sí nueva división del territorio eclesiástico, conforme en todo a la división civil, y Llorente acudió a prestarles el auxilio de su erudición indigesta y causídica, previniendo la opinión para el más fácil cumplimiento de los edictos reales. Decir que en las 200 páginas de su libro, que es a la vez alegato colección diplomática, se barajan lo humano y lo divino, y la cronología, y la historia, y los cánones con los abusos de tiempos revueltos, ocultando el autor maliciosamente todos los casos y documentos en que la potestad pontificia aparece interviniendo en la demarcación de diócesis, sería poco decir, y ya es de sospechar en cuanto se nombra al autor. Pero aún hay cosas más graves. Llorente, que no creía en la legitimidad de la Ithación, de Wamba, la aprovecha, sin embargo, porque le conviene para sus fines; y, encontrándose con la otra división, a todas luces apócrifa, de los obispados de Galicia, que se dice hecha en el siglo VI, en un concilio de Lugo, por el rey suevo Teodomiro, niega el concilio y la autenticidad de la escritura, pero admite la división, suponiéndola hecha por el rey, de su propia autoridad y sin intervención de ningún concilio. A la verdad, tanta frescura asombra, y no hay paciencia que baste ni pudor crítico que no se sonroje al oír exclamar a aquel perenne abogado de torpísimas causas, dos veces renegado como español y

---

6   *Disertación... con un apéndice de Escrituras en que constan los hechos citados en la Disertación*: su autor, don Juan Antonio Llorente, doctor en Cánones y abogado de los Tribunales Nacionales. Segunda edición. Madrid, Imprenta de Albán y Compañía; 4.º, 211 páginas (la primera edición es de Madrid, por Ibarra, 1810).

7   Fue refutada, algo tardíamente, por el docto benedictino catalán fray Roque de Olzinellas de su *Disertación sobre la división de obispados*, en la que se demuestran los errores críticos y teológicos en que han caído el señor Llorente, la comisión eclesiástica de las Cortes extraordinarias de 1823 y la Diputación Provincial de Barcelona del mismo año (obra póstuma, impresa en Barcelona, 1842, en la tipografía de Forner).

como sacerdote: «Congratulémonos de que, por uno de aquellos caminos ines-
perados que la divina Providencia manifiesta de cuando en cuando, haya llegado
el día feliz en que los reyes y obispos reivindiquen aquellos derechos que Dios
concedió a las dignidades real y episcopal» (página 51).

En la Academia de la Historia leyó Llorente en 1812 una *Memoria histórica
sobre cuál ha sido la opinión nacional de España acerca del Tribunal de la
Inquisición*,[8] donde, con hacinar muchos y curiosos documentos, ni por semejas
hiere la cuestión, ya que la opinión nacional acerca del Tribunal de la Fe no ha
de buscarse en los clamores, intrigas y sobornos de las familias de judaizantes y
conversos, a quien andaba a los alcances el santo Tribunal, ni en las amañadas
demandas de contrafuero promovidas en Aragón por los asesinos de san Pedro
Arbués y los cómplices de aquella fazaña, ni en los pleitos, rencillas y concordias de jurisdicción con los tribunales seculares, en que nadie iba al fondo de
las cosas, sino a piques de etiqueta o a maneras de procedimiento, sino en el
unánime testimonio de nuestros grandes escritores y de cuantos sintieron y
pensaron alto en España desde la edad de los reyes católicos; en aquellos juramentos que restaban a una voz inmensas muchedumbres congregadas en los
autos de fe y en aquella popularidad inaudita que por tres Siglos y sin mudanza
alguna disfrutó un Tribunal que solo a la opinión popular debía su origen y su

8   *Memoria histórica sobre quál ha sido la opinión nacional de España acerca del Tribunal
     de la Inquisición*, leída en la Real Academia de la Historia en las juntas ordinarias de los
     días 25 de octubre, 1, 8 y 15 de noviembre de 1811, por su autor, el Consejero de Estado
     don Juan Antonio Llorente, presbítero, dignidad de maestrescuela y canónigo de Toledo,
     caballero comendador de la Real Orden de España, comisario general apostólico de
     Cruzada, para pasar a la clase de Académico numerario de la Real Academia de la Historia.
     En Madrid, en la Imprenta de Sancha, 1812; 8.º, 324 páginas.
     En el exordio escribe Llorente lo que sigue: «Habiendo el emperador de los franceses,
     Napoleón Primero, conquistado esta plaza de armas de Madrid por capitulación a 4 de
     diciembre de 1808, y dado aquel día un decreto en su cuartel general de Chamartín
     suprimiendo el Tribunal de la Inquisición..., se apoderó de las llaves y papeles de todas
     las oficinas del Consejo de la Suprema el general de brigada Lauverdiére, comandante y
     gobernador militar de la plaza de Madrid. Restituido a Francia el emperador, y reconocido
     segunda vez por rey de las Españas su hermano Joséf Napoleón Primero, mandó este
     monarca, en principios de marzo de 1810, que dicho general Lauverdiére me diera las
     llaves como a colector general de conventos y establecimientos suprimidos. Lo hizo el
     general, despúes de haber permitido a varias personas sacar muchos papeles y libros por
     espacio de dos meses».

19

fuerza y solo en ella podía basarse. El mismo Llorente se asombra de esto, y exclama: «Parece imposible que tantos hombres sabios como ha tenido España en tres siglos, hayan sido de una misma opinión». Por descontado que él lo explica con la universal tiranía; recurso tan pobre como fácil cuando no se sabe encontrar la verdadera raíz de un grande hecho histórico o cuando, encontrándola, falta valor para confesarlo virilmente. ¿A quién se hará creer que fray Luis de Granada, por ejemplo, no cedía a más noble impulso que el del temor servil cuando en el *Sermón de las caídas* públicas llamaba a la Inquisición «muro de la Iglesia, columna de la verdad, guarda de la fe, tesoro de la religión, arma contra los herejes, lumbre contra los engaños del enemigo y toque en que se prueba la fineza de la doctrina, si es verdadera o falsa»? ¡Singular prodigio histórico el de una institución impopular que todos aplauden y que dura tres siglos! ¡Cualquiera diría que los inquisidores no salían del mismo pueblo español o que eran de raza distinta que se había impuesto por conquista y fuerza de armas! Pasó ya, gracias a Dios, tan superficial modo de considerar la historia, dividiéndola entre oprimidos y opresores, tiranos y esclavos. Los mismos que condenan la Inquisición como arma de tiranía, tendrán que confesar hoy que fue tiranía popular, tiranía de raza y sangre, fiero sufragio universal, justicia democrática que niveló toda cabeza, desde el rey hasta el plebeyo y desde el arzobispo hasta el magnate; autoridad, en suma, que los reyes no alzaron, sino que se alzó sobre los reyes, y que, como los antiguos gobiernos demagógicos de Grecia, tuvo por campo y teatro de sus triunfos el ancho estadio de la plaza pública.

La retirada de los franceses en 1813 sorprendió a Llorente cuando solo llevaba publicados dos volúmenes de su historia de la Inquisición, que a principio pensó dar a luz en lengua castellana y en forma de *Anales*. Obligado ya a cambiar de propósito, se llevó a Francia los apuntes y extractos que tenía hechos, y también muchos papeles originales de los archivos de la Inquisición de Aragón, que con poca conciencia se apropió y que sin escrúpulo vendió luego a la Biblioteca Nacional de París, donde hoy se conservan encuadernados en dieciocho volúmenes. Entre ellos figuran procesos tan importantes como el del vicecanciller Alfonso de la Caballería, el de los Santafé, el de los asesinos de san Pedro de Arbués, el de Antonio Pérez, el de don Diego de Heredia y demás revolvedores de Zaragoza en tiempo de Felipe II.

El aparato de documentos que Llorente reunió para su historia fue tan considerable, que ya difícilmente ha de volver a verse junto. Verdad es que se escaparon de sus garras muchos procesos de las inquisiciones de provincia, cuyos despojos, aunque saqueados y mutilados por la mano ignorante del vandalismo revolucionario, han pasado en épocas distintas a enriquecer nuestros archivos de Simancas y Alcalá; cierto que jamás llegó a leer el proceso de fray Luis de León, el del Brocense y otros no menos importantes, por lo cual la parte literaria de su libro 1 es manca y pobrísima. A todo lo cual ha de agregarse que su erudición en materia de libros impresos era muy corta; su crítica, pueril; su estilo, insulso y sin vigor ni gracia. Pero como había usado y abusado de todos los medios puestos ampliamente a su alcance, y registrado bulas y breves de papas, ordenanzas reales, consultas del Consejo, cartas de la Suprema a los tribunales de provincias, instrucciones y formularios, extractos de juicios y gran número de causas íntegras, pudo dar gran novedad a un asunto ya de suyo poco menos que virgen y sorprender a los franceses con un matorral de verdades y de calumnias.

Está tan mal hecho el libro de Llorente, que ni siquiera puede aspirar al título de libelo o de novela, porque era tan seca y estéril la fantasía del autor y de tal manera la miseria de su carácter moral ataba el vuelo de su fantasía, que aquella obra inicua, en fuerza de ser indigesta, resultó menos perniciosa, porque pocos, sino los eruditos, tuvieron valor para leerla hasta el fin. Muchos la comenzaron con ánimo de encontrar escenas melodramáticas, crímenes atroces, pasiones desatadas y un estilo igual, por lo menos en solemnidad y en nervio, con la grandeza terrorífica de las escenas que se narraban. Y, en vez de esto, halláronse con una relación ramplona y desordenada, en estilo de proceso, oscura e incoherente, atestada de repeticiones y de fárrago, sin arte alguno de composición, ni de dibujo, ni de colorido, sin que el autor acierte nunca a sacar partido de un personaje o de una situación interesante, mostrándose siempre tan inhábil y torpe como mal intencionado y aminorando lo uno el efecto de lo otro. Su filosofía de la historia se reduce a un largo sermón masónico con pretexto del interrogatorio del hebillero francés M. Tournon y a la alta y trascendental idea de que la Inquisición no se estableció para mantener la pureza de la fe, ni siquiera por fanatismo religioso, sino «para enriquecer el Gobierno con las confiscaciones». La filosofía de Llorente no se extendía más allá de los bienes nacionales.

El plan, si algún plan hay en la *Historia de la Inquisición*, y no ha de tomarse por una congeries enorme de apuntaciones inconexas, no entra en ninguno de los métodos conocidos de escribir historia, porque la falta de ideales generales en la cabeza del autor le impiden abarcar de una mirada el lógico y sereno curso de los hechos. Un capítulo para los sabios que han sido víctimas de la Inquisición, otro enseguida para los atentados cometidos por los inquisidores contra la autoridad real y los magistrados; luego, un capítulo sobre los confesores solicitantes, otro sobre el príncipe don Carlos (que nada tiene que hacer en una historia de la Inquisición)... ¡Buenos esfuerzos de atención habrá de imponerse el que en tal galimatías quiera adquirir mediana inteligencia de las cosas del Santo oficio! Libro, en suma, odioso y antipático, mal pensado, mal ordenado y mal escrito, hipócrita y rastrero, más árido que los arenales de la Libia. Libro en que ninguna cualidad de arte ni de pensamiento disfraza ni salva lo bajo, tortuoso y servil de las intenciones. Abominable libelo contra la Iglesia es, ciertamente, la *Historia del Concilio Tridentino*, de fray Paolo Sarpi, pero al fin Sarpi es un *pamphletaire* en quien rebosa el ingenio, y a ratos parece que algo de la grandeza de la república de Venecia se refleja sobre aquel su teólogo, hombre peritísimo en muchas disciplinas y de gran sagacidad política. Pero Llorente, clérigo liberal a secas, asalariado por Godoy, asalariado por los franceses, asalariado por la masonería y siempre para viles empresas, ¿qué hizo sino juntar en su cabeza todas las vergüenzas del siglo pasado, morales, políticas y literarias, que en él parecieron mayores por lo mismo que su nivel intelectual eran tan bajo?

Tantas veces hemos tenido que hablar de la *Historia de la Inquisición* en este libro, que en cierto modo puede considerarse como una refutación de ella; tantas hemos denunciado falsedades de número, falsedades de hecho, ocurrencias tan peregrinas como la de poner entre las víctimas de la Inquisición a Clemente Sánchez de Vercial, que murió cerca de un siglo antes de que se estableciera en Castilla, que el renovar aquí la discusión parecería enfadoso, mucho más cuando nos están convidando otras obras de Llorente no menos dignas de la execración de toda conciencia honrada.[9] De ellas diré nada más que lo que baste para completar la fisonomía moral del personaje.

El escándalo producido por la *Historia crítica de la Inquisición* fue tal, que el arzobispo de París tuvo que quitar a Llorente las licencias de confesor y predicar y hasta se le prohibió la enseñanza privada del castellano en los colegios y casas particulares. Entonces se arrojó resueltamente en brazos de la francmasonería, a la cual (sabémoslo por testimonio de Gallardo)[10] ya pertenecía en España, y de sus limosnas, si no es profanar tal nombre, vivió el resto de su vida, no sin haber reclamado más de una vez su canonjía de Toledo y sus beneficios patrimoniales de Calahorra y Rincón de Soto, adulando bajísimamente a Fernando VII, que tuvo el buen gusto de no hacerle caso, hasta forjar, a guisa de famélico rey de armas, cierta *Ilustración del árbol genealógico de Su Majestad* (1815), a quien deja emparentado en trigésimocuarto lugar con Sigerdus, rey de los sajones en el siglo V.

El desdén con que en España fueron acogidas estas revesadas y mal zurcidas simplezas, indujo a Llorente a probar fortuna por otro lado, es decir, a tantear la rica vena de filibusterismo americano; y, después de haber halagado las malas pasiones de los insurrectos con una nueva edición de las diatribas de fray Bartolomé de las Casas contra los conquistadores de Indias,[11] publicó

---

9   *Histoire critique de l'Inquisition d'Espagne*, depuis l'époque de son établissement par Ferdinand V jusqu'au regne de Ferdinand VII, tirée des pièces originales des arcbives du Conseil de la Suprême et de celles des Tribunaux subalternes du Saint Office. Par don Jean-Antoine Llorente... Traduite de l'espagnol sur le manuscrit et sous les yeux de l'Auteur par Alexis Pellier... (París 1817 y 18). Cuatro tomos 4.°; el 1.°, de XLVIII + 493 páginas; el 2.°, de 553; el 3.°, de 497; el 4.°, de 504, con el retrato del autor. La primera edición castellana es de 1822. Hay traducciones en inglés, alemán e italiano.

10   En el *Diccionario crítico burlesco*. Llorente en la *Histoire critique* quiere negarlo, y por cierto en un capítulo que rebosa francmasonería por todas sus cláusulas y que viene a ser una apología de los hermanos (Véase, tomo 4, página 71 y siguientes de la edición francesa).

11   *Oeuvres de don Barthélemi de las Casas, éveque de Chiapa, défenseur de la liberté des naturels de l'Amerique, procedées de sa vie, et accompagnées de notes historiques, additions, développements*, etc., etc., avec portrait. Par J. A. Llorente... (París 1822), dos tomos 4.°; el 1.°, de 110 + 409 páginas; el 2.°, de 503. Con una *Memoria apologética de Las Casas* escrita por Grégoire, el famoso obispo revolucionario de Blois, y otras de sus amigos, el mexicano Mier y el argentino Fúnes.

cierto proyecto de *Constitución religiosa* con la diabólica idea de que le tomasen por modelo los legisladores de alguna de aquellas nacientes y desconcertadas repúblicas.[12]

Tan grave es el *Proyecto*, que el mismo Llorente no se atrevió a prohijarle del todo, dándose solo como editor y confesando que iba mucho más allá que la *Constitución civil del clero* de Francia y que se daba la mano con el sistema de los protestantes. En rigor, es protestante de pies a cabeza, y no ya episcopalista, sino presbiteriano, o más bien negador de toda jerarquía, puesto que afirma desde el primer capítulo que «el poder legislativo de la Iglesia pertenece a la general congregación de todos los cristianos, al cuerpo moral de la Iglesia». Quiere el autor que en las confesiones de fe se eviten todos los puntos de controversia en que no van acordes católicos y protestantes y que no pueden llamarse dogmáticos. Limita la creencia al símbolo de los apóstoles. Rechaza todas las prácticas introducidas desde el siglo II en adelante. No admite la confesión como precepto, sino como consejo. Reconoce en la potestad civil el derecho de disolver el matrimonio. Tiene por inútiles los órdenes de la jerarquía eclesiástica. Se mofa de las declaraciones de los concilios ecuménicos y hasta insinúa ciertas dudas sobre la presencia real en la eucaristía y sobre la transustanciación. Nada más cómodo que el catolicismo de Llorente: «Nadie será compelido por medios directos ni indirectos a la confesión específica de sus pecados, quedando a la devoción de cada cristiano acudir a su párroco, y éste le absolverá si le reputare contrito, como Jesucristo absolvió a la meretriz, a la samaritana, a la mujer adúltera y otros pecadores arrepentidos... Nadie será compelido a recibir la comunión eucarística en el tiempo pascual ni en otro alguno del año... No se reconocerá como precepto eclesiástico que obligue con pena de pecado grave

---

12   *Discursos sobre una Constitución religiosa, considerada como parte de la civil nacional.* Su autor, un Americano. Los da a luz don Juan Antonio Llorente, doctor en Sagrados Cánones. París, Imprenta de Stahl, 1819; 8.º, XVI + 186 páginas.
    —*Discursos sobre una Constitución religiosa, considerada como parte de la civil nacional.* Su autor, un Americano. Los da a luz don Juan Antonio Llorente, doctor en Sagrados Cánones. Edición aumentada con la censura que, a instancia del Vicario general de Barcelona, recayó sobre esta obra, y la contestación que dio a ella el mismo J. A. Llorente. Burdeos, Imprenta de don Pedro Beaume, 1821;8.º, XII + 296 páginas. En la página 195 comienza la censura de fray Roque de Olzinellas y del presentado fray Juan Tapias, domi-nico, y en la 207, la respuesta de Llorente.

la asistencia al sacrificio de la misa en los domingos ni en otro día alguno del año... Será solo acto de fervor y de devoción el ayunar, pero no precepto... El obispo y el párroco no se mezclarán en asunto de impedimentos matrimoniales, porque todo esto pertenece a la potestad secular, así como a la eclesiástica la sola bendición nupcial, sin la cual también es válido el contrato... No se considerarán como impedimentos el de disparidad de cultos, el de parentesco espiritual, el de pública honestidad, ni muchos casos de consanguinidad y afinidad...». Con esto y con anular los votos perpetuos y las comunidades regulares, y declarar lícito el matrimonio de los presbíteros y de los obispos y poner la Iglesia en manos del Supremo Gobierno Nacional, que tendrá por delegados a los arzobispos, sin entenderse para nada con el papa, queda completo, en sus líneas generales, este monstruoso proyecto, que el insigne benedictino catalán fray Roque de Olzinellas, discípulo de los Caresmar y Pascual, calificó de «herético, inductivo al cisma e injurioso al estado eclesiástico» en una censura teológica extendida por encargo del previsor de Barcelona en 1820, de la cual en vano quiso defenderse Llorente con sus habituales raposerías jansenísticas.[13] Y tanto circuló y tanto daño hizo en España aquel perverso folleto, verdadera sentina de herejías avulgaradas y soeces, que todavía se creyó obligado a refutarle en 1823 el canónigo lectoral de Calahorra, don Manuel Anselmo Nafria, en los ocho discursos que tituló *Errores de Llorente combatidos y deshechos*, como antes lo había hecho el mercedario padre Martínez, catedrático de la Universidad de Valladolid y luego obispo de Málaga.

---

13   Además de Llorente, escribió contra los censores de Barcelona (lo fue además de Olzinellas, el padre maestro fray Juan Tapia, de la Orden de santo Domingo) un abogado que decían don José Antonio Grassot y Gispert, el cual empieza por confesar su ignorancia teológica y canónica, bien confirmada en lo demás de su papel. Todo se le vuelve extasiarse con la Constitución (escribía el 22) e invocar el derecho público. Contra Llorente y sus panegiristas se publicó en *La Frailomanía*, periódico de Alcalá de Henares (Imprenta de Manuel Amigo, 1822, 5.º trim. n.º 5, página 213 a 347), una larga impugnación con el título estrafalario de *Panario Anti-Llorentino*, o sea, cofre de contravenenos, aplicados por ahora a la obrilla que ha publicado en París don Juan Antonio Llorente, etc., etc. El verdadero autor del *Panario* y de toda *La Frailomanía* es el padre Martínez, imitador poco feliz del padre Alvarado.
—*Los Errores de Llorente, combatidos y deshechos en ocho discursos*, por el doctor don Manuel Anselmo Nafria, canónigo lectoral de la santa iglesia catedral de Calahorra. Madrid, 1823, oficina de don Francisco Martínez Dávila; 8.º, VIII + 223 páginas.

¿Y Llorente qué hacía entre tanto? Aún le era posible descender más bajo como hombre y como escritor, y de hecho acabó de afrentar su vejez con dos obras igualmente escandalosas e infames, aunque por razones diversas. Es la primera el *Retrato político de los papas*, del cual basta decir, porque con esto queda juzgado el libro y entendido el estado de hidrofobia en que le escribió Llorente, que admite la fábula de la papisa Juana, hasta señalar con precisión aritmética los meses y días de su pontificado, y supone que san Gregorio VII vivió en concubinato con la princesa Matilde. El otro libro... es una traducción castellana de la inmunda novela del convencional Louvet, *Aventuras del baroncito de Faublas*.[14] ¡Digna ocupación para un clérigo sexagenario y ya en los umbrales del sepulcro!

Estos últimos escándalos obligaron al Gobierno francés a arrojarle de su territorio, y él, aprovechándose de la amnistía concedida por los liberales en 1820, volvió a España, falleciendo a los pocos días de llegar a Madrid, en 5 de febrero de 1823. Muchos tipos de clérigos liberales hemos conocido luego en España, pero para encontrar uno que del todo se le asemeje hay que remontarse al obispo don Oppas o al malacitano Hostegesis, y aun a éstos la lejanía les comunica cierta aureola de maldad épica que no le alcanza a Llorente.[15]

---

14 Llorente tuvo hasta el valor cínico de poner su nombre en la primera edición de esta escandalosísima novela, escrita de propósito para encender los apetitos carnales.

15 No hemos citado, ni con mucho, todas las obras de éste porque las que omitimos no eran pertinentes al asunto que vamos historiando. Figuran entre ellas una *Memoria* sobre cierto Monumento romano, descubierto en Calahorra a 4 de marzo de 1788. Con cuya ilustración se demuestra el uso del cómputo de la era española antes de la venida de los godos y aun del Redentor (Madrid, Blas Román, 1789), que fue su primer escrito; un *Discurso heráldico sobre el escudo de armas de España*, leído en las Cortes de Bayona e impreso en 1809 con sus iniciales; las *Memorias para la historia de la revolución española*, con documentos justificativos, compiladas por Juan Nellerto (seudónimo suyo) (París, Plassan, 1814), dos tomos 8.º, y las *Observaciones críticas sobre el Gil Blas de Santillana*, en controversia con el conde de Neufchatel, publicadas simultáneamente en francés y en castellano (París, por Moureau; Madrid, por T. Albán) (1822). Llorente, para errar en todo,

sostuvo en esta polémica la absurda opinión de que el *Gil Blas* había sido traducido de un manuscrito español original del historiador Solís. Hoy todos convienen, y bien averiguado está, que la fuente española del *Gil Blas* no fue una, sino muchas, y que con ser tantas, todavía le queda buena parte de originalidad a Lesage.

Llorente hizo dos veces su propio proceso en forma de autobiografía; una, en su *Defensa canónica y política... contra injustas acusaciones de fingidos crímenes* (París, Plassan, 178 páginas, 8.º), y otra, en la *Noticia biográfica, o memorias para la historia de mi vida, escritas por él mismo* (París, A. Bobée, 1818, XXIV + 239 páginas). A cuyas noticias deben agregarse, para completarlas hasta su muerte, las que sus amigos Mahul y Lanjuinais dieron en la *Revue Encyclopedique* (abril de 1823), de donde las tomó el doctor Hefele de Tubinga para su monografía sobre el cardenal Cisneros. Cuenta Llorente que ya por los años de 1784, siendo vicario de la diócesis de Calahorra, se había curado de toda levadura ultramontana por el trato con una persona de no menos talento que instrucción.

16 *Noticias históricas de las tres provincias vascongadas, en que se procura investigar el estado civil antiguo de Álava, Guipúzcoa y Vizcaya, y el origen de sus Fueros*, por el doctor don Juan Antonio Llorente presbítero, canónigo de la santa iglesia primada de Toledo, Académico correspondiente de la Real Academia de la Historia (Madrid, Imprenta Real, 1806 y 1807), 5 tomos en 4.º (el quinto, que suele faltar en muchos ejemplares, es de 1808).

Tomo 1, Estado civil antiguo.

Tomo 2, Origen de los fueros.

Tomo 3, Apéndice o colección diplomática (escrituras de los siglos VIII, IX, X y XI).

Tomo 4, Apéndice o colección diplomática (contiene 112 escrituras del siglo XII, casi todas inéditas).

Tomo 5, Respuesta a la impugnación de Aranguren y nuevos documentos.

El resto de la colección diplomática formada por Llorente se conserva inédita en la Academia de la Historia.

—*Demostración del sentido verdadero de las autoridades de que se vale el doctor don Juan Antonio de Llorente, canónigo de la catedral de Toledo*, en el tomo 1 de las *Noticias históricas de las Provincias Vascongadas*, y lo que en verdad resulta de los historiadores que cita, con respecto solamente al Muy Noble y Muy Leal Señorío de Vizcaya, por don Francisco Aranguren y Sobrado, del Consejo de su majestad, alcalde del crimen honorario de la chancillería de Valladolid (Madrid, Imprenta de Vega y compañía, 1807), 4.º (prólogo de cuatro páginas, 287 de texto y una de índice).

Quedó inédito el tomo 2 por haberse negado la licencia para su publicación. El censor alegó que Aranguren proclamaba el «sacrílego dogma de la soberanía» y añade: «No he leído ni pienso leer lo que sobre ese negocio escribe Llorente, aunque con lo que cita y copia el señor Aranguren y con lo que sin eso se sabe de su carácter y de su falsedad e insolencia con que calumnia, miente y desfigura la verdad, hay sobrado fundamento para

III. Literatos afrancesados

El empeño de seguir hasta el fin las vicisitudes de Llorente nos ha hecho apartar los ojos de la efímera y trashumante corte del rey José, de la cual formaron parte principalísima casi todos los literatos y abates volterianos de que queda hecha larga memoria en capítulos anteriores y toda la hez de malos frailes y clérigos mujeriegos y desalmados, recogida y barrida de todos los rincones de la Iglesia española. Providencial fue la guerra de la Independencia hasta para purificar la atmósfera. A muchos de estos afrancesados los defiende hoy su bien ganada fama literaria, pero no conviene alargar mucho la indulgencia y caer en laxitudes perjudiciales cuando se trata de tan feo crimen como la infidelidad a la patria; infidelidad que fue en los más de ellos voluntaria y gustosamente consentida.

De nuestras escuelas literarias de fin del siglo XVIII, la de Salamanca fue la que libró mejor y más gloriosamente en aquel trance. Cienfuegos estuvo a punto de ser inmolado por Murat juntamente con las víctimas de mayo, y si por breve intervalo salvó casi milagrosamente la vida, fue para morir en Francia, antes de cumplirse un año, en heroico destierro,

> Donde la ninfa del Adur vencido
> quiere aplacar con ruegos

---

creer que serán atroces las injurias que habrá hecho a las Provincias Vascongadas en menosprecio de sus respetables fueros y privilegios... Pero tengo por difícil que de estas injurias reciba la provincia de Vizcaya mayor ni aun igual ofensa a la que resulta del medio que el señor Aranguren ha tomado para defenderla».

(Véase Allende Salazar, n.º 425.)

—*Llorente contra Llorente*, por don José María Zuaznavar. Esta impugnación de la obra de Llorente en la parte relativa a Guipúzcoa quedó inédita.

(Véase Soráluce, *Más biografías y catálogo de obras vasco-navarras*, página 9).

—*Defensa histórica, legislativa y económica del Señorío de Vizcaya y provincias de Álava y Guipúzcoa, contra las Noticias Históricas de las mismas que publicó don Juan Antonio Llorente*, y el *Informe de la junta de Reforma de abusos de la Real Hacienda en las tres Provincias Vascongadas*, por don Pedro Novia de Salcedo y Castaños, padre de Provincia y primer benemérito del M. N. y M. L. Señorío de Vizcaya (Bilbao, imprenta y lit. de Delmás hijo, 1851), cuatro tomos. Los dos primeros comprenden la defensa histórica; el tercero, la legislativa, y el cuarto, la económica. Escribió Novia de Salcedo esta obra desde mediados de 1827 hasta fin de diciembre de 1829.

la inexorable sombra de Cienfuegos.

Quintana lanzó por los campos castellanos *Los ecos de la gloria y de la guerra*, conquistando en tan alta ocasión su verdadera y única envidiable corona de poeta, de la cual alguna hoja tocó también al más declamatorio que vehemente cantor del *Dos de mayo*. Solo Meléndez Valdés, maestro de todos ellos, flaqueó míseramente en aquella coyuntura, aceptando de Murat la odiosa comisión de ir a sosegar el generoso levantamiento de los asturianos en 1808; debilidad o temeridad que estuvo a punto de costarle la vida, atado ya a un árbol, para ser fusilado, en el campo de san Francisco de Oviedo. Luego con la ligereza e inconstancias propias de su carácter, abrazó por breves días la causa nacional después de la batalla de Bailén, y compuso dos romances (excelente el segundo), que llamó *Alarma española*. Lo cual no fue obstáculo para que, viendo al año siguiente caída y, a su parecer, desesperada la causa nacional, tomase al servicio del rey José, que le hizo consejero de Estado, y a quien el dulce Batilo manifestó desde entonces la más extravagante admiración y cariño:

Más os amé y más juro
amaros cada día,
que en ternura común el alma mía
se estrecha a vos con el amor más puro.[17]

Los literatos del grupo moratiniano, Estala, Hermosilla, Melón, etc., se afrancesaron todos, sin excepción de uno solo. Estala, ya secularizado y desfrailado, como él por tantos años había anhelado, pasó a ser gacetero del Gobierno intruso y escribió contra el alzamiento nacional varios folletos, v. gr.: las *Cartas de un español a un anglómano*. Moratín solemnizó la abolición del Santo oficio reimprimiendo el célebre *Auto de fe de Logroño* de 1610 contra brujas, acompañado de sesenta notas que Voltaire reclamaría por suyas. No es pequeña honra para el Tribunal de la Fe haber sido blanco de las iras del mismo que en esas notas habla de «las partidas que andan por esos montes acabando de aniquilar a la infeliz España» y del que a renglón seguido embocaba la trompa de la Fama, y

---

17 *Gaceta de Madrid* de 3 de mayo de 1810, última plana. No está en las *Poesías de Meléndez*, por fortuna para su buen nombre.

destejía del Pindo mirtos y laureles para enguirnaldar a uno de aquellos feroces sicarios que, con título de mariscales del Imperio, entraban a saco nuestras ciudades, violaban nuestros templos, despojaban nuestros museos y allanaban nuestros monumentos, llevando por dondequiera la matanza y el incendio con más crudeza que bárbaros del Septentrión:

> Dilatará la fama
> el nombre que veneras reverente
> del que hoy añade a tu región decoro
> y de apolínea rama
> ciñe el bastón y la balanza de oro,
> digno adalid del dueño de la tierra,
> del de Vivar trasunto,
> que en paz te guarda, amenazando guerra,
> y el rayo enciende que vibró en Sagunto.[18]

Si los huesos del Cid no se estremecieron de vergüenza en su olvidada sepultura de Cardeña, muy pesado debe ser el sueño de los muertos.[19]

Pero el mayor crimen literario de aquella bandería y de aquella edad, el Alcorán de los afrancesados, el libro más fríamente inmoral y corrosivo, subvertidor de toda noción de justicia, ariete contra el derecho natural y escarnio sacrílego del sentimiento de patria; obra, en suma, que para encontrarle parangón o similar sería forzoso buscarlo en los discursos de los sofistas griegos en pro de lo injusto, fue el *Examen de los delitos de la infidelidad a la patria*, compuesto por el canónigo sevillano don Félix José Reinoso, uno de los luminares mayores de su escuela literaria. En este libro, que ya trituró Gallardo y cuya lectura seguida nadie aguanta a no haber perdido hasta la última reliquia de lo noble y de lo recto, todos los recursos de una dialéctica torcida y enmarañada, todos

---

18 *Oda al mariscal Suchet.*

19 Para desengaño de los que suponen que el afrancesamiento de Moratín fue impuesto por las circunstancias y no reflexivo, he de copiar unas palabras del tomo 3 de sus *Obras póstumas* (páginas 200 a 210), en cierto prólogo que dejó preparado para una edición del *Fray Gerundio*, del padre Isla: «Una extraordinaria revolución va a mejorar la existencia de la monarquía, estableciéndola sobre los sólidos cimientos de la razón, de la justicia y del poder... Cayó el trono, cuya seguridad pensó establecerse en la miseria pública; la nación,

los oropeles del sentimentalismo galicano, toda la erudición legal que el autor y su amigo Sotelo pudieron acarrear, todas las armas de la filosofía utilitaria y sensualista, de que el docto Fileno era acérrimo partidario, están aprovechadas en defensa del vergonzoso sofisma de que una nación abandonada y cedida por sus gobernantes no tiene que hacer más sino avenirse con el abandono y la cesión y encorvarse bajo el látigo del nuevo señor, porque, como añade sabiamente Reinoso, el objeto de la sociedad no es vivir independiente, sino

---

engañada por sus magistrados, por sus escritores, por sus grandes, por sus caudillos, por los ministros del templo, ha combatido, con el tesón que la caracteriza, contra su propia felicidad». Y luego se regocija de que nos domine un príncipe tan ilustrado y justo como el rey José.

A la escuela de Moratín pertenecía el magistrado don Manuel Norberto Pérez del Camino, de quien he visto (impresas en Burdeos, 1829, juntamente con su *Poética*) dos sátiras volterianas, cuyos títulos y asuntos son *La falsa devoción* y *La intolerancia*, donde hay cosas de este tenor y de esta fuerza:

Y si de robo tanto fatigado
temes remordimientos vengadores,
Roma te sacará de este cuidado.
Solicita contrito sus favores,
tus preces, por supuesto, acompañando
de una buena porción de tus sudores,
Y luego, absoluciones destilando,
verás venir un santo pergamino,
que tu espíritu inquieto calme blando.
....
Con sus sagrados libros en la mano,
de Colón a las ricas posesiones
lleva la intolerancia el duro hispano.
Vierten, rapaces tigres, sus campeones
en holocaustos hórridos, nefarios,
la sangre de dos mil generaciones.
Porque de sus inicuos adversarios,
el acento tirano despreciando,
ni en reliquias creía ni en rosarios.

En la segunda sátira se proclama en términos expresos no ya la tolerancia, sino la absoluta indiferencia religiosa.

vivir seguro; es decir, plácidamente y sin quebraderos de cabeza. ¡Admirable y profunda política, último fruto de la filosofía del siglo XVIII![20]

---

20 Entre los literatos afrancesados debe contarse al autor, hasta hoy desconocido, del famoso libelo *Cornelia Bororquia*. A la erudición incomparable de mi dulce amigo don Aureliano Fernández Guerra deberán mis lectores la revelación del nombre del incógnito libelista. De don Aureliano es la nota que va a leerse:

«*Cornelia, o la víctima de la Inquisición* (Valencia, Cabrerizo, año 9 de la Constitución), en 12.º, con una lámina figurando la muerte de Cornelia en la hoguera.

¿Fue esta edición de 1820 la primera?

No lleva nombre de autor; pero me consta haberlo sido el desgraciado don Luis Gutiérrez, ex fraile trinitario, que estudió en Salamanca, se dio a conocer por su poema de *El Chocolate* como escritor público y en Bayona redactó una Gaceta.

Oí decir a don Bartolomé José Gallardo que le vio ahorcar, pero no recuerdo si en Cádiz o en Sevilla.

En 1833 supe el autor, y en 1843 me refirió la desastrosa y afrentosa muerte Gallardo.

En efecto; consta por la *Historia del levantamiento, guerra y revolución de España*, del conde de Toreno (lib. 8), que «la Junta Central, en abril de 1809, mandó ajusticiar en secreto, exponiéndolos luego al público, a Luis Gutiérrez y a un tal Echevarría, su secretario, mozo de entendimiento claro y despejado. El Gutiérrez había sido fraile y redactor de una *Gaceta* en español, que se publicaba en Bayona, y el cual con su compañero llevaba una comisión para disponer los ánimos de los habitantes de América en favor de José. Encontráronles cartas del rey Fernando y del infante don Carlos, que se tuvieron por falsas».

No he visto el poema de *El Chocolate*, pero la *Cornelia Bororquia* es muy miserable cosa, reduciéndose su absurdo y sentimental argumento a los brutales amores de un cierto arzobispo de Sevilla que, no pudiendo expugnar la pudicia de Cornelia, la condena a las llamas. Hay episodios bucólicos y versos entremezclados, de la peor escuela de aquel tiempo. El nombre de Bororquia debió ser sugerido al autor por el recuerdo de las Bohorques, protestantes de Sevilla en el siglo XVI.

Ignoro cuándo se hizo la primera edición de la *Cornelia*; pero en un edicto de la Inquisición de Valladolid de 2 de marzo de 1817 se lee ya lo siguiente:

«*Cornelia Bororquia*. Segunda edición revista, corregida y aumentada, impresa en París en 1800, comprendida con igual nota en edicto de 11 de febrero de 1804, y además porque sus adiciones y correcciones son un tejido de calumnias y proposiciones ofensivas en sumo grado al Santo oficio, impías, escandalosas, sediciosas, erróneas, blasfemas, injuriosas al estado eclesiástico secular y regular, contrarias a la buena fama de los soberanos católicos, y en especial de los señores don Fernando el Católico, Carlos V y Felipe II, y por promover en varias partes el tolerantismo.»

De la *Cornelia* existe una relación compendiada a modo de copla de ciego, la cual muchas veces he visto a la venta, pendiente de un cordel, en plazas y mercados.

32

IV. Semillas de impiedad esparcidas por los soldados franceses. Sociedades secretas

Entre tanto, el Gobierno de José proseguía incansable su obra de desamortización y de guerra a la Iglesia; y, tras de los conventos, suprimió las órdenes militares, incautándose de sus bienes, y se apoderó de la plata labrada de las iglesias, comenzando por las de Madrid y por El Escorial. Los atropellos ejercidos en cosas y personas eclesiásticas por cada mariscal del imperio en el territorio que mandaban, no tienen número ni fácil narración. Pero no he de omitir que en 1809 fue bárbaramente fusilado, por orden del mariscal Soult, el obispo de Coria, don Juan Álvarez de Castro, anciano de ochenta y cinco años. El incendio de la catedral de Solsona en 1810, la monstruosa violación de las monjas de Uclés en 1809[21] y los fusilamientos en masa de frailes estudiantes de teología que hizo el mariscal Suchet en Murviedro, en Castellón y en Valencia... son leve muestra de las hazañas francesas de aquel periodo.[22] ¡Con cuán amargo e íntimo dolor hay que decir que no faltaron en el Episcopado español algunos, muy pocos, que se prestasen a bendecir aquella sangrienta usurpación; prelados casi todos de los llamados jansenistas en el anterior reinado! Así Tavira, el de Salamanca, así el antiguo inquisidor don Ramón de Arce, y así también (pesa decirlo, aunque la verdad obliga) el elocuente misionero capuchino fray Miguel de Santander,

---

21 Más de trescientas mujeres fueron violadas y abrasadas vivas después.
22 De las depredaciones de objetos artísticos no se hable. Murat se llevó casi todos los cuadros del Correggio que en España había, entre ellos *La escuela de Amor*. Desaparecieron del convento de dominicas de Loeches los afamados cuadros de Rubéns, antiguo don del conde-duque. En Toledo, el mariscal Víctor en 1808 mandó poner fuego al estupendo monasterio de san Juan de los Reyes, pereciendo en las llamas su copioso archivo. Al evacuar los franceses en 1813 la imperial ciudad, dejaron ardiendo el alcázar de Carlos V (obra insigne de Covarrubias y de Vega), a modo de luminarias de su derrota y testimonio eterno de su vandalismo.
De los infinitos cuadros robados de El Escorial y de Madrid, algunos (como *El pasmo* y *La perla*) fueron devueltos en 1815; otros, como los que se apropió el mariscal Soult, aún hoy son adorno de galerías extranjeras.
Espantosamente saqueado también el archivo de Simancas; recobró algunos de sus papeles en 1816; pero quedaron en París todos los relativos a nuestras negociaciones con Francia.

obispo auxiliar de Zaragoza, que anticanónicamente se apoderó del obispado de Huesca con ayuda de las tropas del general Lannes.

La larga ocupación del territorio por los ejércitos franceses, a despecho del odio universal que se les profesaba, contribuyó a extender y difundir en campos y ciudades, mucho más que ya lo estaban, las ideas de la Enciclopedia y la planta venenosa de las sociedades secretas, olvidadas casi del todo desde la bula de Benedicto XIV y las pragmáticas de Fernando VI. Pero desde 1808, la francmasonería, única sociedad secreta conocida hasta entonces en España, retoñó con nuevos bríos, pasando de los franceses a los afrancesados, y de éstos a los liberales, entre quienes, a decir verdad, la importancia verdadera de las logias comienza solo en 1814, traída por la necesidad de conspirar a sombra de tejado.

De las anteriores logias afrancesadas no quedan muchas noticias, pero sí verídicas seguras. Díjose que la de Madrid se había instalado en el edificio mismo de la suprimida Inquisición; pero Llorente, que debía de estar bien informado por inquisidor y por francmasón, rotundamente lo niega. Lo que yo tengo por más ajustado a la verdad, y se comprueba con la lectura de los escasos procesos inquisitoriales formados después de 1815 contra varios hermanos,[23] es que la principal logia de Madrid, la llamada santa Julia, estuvo en la calle de las Tres Cruces, siendo probable que aún existan en los techos y paredes de la casa algunos de los atributos y símbolos del culto del Gran Arquitecto que para aquella logia pintó el valenciano Ribelles, según consta de información del Santo oficio. En la calle de Atocha, frente a san Sebastián,[24] hubo otro taller de caballeros Rosa-Cruz, que debe ser el mismo que Clavel llama de la Beneficencia. Otro taller con el rótulo de *La Estrella reconocía* por venerable al barón de Tiran. Todos pertenecían al rito escocés y prestaban obediencia en 1810 a un consistorio del grado 32 que estableció el conde de Clermont-Tonnerre, individuo del Supremo Consejo de Francia, y desde 1812, a un supremo Consejo del grado 33, cuyo presidente parece haber sido el conde le Grasse-Tilly, o un hermano

---

23 Estos procesos están en la Biblioteca Nacional entre la balumba de papeles de Inquisición que vinieron de Simancas.

24 Véase Ducós (don Luis), *Historia cierta de la secta de los francmasones, su origen*, etc. (Madrid 1813) (el autor afirma que vio la cámara enlutada donde se celebraban los reuniones, y cuyo aparato se reducía a un crucifijo, una calavera y las usadas herramientas: compás, escuadra, etc.).

suyo llamado Hannecart-Antoine, que vino a España a especular con la filantró-
pica masonería, vendiendo diplomadas y títulos por larga suma de dineros, que
luego repartía con su hermano.[25] Así se organizó el Gran Oriente de España y
de las Indias, al cual negaron obediencia las logias establecidas en los puertos
independientes, entendiéndose directamente con Inglaterra, bajo cuyos auspicios se había inaugurado el Gran Oriente Portugués en 1805.

Los franceses multiplicaron las congregaciones masónicas en las principales
ciudades de su dominio. Una hubo en el colegio viejo de san Bartolomé, de
Salamanca, frecuentada por estudiantes y catedráticos de aquella venerable
Universidad, materia dispuesta entonces para todo género de novedades por
ridículas que fuesen. En Jaén, al retirarse los franceses descubrióse la correspondiente cámara enlutada, con el crucifijo y los atributos masónicos pintados
por un tal Cuevas. En Sevilla, desde el año 10 al 12 hubo dos logias, una de
ellas en el edificio de la Inquisición, y en ella leyó don Alberto Lista su masónica
oda de *El triunfo de la tolerancia*.[26] Con esta clave se entenderán mejor algunas
de sus estrofas:

> Mas, ¡ay!, ¿qué grito por la esfera umbría
> desde la helada orilla
> del caledonio golfo se desprende?
> Hombres, hermanos sois, vivid hermanos.

Como no hay noticia de que el primero que dijo esta perogrullada fuera caledonio, no cabe más interpretación racional sino que la logia pertenecía al rito
escocés. Y prosigue el vate:

---

25 Véase Clavel, *Historia de la francmasonería...* (Madrid 1847), páginas 404 y siguientes
    (página 1.ª, cap. 8).

26 El mismo Lista es tan cándido, que lo confiesa en una nota (*Poesías*, Madrid, Imprenta
    Nacional, 1837, página 211), «leída en una sociedad de beneficencia (sic), cuyas reu-
    niones se celebraban en el local de la extinguida Inquisición de Sevilla». Yo por el hilo he
    sacado el ovillo, sin más que leer lo que dice de las logias de Sevilla el doctor don Vicente
    de la Fuente en su *Historia de las sociedades secretas*, tomo 1, página 155: «En Sevilla
    hubo dos logias. La una celebraba sus reuniones en el edificio de la Inquisición». *Qui potest
    capere, capiat.*

35

Ese lumbroso Oriente, ese divino
raudal inextinguible
de saber, de bondad y de clemencia,
fue trono de feroces magistrados...
Hijos gloriosos de la paz, el día
del bien ha amanecido;
cantad el himno de amistad, que presto
lo cantará gozoso y reverente
el tártaro inhumano
y el isleño del último océano.

Y no solo esta oda, sino otras tres o cuatro de la colección de Lista, comenzando por la de la Beneficencia, fueron hijas de la inspiración masónica, y están llenas de alusiones clarísimas para quien sabe leer entre renglones y tiene alguna práctica de los rituales de la secta. Llama Lista,[27] en modo bucólico, respuesta gruta a la logia, y añade:

Aquí tienes tus aras, aquí tienes
deidad oculta, víctimas y templo.
Aquí la espada impía
no alcanza, ni la astucia del inicuo,
ni el furor de la armada tiranía...
Lejos, profanos, id...
....
Vosotras, consagradas
almas a la virtud, la humana mente
tornad piadosa; caigan las lazadas
que el fanatismo le ciñó inclemente...
Romped heroicos con potente mano
el torpe hechizo al corazón humano.

Y tengo para mí que en aquel mismo conciliábulo masónico leyó Lista sus versos heréticos de punta a cabo, sobre la bondad natural del hombre. Tal fue

---

27   En la oda *A la Amistad*, tomo 1, página 164.

el educador moderado y prudente de nuestra juventud literaria por más de un tercio de siglo. ¡Y luego nos asombramos de los frutos!

No siempre gastó tan buena literatura la pléyade de vengadores del arquitecto Hiram. Existen, o existían hace poco, las actas de la logia santa Julia, de Madrid[28] y anda impreso, o más bien no anda, porque es rarísimo, y quizá no haya sobrevivido más que un ejemplar a la destrucción de los restantes, un cuaderno de 52 páginas en 8.º marquilla, en que se relata una festividad celebrada en aquel templo de la filosofía el 28 de mayo de 1810[29] de la era vulgar, octavo día del tercer mes del año 1810 de la verdadera luz, con motivo de haber vuelto el rey intruso de las Andalucías y de caer en el precitado día la fiesta de santa Julia, patrona de Córcega y nombre de la mujer de José. Asistieron tres miembros de cada una de las demás logias, y siete de la de Napoleón el Grande, que parece haber sido una sucursal o afiliada de la santa Julia. Conviene extractar algo de tan risible documento.

Abiertos los talleres a la hora acostumbrada, comenzó la sesión, entonando los hermanos armónicos (es decir, los músicos) el himno que sigue, cuya letra es verdaderamente detestable:

> Del templo las bóvedas
> repitan el cántico,
> y al acento armónico
> unid los aplausos.
> Abracemos sinceros
> con afecto cándido
> los dignos masones
> que vienen a honrarnos.
> Talleres masónicos,
> procurad enviarnos
> testigos pacíficos
> de nuestros trabajos.
> Exaltad de júbilo,

---

28 Las conservaba don Antonio Benavides, pero hoy ignoro dónde paran.
29 Lo ha reproducido casi íntegro don Vicente de la Fuente en su *Historia de las sociedades secretas*, tomo 1, páginas 157 a 162.

obreros julianos,
y aplaudid benévolos
favores tamaños.

Enseguida se concedió la entrada a un profano para recibir la luz que deseaba mediante las pruebas físicas y morales. Tras de esta mojiganga, subió a la tribuna el hermano orador, que se llamaba Juan Andújar y era caballero del grado Kadosch, y leyó el panegírico de santa Julia, como víctima de la intolerancia del gobernador de Córcega catorce siglos hacía. Previo otro gustoso solaz que, a modo de intermedio, dieron a los oídos del público los hermanos armónicos, el maestro B. M. I. hizo o leyó otra plancha de arquitectura (que así se llaman los discursos en las logias) encaminado a dilucidar la profunda enseñanza de que los masones han de ser observadores e instrumentos de la naturaleza, sin querer precipitar sus efectos, caminando así al verdadero templo, cuyas puertas había franqueado el gran Napoleón.

«El taller —prosigue la relación— aplaudió con las baterías de costumbre y decidió archivar la plancha.» Se leyeron varios acuerdos del libro de oro de la sociedad; enterneciéronse todos con el filantrópico rasgo de haber ayudado con 2.000 reales a una pareja pobre para que contrajera matrimonio; anuncio el venerable en una plancha que «obreros instruidos en el arte real habían echado los cimientos del templo de la sabiduría y que los aprendices llegarían pronto a ser maestros». Y, a modo de tarasca, cerró la fiesta un hermano Zavala (que debe ser el poetastro don Gaspar de Zavala y Zamora, émulo de Comella y uno de los modelos que sirvieron a Moratín para el don Eleuterio de la *Comedia nueva*), leyendo una *Égloga masónica*, género no catalogado por ningún preceptista, ni siquiera por el portugués Faría y Sousa, inventor de las *Églogas militares* y de las genealógicas, y en la cual el pastor Delio contaba a Salicio la nocturna aparición del consabido arquitecto de Tiro clamando venganza contra sus aprendices. Júzguese lo que sería la égloga por los dos primeros versos:

A la aseada margen de un sencillo
intrépido arroyuelo...

Oída y aplaudida la soporífera égloga, cogiéronse todos de las manos y cantaron a coro:

Viva el rey filósofo,
viva el rey clemente,
y España obediente
acate su ley...

Dice el padre Salmerón en su ridículamente famoso *Resumen histórico de la revolución de España*[30] que fueron siete las logias o escuelas establecidas por los invasores; pero recelo que el candoroso agustino se quedó muy corto. No solo las hubo en toda ciudad o punto importante ocupado por los franceses,[31] sino que trataron de extenderlas al territorio libre, entendiéndose con las dos de Cádiz, una de las cuales era más afecta a José que al Gobierno de las Cortes. En tales elementos pensó apoyarse el intruso cuando, desazonado con los proyectos de su hermano de desmembrar el territorio que va hasta el Ebro y anexionarle a Francia, o de dividir toda la Península en virreinatos para sus mariscales, pensó arrojarse en brazos de los españoles y abandonar a Napoleón, sometiéndose incondicionalmente a nuestras Cortes a trueque de que le conservasen el título de rey. Con tal comisión se presentó en Cádiz, a fines de 1811, el canónigo de Burgos don Tomás La Peña, a quien ya conocemos como historiador de la filosofía y plagiario de la Enciclopedia, y en aquel año y en el siguiente trabajó y porfió mucho con auxilio de las logias, aunque todos sus amaños se estrellaron en la inquebrantable firmeza de las Cortes de Cádiz, a quien en esto y en otras cosas fuera injusticia negar el título de grandes.[32]

---

30 Cádiz, Imprenta Patriótica, 1812, tomo 2, página 164.
31 De Santander sé con certeza hasta el sitio donde su congregaban.
32 Véase Toreno, *Historia del levantamiento, guerra y revolución de España*, etc. (edición de la *Biblioteca de autores españoles*, tomo 64, página 351 y 408). De algunos afrancesados todavía volveremos a hablar en esta historia. De Urquijo, que en esta segunda época vivió muy oscurecido a pesar de su alto puesto, solo diremos que murió en 3 de mayo de 1817 en París, y que murió como había vivido. (Llorente lo afirma• lleno de esa preciosa filosofía que es propia del hombre honrado y del sabio. Su epitafio en el cementerio del Père Lachaise le llama verdadero filósofo cristiano, modesto en la prosperidad, fuerte en la adversidad, etc., etc.)

Capítulo II. La heterodoxia en las Cortes de Cádiz

I. Decretos de la Junta Central. Primeros efectos de la libertad de imprenta. II. Primeros debates de las Cortes de Cádiz. Reglamento sobre imprenta. Incidente promovido por el «*Diccionario crítico-burlesco*», de don Bartolomé J. Gallardo. III. Abolición del Santo oficio. IV. Otras providencias de las Cortes relativas a negocios eclesiásticos. Causa formada al cabildo de Cádiz. Exposición del nuncio, proyectos de desamortización, reformas del clero regular y concilio nacional. V. Literatura heterodoxa en Cádiz durante el período constitucional. Villanueva («El jansenismo. *Las angélicas fuentes*»). Puigblanch («*La Inquisición sin máscara*») Principales apologistas católicos: «*El Filósofo Rancio*».

I. Decretos de la Junta Central. Primeros efectos de la libertad de imprenta

Había predominado el espíritu religioso en las juntas provinciales, y él sirvió para alentar y organizar la resistencia. Inaugurada en Aranjuez, el 25 de septiembre de 1808, la Junta Central, distinguióse desde luego por lo inconsistente y versátil de sus resoluciones, como formada de híbridos y contrapuestos elementos. Daban, con todo eso, el tono los amigos del régimen antiguo, contándose entre ellos cinco grandes de España, muchos títulos de Castilla y buen número de canónigos y antiguos magistrados. El espíritu dominador era, pues, y no podía menos, el espíritu regalista del tiempo de Carlos III, que, por decirlo así, venía a personificarse en el viejo conde de Floridablanca, algo curado ya de sus resabios enciclopedistas, pero no de sus lentitudes de estadista a la antigua, si buenas para tiempos normales, no para crisis tan revueltas como aquélla. Jovellanos formaba campo aparte, y apenas tenía quien le entendiera ni quien le siguiera. De las doctrinas más radicales y avanzadas venía a ser campeón, dentro de la Junta, el intendente del ejército de Aragón, don Lorenzo Calvo de Rozas, consejero e inspirador de Palafox, a quien muchos suponían alma de la primera defensa de Zaragoza.

Atenta la Central a las cosas de la guerra, apenas legisló sobre asuntos eclesiásticos: merece citarse, sin embargo, el decreto en que mandó suspender la enajenación de bienes de manos muertas, comenzada en tiempo de Godoy,

---

• (Tomo 4 de la *Histoire critique*, página 112.)

y aquel otro que permitió a los jesuitas volver a España como clérigos seculares.[33] Con esto y con hacer nuevo nombramiento de inquisidor general atrájose la Central en sus comienzos las simpatías de la más sana parte del pueblo español, siquiera murmurasen los pocos amigos de novedades, que todavía apenas levantaban la cabeza ni habían comenzado a distinguirse con el apodo de liberales.

Sin embargo, de entre ellos fue escogido el jefe de la secretaría general de la Junta, que no fue otro que el insigne literato don Manuel José Quintana, autor de todas las proclamas y manifiestos que a nombre de ella se publicaron; proclamas que tienen las mismas buenas cualidades y los mismos defectos que sus odas, vehemente y ardorosa elocuencia a veces, y más a la continua, rasgos declamatorios y enfáticos, que entonces parecían moneda de buena ley. Estilo anfibio con vocabulario francés llamó Capmany al de estas proclamas. Compárense sus retumbantes clausulones con la hermosa sencillez de la *Memoria* de Jovellanos en defensa de la Junta Central, y se verá lo que va del oro al oropel.

Cosas más graves que el estilo enfadaron a algunos en las proclamas de Quintana, y tildáronle de poner en boca de un Gobierno nacional sus propias opiniones y manías históricas y políticas. En todos los oídos sonó muy mal aquel párrafo dirigido a los americanos llamándolos a la libertad: «No sois ya los mismos que antes, encorvados bajo el yugo, mirados con indiferencia, vejados por la codicia, destruidos por la ignorancia... Vuestros destinos ya no dependen ni de los ministros, ni de los virreyes, ni de los gobernadores; están en vuestras manos». Frases buenas en un libro del abate Raynal o en la oda *A la vacuna*, pero absurdas e impolíticas siempre en la de un Gobierno español, que así aceleraba y justificaba la emancipación de sus propias colonias.

A muchos españoles castizos, aun de los mismos liberales, dio asimismo en ojos la estudiada omisión del nombre de Dios, sustituido con los muy vagos de Providencia, Fortuna, etc., inauditos hasta entonces en documentos oficiales españoles. «¿Qué costaba —dice Capmany— añadir a Providencia un divina para serenar cualquier duda en los ánimos timoratos? Ya sabe usted, amigo mío, que este empeño de no nombrar casi nunca a Dios por su nombre ni determinar jamás la religión ni el culto, las raras veces que se nombran, con algún calificativo que nos distinga de los paganos, judíos y musulmanes, no es seguramente

---

33   Véase Toreno, *Guerra y revolución de España*, edición Rivadeneyra, página 135.

poca piedad sino afectación filosófica de gran tono en los escritores del día.» Y luego llama estéril, desconsolado y fatalista al lenguaje de las proclamas.[34]

Por el artículo 10 del reglamento de juntas provinciales había vedado la Central el libre uso de la imprenta, que ya a favor de la general confusión empezaba a desatarse, inaugurándose el periodismo político con un papel titulado *El Semanario Patriótico*, que muy poco después de la primera retirada de los franceses en 1808 había comenzado a redactar Quintana con la colaboración de sus amigos Tapia, Rebollo y Álvarez Guerra. Interrumpido después, volvieron a publicarle en Sevilla don Isidoro Antillón y el famoso Blanco White, mostrando mucho más a las claras propósitos reformadores en todo, aunque de las materias eclesiásticas solo se trató por incidencia. Dióle al principio ensanches la Central, pero pronto tuvo que advertir a Blanco que moderase la violenta aspereza de su lenguaje, con lo cual enojóse Blanco y suspendió el periódico.

Propuso en la Junta Calvo de Rozas un decreto en que se concedía, sin trabas ni restricciones, la libertad de imprenta. Defendióla en una *Memoria* el canónigo don José Isidoro Morales, y la mayoría de la Comisión constitucional se mostró favorable a sus conclusiones, y mandó imprimirla para que la tuviesen en cuenta las futuras Cortes. La libertad de imprenta existía de hecho, y pronto renacieron de las cenizas de *El Semanario Patriótico*, *El Espectador Sevillano* y *El Voto de la Nación*, con miras y tendencias idénticas.[35]

A quien, como yo, escribe historia eclesiástica, no le incumbe tratar de los preparativos de la convocatoria a Cortes ni de la cuestión, entonces tan largamente debatida, de uno, dos o tres estamentos. Baste asentar que el deseo de una representación nacional parecida o no a las antiguas Cortes, revolucionaria

---

34 *Carta de un patriota español, que reside disimulado en Sevilla, a un antiguo amigo suyo, domiciliado hoy en Cádiz.* Fecha 18 de mayo de 1811 (Cádiz, en la Imprenta Real), folleto de 14 páginas. A él respondió Quintana en otro que se titula: *Contestación de don Manuel José Quintana a varios rumores y críticas que se han esparcido contra él en estos días.* Replicó Capmany en una larga y punzante diatriba contra Quintana y su tertulia. Quintana no se lo perdonó, y todavía en una *Memoria sobre su proceso y prisión de 1814*, que ha visto la luz en sus *Obras inéditas* (Madrid, Medina, 1872), le llama viejo desalmado (página 211).
Véase *Manifiesto de don Antonio de Capmany* en respuesta a la *Contestación de don Manuel José Quintana*. Cádiz, Imprenta Real, 1811.
35 Obra de Jovellanos. *Memoria en defensa de la Junta Central* (tomo 1, edición de Rivadeneyra, página 555 y 556).

o conservadora, semejante al Parlamento inglés, o semejante a la Convención francesa, o ajustada en lo posible a los antiguos usos y libertades de Castilla y Aragón, era entonces universal y unánime, aunque la inexperiencia política hacía que los campos permaneciesen sin deslindar y que el nombre de Cortes fuera más bien aspiración vaga que bandera de partido. El absolutismo del siglo XVIII, el torpe favoritismo de Godoy, las renuncias de Bayona, habían dejado tristísimo recuerdo en todos los espíritus, al mismo paso que la aurora de la guerra de la independencia había hecho florecer en todos los ánimos esperanzas de otro sistema de gobierno basado en rectitud y justicia, sistema que nadie definía, pero que todos confusamente presentían. No estuvo el mal en las Cortes, ni siquiera en la manera de convocarlas, que pudo ser mejor, pero que quizá fue la única posible, aunque excogitada a bulto. La desgracia fue que un siglo de absolutismo glorioso y de política extranjera, aunque grande, y otro siglo de absolutismo inepto nos habían hecho perder toda memoria de nuestra antigua organización política, y era sueño pensar que en un día había de levantarse del sepulcro y que con los mismos nombres habían de renacer las mismas cosas, asemejándose en algo las Cortes de Cádiz a las antiguas Cortes de Castilla. ¿Ni cómo ni por dónde? ¿Qué educación habían recibido aquellos prohombres sino la educación del siglo XVIII? ¿Qué doctrina social habían mamado en la leche sino la del *Contrato social*, de Rousseau, o, a lo sumo, la del *Espíritu de las leyes?* ¿Qué sabían de nuestros antiguos tratadistas de derecho político, ni menos de nuestras cartas municipales y cuadernos de cortes, que solo hojeaba algún investigador como Capmany y Martínez Marina, desfigurando a veces su sentido con arbitrarias y caprichosas interpretaciones? ¿En qué había de parecerse un diputado de 1810, henchido de ilusiones filantrópicas, a Alonso de Quintanilla, o a Pero López de Padilla, o a cualquier otro de los que asentaron el trono de la Reina Católica o negaron subsidios a Carlos V?

Las ideas dominantes en el nuevo Congreso tenían que ser, por ley histórica ineludible, las ideas del siglo XVIII, que allí encontraron su última expresión y se tradujeron en leyes. Vamos a recorrer, y es nuestra única obligación y propósito, las discusiones de asuntos eclesiásticos, separándolas cuidadosamente de las civiles y de cuanto no interesa al ulterior progreso de esta historia. Veremos el último y casi decisivo triunfo del enciclopedismo y del jansenismo regalista, cuyos orígenes hemos tenido ocasión de aclarar tan difusamente.

II. Primeros debates de las Cortes de Cádiz. Reglamento sobre imprenta. Incidente promovido por el Diccionario crítico-burlesco de don Bartolomé Gallardo

Instaladas las Cortes generales y extraordinarias el 24 de septiembre de 1810 en la isla de León, de donde luego se trasladaron a Cádiz, fue su primer decreto el de constituirse soberanas, con plenitud de soberanía nacional, proponiendo y dictando los términos de tal resolución el clérigo extremeño don Diego Muñoz Torrero, antiguo rector de la Universidad de Salamanca y distinguido entre los del bando jansenista por su saber y por la austeridad de sus costumbres. Con él tomaron parte en la discusión, comenzando entonces a señalarse, el diputado americano don José Mejía, elegante y donoso en el decir, y el famoso asturiano don Agustín Argüelles, que, andando el tiempo, llegó a ser uno de los santones del bando progresista y a merecer renombre de Divino siempre otorgado con harta largueza en esta tierra de España a oradores y poetas, pero que entonces era solo un mozo de esperanzas, de natural despejo y fácil, aunque insípida, afluencia, que sabía inglés y había leído algunos expositores de la *Constitución británica*, sin corregir por eso la confusa verbosidad de su estilo, y a quien Godoy había empleado en diversas comisiones diplomáticas.

Pronto mostraron las nuevas Cortes que no se habían perdido las tradiciones regalistas. El obispo de Orense, don Pedro de Quevedo y Quintano, uno de los individuos de la Regencia, se negó a prestar juramento a la soberanía de las Cortes, e hizo dejación de su puesto y del cargo de diputado de Extremadura, expresando los motivos de la renuncia en un papel claro y enérgico que dirigió a las Cortes en 3 de octubre, donde llegaba a graduar de nulo y atentatorio a la soberanía real todo lo actuado. Las Cortes, en vez de admitir lisa y llanamente la renuncia, sin entrometerse en la conciencia del prelado, se empeñaron en hacerle jurar, y él en que no había de hacerlo, a menos que el juramento no se le admitiese con la salvedad de que «las Cortes solo eran soberanas juntamente con el rey» y «sin perjuicio de reclamar, representar y hacer la oposición que conviniera a las resoluciones que creyese contrarias al bien del Estado y a la disciplina e inmunidades de la Iglesia». Las Cortes insistieron en pedir el juramento liso y llano, y, arrojándose a mayor tropelía, cual si aún durasen los días de Aranda y del obispo de Cuenca, le prohibieron defender por escrito ni de palabra su parecer en aquel asunto ni salir de Cádiz para su diócesis hasta nueva orden. Aún fue mayor extravagancia nombrar una junta mixta de eclesiásticos y seculares que calificase teológica y jurídicamente las proposiciones del obispo, dándose así atribuciones de concilio, del cual fue alma un clérigo jansenista de los de san Isidro, de Madrid, llamado don Antonio Oliveros, que entabló correspondencia epistolar con el obispo pretendiendo convencerle. Al fin, el de Orense cedió, bien que de mala gana, juró sin salvedades, y se le permitió volver a su diócesis, sobreseyéndose en los procedimientos judiciales.

Provocó enseguida Argüelles la cuestión de libertad de imprenta; apoyóle don Evaristo Pérez de Castro, y se nombró una comisión que propusiera los términos del decreto. Diéronse prisa los nombrados, y el 14 de octubre presentaban su informe. Quiso aplazar la discusión el diputado don Joaquín Tenreyro, opinando que para obrar con madurez debía solicitar el Consejo el parecer de los obispos, de la Inquisición, de las universidades, y aguardar la llegada de algunos diputados que faltaban. Contestáronle acaloradamente los liberales, ahogando su voz con descompuesto murmullo la vocería de las tribunas.[36] Y, abierto el debate, tomó la mano a razonar Argüelles, encareciendo en vagas y pomposas frases los beneficios de la imprenta libre y la prosperidad que le debía Inglaterra, al revés de España, oscurecida por la ignorancia y encadenada por el despotismo. Contestóle con lisura un señor Morros, diputado eclesiástico, que la libertad de imprenta era del todo inconciliable con los cánones y disciplina de la Iglesia, y aun con el mismo dogma católico, en que reside la inmutable verdad. Fue la respuesta del diputado americano Mejía, hombre no ayuno de cierto saber canónico, decir que la libertad solicitada no se refería, ni aun de lejos, a las materias eclesiásticas, sino que se limitaba a las políticas. Torpe, aunque fácil, efugio, muy repetido después, porque ¿quién tirará esa raya entre lo político y lo religioso ni qué cuestión hay, política o de otra suerte, que por algún lado no tenga adherencias teológicas, si profundamente y de raíz se la examina? Así lo hicieron notar otros dos oradores católicos, Morales Gallego y don Jaime Creux. Otros, como Rodríguez Bárcena, hicieron hincapié en el peligro próximo de las calumnias y difamaciones personales a que inevitablemente arrastra el desenfreno periodístico, y solicitaron trabas y cortapisas y una especie de censura

---

36 Véase padre Vélez, *Apología del Altar*, página 108.

previa que separase la cizaña del grano.[37] Replicóle don Juan Nicasio Gallego, mejor poeta que orador ni político, con la observación clarísima de ser libertad de imprenta y previa censura términos a toda luz antitéticos. El jansenista Oliveros, clérigo también, notó que, de haber existido libertad de imprenta, se hubieran atajado los escándalos del tiempo de Godoy y la propaganda activa de la irreligión. Habló el último don Diego Muñoz Torrero con más persuasiva elocuencia y con alguna más lógica y conocimiento causa que los restantes, bisoños todos en tales lides. Defendió la libertad de imprenta como derecho imprescriptible, fundado en la justicia natural y civil y en el principio de la soberanía nacional que días antes habían proclamado. Y entonces, ¿por qué no reconocer el derecho de insurrección? Muñoz Torrero se hizo cargo de la consecuencia, y la eludió bien inhábilmente, negando toda paridad entre una y otra manifestación del sentir público. Es preciso crear —añadió— una opinión que afiance os derechos de la libertad, y esto solo se consigue con la imprenta libre, se acabará con la tiranía, que nos ha hecho gemir por tantos siglos.

Finalmente, el 9 de octubre se aprobó el primer artículo por setenta votos contra treinta y dos, durando hasta el 5 de noviembre la discusión y votación de los diecinueve restantes. Proclámase en ellos omnímoda libertad de escribir e imprimir en materias políticas; créase un Tribunal o Junta Suprema para los delitos de imprenta, y las obras sobre materias religiosas quedan sometidas a los ordinarios diocesanos, sin hablarse palabra del Santo oficio, aunque lo solicitó el diputado extremeño Riesco, inquisidor de Llerena. Muchos, casi todos, los fautores del proyecto hubieran querido extender los términos de aquella libertad más que lo hicieron, pero les contuvo el tener que ir contra el unánime sentimiento nacional, y nadie lo indicó ni aun por asomos, como no fuera el americano Mejía, volteriano de pura sangre, cuyas palabras, aunque breves y embozadas, hubieran producido grande escándalo sin la oportuna intervención del grave y majestuoso Muñoz Torrero. Y aun llegó la cautela de los liberales

---

37   Advierte, no sin gracia, el padre Vélez (página 107, tomo 1) que el mismo día que se presentó el proyecto de libertad de imprenta acordaron las Cortes tomar medidas eficaces para que no se hablase mal de ellas.

hasta conceder que en las juntas de censura fuesen eclesiásticos tres de los nueve vocales; sin duda para evitar que lo fuesen todos.[38]

Otra concesión de mayor monta, bastante a indicar por sí sola cuán cautelosa y solapadamente procedían en aquella fecha los innovadores, fue el consignar en la constitución de 1812, democrática en su esencia, pero democrática a la francesa e inaplicable de todo punto al lugar y tiempo en que se hizo, que «la nación española profesaba la religión católica, apostólica, romana, única verdadera, con exclusión de cualquier otra». Y aun fue menester añadir, a propuesta de Inguanzo, caudillo y adalid del partido católico en aquellas Cortes y señalado entre todos por su erudición canónica, «que el catolicismo sería perpetuamente la religión de los españoles, prohibiéndose en absoluto el ejercicio de cualquier otra». A muchos descontentó tan terminante declaración de unidad religiosa, pero la votaron, aunque otra cosa tenían dentro del alma, y bien lo mostró la pegadiza cláusula que amañadamente ingirieron, y que luego les dio pretexto para abolir el Santo oficio: «La nación protege el catolicismo por leyes sabias y justas». Y a la verdad, ¿no era ilusorio consignar la intolerancia religiosa después de haber proclamado la libertad de imprenta y en vísperas de abatir el más formidable baluarte de la unidad del culto en España? Más lógico y más valiente había andado el luego famoso economista asturiano don Álvaro Flórez Estrada en el proyecto de Constitución que presentó a la junta Central en Sevilla el 1.º de noviembre de 1809, en uno de cuyos artículos se proponía que «ningún ciudadano fuese incomodado en su religión, sea la que quiera». Pero sus amigos comprendieron que aún no estaba el fruto maduro, y dejaron en olvido ésta y otras cosas de aquel proyecto.[39]

Elevada a ley constitucional, en el título 9 del nuevo código, la libertad de imprenta, comenzó a inundarse Cádiz de un diluvio de folletos y periódicos más o menos insulsos, y algunos por todo extremo perniciosos. Arrojáronse, pluma en ristre, mil charlatanes intonsos a discurrir de cuestiones constitucionales apenas sabidas en España, a entonar hinchados ditirambos a la libertad, o, lo que era peor y más pernicioso, a difundir ese liberalismo de café que,

---

38 Véase Toreno, *Guerra y revolución*, página 303, que conservó los únicos fragmentos que hoy tenemos de los discursos entonces pronunciados. Véase además *Colección de los decretos y órdenes de las Cortes*, tomo 1, página 14 y siguientes.

39 Vélez, *Apología del Altar y del Trono, o historia de las reformas hechas en España en tiempos de las llamadas Cortes* (Madrid, Repullés, 1851), tomo 1, página 97.

con supina ignorancia de lo humano y de lo divino, raja a roso y velloso en las cosas de este mundo y del otro. Entonces no se hablaba tanto de la misión ni del sacerdocio de la prensa, pero los misioneros y los sacerdotes allá se iban con los actuales. Lograban, entre ellos, mayor aplauso *El Telégrafo Americano*, *El Revisor Político*, el *Diario Mercantil*, *El Robespierre español* (papel jacobino redactado por una mujer), el *Diario de la Tarde*, *El Duende de los Cafés*, *El Amigo de las Leyes*, *El Redactor General*, *La Abeja española* (que inspiraba el diputado Mejía), *El Tribuno español*,[40] etc., a los cuales hacían guerra, en nombre de los llamados absolutistas o serviles, *El Procurador General de la Nación y del rey*, *El Centinela de la Patria*, *El Censor General*, *El Observador*, *La Gaceta del Comercio* y muchos otros. Distinguióse por la animosidad de sus ataques contra la Iglesia y por el volteranismo mal disimulado *El Conciso* (al cual servía de suplemento otro papel llamado *El Concisín*), que dirigía don G. Origando, buen traductor de comedias francesas, asistido por el egregio poeta y humanista salmantino don Francisco Sánchez Barbero, sin igual entre los que entonces escribían versos latinos, y por López Ramajo, clérigo zumbón, autor de la *Apología de los asnos*. «Exterminio de las preocupaciones, del fanatismo y del terror» era el programa de *El Conciso*, que cándidamente aconsejaba a los diputados nada menos que depurar la religión. «Aunque las Cortes han decretado la libertad de imprenta, no más que en lo político (decía *El Concisín* en su número 31)..., no faltará quien dé contra los abusos introducidos en la disciplina, sus prácticas y ceremonias.» Y de hecho, para todo había portillos y escapes en la ley. Si el ordinario negaba la licencia para la impresión de un libro de materia religiosa, lícito era al autor acudir a la Junta Suprema de Censura, tribunal laico por la mayor parte, y ella, en última instancia, decidía.

Además, las Cortes dieron en intervenir abusiva y fieramente en cuestiones periodísticas, a pesar de la libertad que decantaban. Habiendo acusado en *La Gaceta del Comercio* don Justo Pastor Pérez, a los redactores de *El Conciso* de enemigos solapados de la religión y de zaherir las prácticas piadosas, las

---

40   Decía en su primer número: Ninguna víctima hay más grata a Dios que la del tirano.

Cortes multaron a *La Gaceta del Comercio* y al *Imparcial*, en que Pastor Pérez proseguía su campaña.[41]

Al poco tiempo, un americano llamado don Manuel Alzáibar, íntimo amigo y camarada de Mejía, comenzó a publicar un periódico, *La Triple Alianza*, en cuyo número segundo, tras de hablar de la superstición con que se había embadurnado la obra más divina, se desembozó hasta atacar de frente el dogma *De la inmortalidad del alma*, fruto amargo de las falsas ideas de la niñez y del triunfo de la religión. «La muerte —añadía— no es más que un fenómeno necesario en la naturaleza.» Aparatos lúgubres inventados por la ignorancia para aumentar las desdichas del género humano, llamaba a los sufragios por los difuntos.[42]

El escándalo fue grande; solo Mejía (calificado por el conde de Toreno de hombre habilidoso y diestro, pero que entonces lo mostró poco) se atrevió a levantarse a defenderlo, diciendo que «las Cortes no habían jurado ni la hipocresía ni la superstición y que el autor del papel tenía mucha más religión en el alma que otros en los labios». Pero el clamor de los contrarios fue unánime, prevaleció, arrastrando a los mismos liberales o por temor o por inconsecuencia. Quintana (distinto del poeta), Aner, Cañedo, Leiva, López, Pelegrín, Lera, Morros y otros muchos hablaran vehementísimamente contra *La Triple Alianza*

---

41   Véase la *Gaceta de Comercio* de 3 de noviembre de 1810 y los suplementos de 4 y 7 de enero de 1814 y *El Conciso* de 18 de diciembre de 1810, citados por el padre Vélez, página 124.

42   Entre los rasgos de impiedad extravagante que por aquellos días se vieron en Cádiz, merece recuerdo la famosa representación que contra los catedráticos del Colegio de Medicina dirigió a las Cortes el doctor don Alfonso Santa María, a quien ya la Inquisición había desterrado a Ceuta, años antes, por materialista. Comenzaba la exposición con estas singulares palabras: El hombre es un compuesto de afinidades químicas... Y como le replicase ingeniosamente el doctor don Francisco Flores Moreno que, en tal caso, podría el doctor, cuando quisiera, hacer hombres en su laboratorio, corrióse de la burla el doctor Santa María, y puso por las calles grandes cartelones (para que los leyese la gente mientras pasaba la procesión del Corpus), que a la letra decían: A los manes de Newton y de Buffon, a la Europa sabia y pensadora, a la posteridad. *Odi prophanum vulgus et arceo*. Púsole en ridículo el desagravio aún más que la burla misma. La suerte posterior del doctor Santa María (gran propagandista francmasónico) fue de lo más extraño y desventurado que puede imaginarse. Caminando, años adelante, de Madrid a Toledo, cayó en poder de unos ladrones, que lo quemaron vivo con la paja de una carreta después de robarle cuanto llevaba.
(Véase Castro, Adolfo, *Cádiz en tiempo de la guerra de la Independencia*, página 126.)

hasta proponer algunos que sin dilación fuese quemada por mano del verdugo, y otros, los más, que pasasen a examen y calificación del Santo oficio. Mejía no retrocedió; hizo suya la doctrina del papel y dijo «que se atrevería a defenderla ante un concilio». Prevaleció el dictamen de los que se inclinaban a restablecer por aquella ocasión la censura del Santo oficio; pero ¿cómo, si el Tribunal estaba desorganizado, o a lo menos querían hacerlo creer así sus enemigos? Tres inquisidores, no obstante, había en Cádiz y continuaba funcionando en Ceuta el Tribunal de Sevilla. Pero a toda costa se quería sobreseer en el proceso o dilatar la resolución con juntas y comisiones. Una se nombró, compuesta del obispo de Mallorca, de Muñoz Torrero, Valiente, Gutiérrez de la Huerta y Pérez de la Puebla; pero el resultado fue nulo, y dejándose intimidar las Cortes por una minoría facciosa y por los descompuestos gritos y vociferaciones de la muchedumbre de las galerías, pagada y amaestrara ad hoc por las logias y círculos patrióticos de Cádiz.[43]

Más recia y trabada pelamesa fue la del *Diccionario crítico-burlesco*. Con título de *Diccionario razonado, manual para inteligencia de ciertos escritores que por equivocación han nacido en España*, habíase divulgado un folleto contra les innovadores y sus reformas; obra de valer escaso, pero de algún chiste, aparte de la resonancia extrema que las circunstancias le dieron. Pasaban por autores los diputados Freile Castrillón y Pastor Pérez. Conmovióse la grey revolucionaria, y designó para responder al anónimo diccionarista al que tenían por más agudo, castizo donairoso de todos sus escritores, a don Bartolomé José Gallardo, bibliotecario de las Cortes.

Este singular personaje, tan erudito como atrabiliario y cuyo nombre, por motivos bien diversos, no se borrará fácilmente de la historia de las letras castellanas, era extremeño, nacido en la villa de Campanario el 13 de agosto de 1776. Había estudiado en Salamanca por los mismos años que Quintana, pero prefiriendo en la escuela salmantina lo más castizo y lo que más se acercaba a los antiguos modelos nacionales. Raro conjunto de extrañas calidades, sus ideas eran las de su tiempo, enciclopedistas y volterianas; pero su literatura nada tenía de galicista, dominándole, por el contrario, un como prurito de ostentar gusto español y hasta frailuno, aunque el suyo era muy del siglo XVII

---

43 Véase la relación de este suceso en Toreno, página 411, y Vélez, página 126 a 134 del tomo 1.

y muy decadente, por no andar bien hermanados en su cabeza el buen gusto y la erudición inmensa. Ya desde su mocedad era un portento en achaque de viejos libros españoles, que sin cesar hojeaba, extractaba, copiaba o se apropiaba, contra la voluntad de sus dueños, con mil astucias picarescas, dignas de más larga y sazonada relación. Incansable en la labor bibliográfica de papeletas y apuntamientos, era tardo, difícil y premioso en la composición de obras originales, por lo cual venían a reducirse las suyas después de largos sudores, a breves folletos, por lo general venenosos, personales y de circunstancias, en que la pureza y abundancia de lengua suelen ser afectadas; el arcaísmo, traído por los cabellos, y el estilo, abigarrado, ora con retales de púrpura, ora con zurcidos de bajísima labor, siendo más los descoyuntamientos de frase y los chistes fríos y sobejanos que los felices y bien logrados. Varón ciertamente infatigable y digno de toda loa como investigador literario y algo también como gramático y filólogo (si le perdonamos sus inauditos caprichos), mereció bien poca como escritor ni literato en el alto sentido de la palabra, por más que los bibliófilos españoles, venerando su memoria como la de un santón o padre grave del gremio, hayamos llegado a darle notoriedad y fama muy superiores a su mérito y al aprecio y estimación que alcanzó en vida.

Algunos versos ligeros, pero de buen sabor castellano, y una ruidosa defensa de las *Poesías* de Iglesias, que fue recogida por el Santo oficio, había dado a conocer a Gallardo cuando aún cursaba las aulas salmantinas.[44] Ya en Madrid, y protegido especialmente por Capmany, de cuyas aficiones y aun rarezas gramaticales participaba, inauguró su carrera con reimpresiones de libros antiguos, como *El Rapto de Proserpina*, de Claudiano, traducido por el doctor Francisco de Faria; con versiones de libros franceses de medicina, en las que luce extraordinaria pulcritud de lengua,[45] y, lo que es más extraño, con un tratado de oratoria sagrada, que llamó *Consejos sobre el arte de predicar* (1806). En Sevilla quiso formar parte de la redacción de *El Semanario Patriótico*; pero, rechazados sus primeros escritos por Quintana y Blanco, declaróse furibundo enemigo de la pandilla quintanesca, y, aunque liberal exaltado, hizo campo aparte, preten-

---

44 Publicó allí un periódico literario de breves dimensiones, intitulado *El Soplón Diarista de Salamanca*.

45 Tales fueron el *Discurso de Mr. Alibert sobre la conexión de la medicina con las ciencias físicas y morales y la higiene*, del doctor Pressavin.

diendo extremarse por la violencia de su lenguaje. Cierta paliza dada en las calles de Cádiz por el teniente coronel don Joaquín de Osma al celebérrimo individuo de la Junta Central don Lorenzo Calvo de Rozas (1811), dio ocasión a Gallardo para su primer triunfo literario con el sazonadísimo folleto que tituló *Apología de los palos*, por el bachiller Palomeque, obrilla digna de asunto menos baladí; pero que, así y todo, entretuvo por muchos días a los ociosos de Cádiz y encumbró a las estrellas la fama de satírico del autor.

Mucho menos vale el *Diccionario crítico-burlesco*, librejo trabajosamente concebido y cuyo laborioso parto dilatóse meses y meses, provocando general expectación, que en los mejores jueces y demás emunctae naris vino a quedar del todo defraudada, siquiera el vulgacho liberal se fuera tras del nuevo engendro, embobado con sus groserías y trasnochadas simplezas. Cualquiera de los folletos de Gallardo vale más que éste, pobre y menguado de doctrina, rastrero en la intención, nada original en los pocos chistes que tiene buenos. Ignaro el autor de toda ciencia seria, así teológica como filosófica, fue recogiendo trapos y desechos de ínfimo y callejero volteranismo, del *Diccionario filosófico* y otros libros análogos, salpimentándolos con razonable rociada de desvergüenzas y con tal cual agudeza o desenfado picaresco que atrapó en los antiguos cancioneros o en los libros de pasatiempo del siglo XVI. Burlóse de los milagros y de la confesión sacramental, ensalzó la serenidad de las muertes paganas, comparó (*horribile dictu*) el adorable sacramento de la eucaristía con unas ventosas sajadas; manifestó deseos de que los obispos echasen bendiciones con los pies, es decir, colgados de la horca; llamó a la bula de la Cruzada el papel más malo y más caro que se imprimía en España, y los frailes, peste de la república y animales inmundos encenegados en el vicio; de los jesuitas dijo que no había acción criminosa ni absurdo moral que no encontrase en ellos agentes, incitadores, disculpa o absolución; puso en parangón la gracia divina con la de cierta gentil personita y graduó al papa de obispo *in partibus*,[46] con otras irreverencias y bufonadas sin número.

Semejante alarde de grotesca impiedad, todavía rara en España, amotinó los ánimos contra Gallardo, a quien hacía más conspicuo, aumentando gravedad al caso, su puesto oficial de bibliotecario de las Cortes. Impreso el *Diccionario*,

---

46 Hay once ediciones del *Diccionario crítico-burlesco*. La que tengo a la vista es de Burdeos, Imprenta de Pedro Beaume, 1821.

meses antes de circular, lograron hacerse con un ejemplar los redactores de *El Censor,* y publicaron una denuncia anticipada,[47] de la cual quiso defenderse Gallardo con un papelejo que llamó *Cartazo al Censor General,*[48] donde burlescamente se queja de que «a su amado hijo le canten el gori gori antes de haber nacido». Preparados así los ánimos, comenzó a circular el *Diccionario,* acreciéndose con esto los clamores y el escándalo. Predicó contra él don Salvador Jiménez Padilla, que hacía el septenario de san José en la iglesia de san Lorenzo; y un extravagante, aunque bien intencionado personaje, que decían don Guillermo Atanasio Jaramillo, hizo fijar por las esquinas un cartel de desafío, que, por lo inaudito y característico, debe transcribirse a la letra: Verdadero desafío que para el 27 de este mes de abril, a la una del día, frente a la parroquia de san Antonio, emplaza un madrileño honrado al infame, libertino, hereje, apóstata y malditísimo madrileño, monstruo, abismo de los infiernos, peor que Mahoma, más taimado que los llamados reformadores, discípulo de la escuela de los abismos. Y en un desaforado y estrambótico folleto, que divulgó por los mismos días que el cartel, ofrecía «con razones contundentes aterrar, confundir y deshacer al autor del *Diccionario,* comprometiéndose, si el Gobierno lo llevaba a bien, a convertir este desafío en el de sangre, y allí mismo verter toda la de su podrido corazón para que se viese que ni los perros la osaban lamer».[49]

En pos de este frenético, dirigió nuevas provocaciones a Gallardo un oficial de la Guardia Real, que fue con la punta de la espada quitando cuantos carteles hallaba al paso. Imprimióse una petición dirigida a las Cortes contra el libertinaje descubierto en el *Diccionario crítico-burlesco,* solicitando nada menos que excluir a Gallardo del número de los ciudadanos (como primero y escandaloso transgresor de las leyes constitucionales, que ponían a salvo la majestad de la religión) y quemar su libro por la mano del verdugo.

---

47 *Impugnación del Diccionario burlesco que contra las leyes divinas y humanas publicará un libertino contra el reglamento de la libertad de imprenta,* según ha ofrecido. Se denuncia al gobierno y al público.

48 *Cartazo al Censor General* por el autor del *Diccionario crítico-burlesco,* con motivo de la abortiva impugnación al Diccionario, anunciada por las esquinas en son de excomunión.

49 Véase *Cádiz en tiempo de la guerra de la Independencia,* por don Adolfo de Castro (Cádiz 1864), páginas 120 y siguientes, y la *Apología del Altar,* del padre Vélez (tomo 1, página 134 y siguientes).

En sesión secreta de 18 de abril de 1812[50] comenzaron las Cortes a tratar del impío y atrocísimo libelo de Gallardo, resolviendo casi unánimemente que «se manifestase a la Regencia la amargura y sentimiento que había producido en el soberano Congreso la publicación del *Diccionario*, y que, en resultando comprobados debidamente los insultos que pueda sufrir la religión por este escrito, proceda con brevedad a reparar los males con todo el rigor que prescriben las leyes, dando cuenta a Su Majestad las Cortes de todo para su tranquilidad y sosiego».

Don Mariano Martín de Esperanza, vicario capitular de Cádiz, representó enérgicamente a la Regencia contra el *Diccionario*, mostrando como inminente la perversión de la moral cristiana si se dejaba circular tales diatribas contra la Iglesia y sus ministros. Pasó la Regencia el libro a la junta de Censura, y fue por ella calificado de subversivo de la ley fundamental de nuestra Constitución..., atrozmente injurioso a las órdenes religiosas y al estado eclesiástico en general y contrario a la decencia pública y buenas costumbres. El día 20 se mandó recoger el *Diccionario*, y era tal la indignación popular contra Gallardo, que para sustraerse a ella no encontró medio mejor que hacer que sus amigos le encerrasen en el castillo de santa Catalina; simulada prisión, que compararon en zumba sus enemigos con la héjira de Mahoma a la Meca.

De pronto, la escondida y artera mano de las sectas cambió totalmente el aspecto de las cosas. Gallardo en su prisión (que él llamaba, no sin fundamento, presentación voluntaria) se vio honrado y agasajado por lo más selecto de la grey liberal, y hasta por alguna principalísima señora, cuya visita agradeció y solemnizó él con la siguiente perversa décima, inserta en el *Diario Mercantil*, de Cádiz el 2 de marzo de 1812:

Por puro siempre en mi fe
y por cristiano católico,
y romano y apostólico
firme siempre me tendré;

---

50   Véase *Mi viaje a las Cortes*, obra inédita de don Joaquín Lorenzo Villanueva, diputado a Cortes por la provincia de Valencia..., impresa por acuerdo de la Comisión de Gobierno Interior del Congreso de los Diputados. Madrid, en la Imprenta Nacional, 1860, página 348.

y aunque encastillado esté,
aunque más los frailes griten
y aunque más se despepiten,
mientras que de dos en dos,
en paz y en gracia de Dios,
los ángeles me visiten.

Y, si bien los innovadores más moderados tachaban de imprudencia la conducta de Gallardo por haberse arrojado a estampar cosas que aún no era prudente ni discreto decir muy alto en España, y otros recelaban que aquella temeridad fuera causa de tornar a su vigor el Santo oficio, parece que todo a una, y como movidos por oculto resorte, hicieron causa común y apretaron filas para la defensa, si bien de un modo paulatino y cauteloso por no ir derechamente contra los decretos de los obispos, que ya habían comenzado a prohibir en sus respectivas diócesis el Diccionario por impío, subversivo y herético o próximo a herejía.

Cerrado así el camino de la defensa franca y descubierta, no quedó otro recurso a los periódicos apologistas de la causa de Gallardo sino emprenderla con el *Diccionario manual*, pretexto de la publicación del *Diccionario crítico*, y delatarle como anticonstitucional, para distraer la atención y apartar la odiosidad del lado de Gallardo. Prestóse dócil la Junta de Censura a tal amaño, y condenó el *Manual* (que libremente circulaba un año había) so pretexto de minar sordamente las instituciones que el Congreso nacional tenía sancionadas.

Tras esto presentó Gallardo (trabajada, según su costumbre, a fuerza de aceite y en el larguísimo plazo de treinta días) una apología aguda e ingeniosa, pero solapada y de mala fe, en que están, no retractadas, sino subidas de punto, las profanidades del *Diccionario* con nuevos cuentecillos antifrailunos.[51]

---

51 Contestación del autor del *Diccionario crítico-burlesco* a la primera calificación de esta obra, expedida por la junta Censoria de la provincia marítima de Cádiz. Cádiz: en la imprenta Tormentaria, 1812; 77 páginas.
Entre las autoridades que cita, trae casi traducido el salmo de Sim Agustín contra los donatistas. Saca mucho jugo del libro del padre Boneta *Gracias de la gracia*.

[52] Semejante defensa, que a los ojos de los católicos debía empeorar la causa de Gallardo, bastó a los de la Junta de Censura para mitigar el rigor de la primera calificación, declarándole casi inocente en una segunda, con la cual se conformó el autor, prometiendo borrar algunas especies malsonantes.

Volvió el asunto a las Cortes, y en la sesión pública de 21 de julio de 1812, el diputado eclesiástico Ostolaza, varón no ciertamente de costumbres ejemplares (lo cual ya le había valido, y le valió después, reclusiones y penitencias), intrépido y sereno hasta rayar en audaz y descocado, pero no falto de entendimiento ni de cierta desaliñada facundia, presentó una proposición para que el juicio del *Diccionario* no se diera por terminado con la benigna censura de la Junta de Cádiz, sino que recayera en él nueva y definitiva calificación de la junta Suprema. No quiso conformarse con ello don Juan Nicasio Gallego, a quien apoyaron otros cuatro diputados y el mismo presidente y los curiosos de las galerías, que acaudillaba el Cojo de Málaga, empeñados todos en hacer callar por fuerzas a Ostolaza, grande enemigo de la libertad de imprenta. No intimidaron los gritos ni las alharacas a otro eclesiástico llamado Lera, que, interrumpido veces infinitas por el presidente, logró con todo eso llegar al cabo de su peroración, reducida a escandalizarse de que un servidor del Poder público a quien acababa de dotarse con tan gran sueldo saliera burlándose de lo que la nación amaba más que su propio ser y que su independencia y hablando con tan injurioso desacato de las sagradas religiones y del vicario de Jesucristo.

Levantóse a responder a Lera el joven y después famoso conde de Toreno, don José María Queipo de Llano, a quien ya don José María Queipo de Llano, a quien ya había dado notoriedad envidiable la parte por él tomada en el levantamiento de Asturias contra los franceses y la comisión que entonces desempeñó en Londres para procurar la alianza y los socorros de Inglaterra en pro del alzamiento nacional. Era Toreno varón de altísimas dotes intelectuales, firme y sagaz, enriquecido con varia lectura, pero contagiado hasta los tuétanos por la filosofía irreligiosa del siglo XVIII, cuyos principios le había inoculado un monje benedictino abad de Montserrete, que le comunicó el Emilio y el *Contrato social*

---

52 En el *Suplemento* del canónigo don Juan Corominas al *Diccionario de escritores catalanes*, de Torres Amat, hallo la especie de que el padre José Aragonés, lector jubilado de la Orden de san Francisco, publicó en 1813 un *Diccionario crítico* en oposición al de Gallardo. No tengo otra noticia de tal producción.

cuando apenas entraba en la adolescencia.[53] Toreno, pues, tildó a Ostolaza y a Lera de falta de sinceridad, de alejarse, por falso celo, del espíritu de lenidad que respiran los sagrados Libros y de profanar el santuario de la verdad (las Cortes) con palabras de sangre y fuego.[54] Y opinó que no había lugar a deliberar sobre la proposición de Ostolaza por ser contraria a la libertad de imprenta. Así se acordó antes de levantarse la sesión, entre un murmullo espantoso, que ahogó la voz de Ostolaza cuando, encarándose con los periodistas de las tribunas, los llamó charlatanes que habían tomado por oficio el escribir, en lugar de tomar un fusil, y que vergonzosamente querían supeditar al Congreso.

A pesar de tan ruidosa algarada, otro diputado, don Simón López, volvió a intentar, en la sesión de 13 de noviembre, la misma empresa que Ostolaza, proponiendo a las Cortes separar inmediatamente a Gallardo de su oficio de bibliotecario y transmitir a la Regencia órdenes severísimas que atajasen las frecuentes agresiones periodísticas contra el dogma y la disciplina. Pidieron otros diputados que se leyesen el edicto del vicario capitular de Cádiz y las condenaciones fulminantes por los obispos. Desatáronse contra esto los liberales, especialmente Calatrava y Toreno, muy condolidos de que el Congreso se ocupase en tales necedades, cual si de ellas pendiese la salvación de la patria.

Para entorpecer de nuevo el curso de la acusación y salvar a Gallardo, ocurrióse al diputado Zumalacárregui presentar en la sesión de 20 de noviembre una proposición de no ha lugar a deliberar, que se votó por exigua mayoría, y con la cual pareció terminado el asunto y salvado de las garras del fanatismo el inocente Gallardo.

Pero no fue así, porque, reunidos treinta diputados absolutistas, formularon una especie de protesta con nombre de Carta misiva, que vino de nuevo a enzarzar los ánimos. Zumalacárregui la denunció a las Cortes en 30 de noviembre, y a propuesta de Argüelles y de Toreno, se nombró un especial que procediese contra los firmantes o contra el verdadero autor de la carta, si es que las firmas eran una superchería. La comisión opinó que el asunto pasase a la Regencia, y de ésta a la junta de Censura, donde se averiguó que el original

---

53   Véase la biografía del conde de Toreno escrita por don Leopoldo A. de Cueto (página VII, edición Rivadeneyra de la *Historia del levantamiento*, etc.).

54   Véase *Discursos parlamentarios del conde de Toreno* publicados por su hijo. Tomo 1, Cortes de Cádiz (Madrid, Imprenta de Berenguillo, 1872), página 193.

había sido entregado en la imprenta por el diputado don Manuel Ros, doctoral de Santiago.

Enteradas de estas pesquisas las Cortes en 2 de diciembre, propuso Zumalacárregui que se procediese criminalmente por el Congreso mismo contra el diputado Ros en el término preciso de quince días. ¡Tanto ardor ahora y tanta indiferencia cuando se había tratado del *Diccionario*! Hablaron con vigor Ostolaza y don Bernardo Martínez, llegando a decir el segundo que solo había intolerancia para los que defendían la religión; palabras que se negó a retirar o a explicar por mucho que el presidente se empeñase en ello instigado por Calatrava y Golfin. Quejóse Larrazábal de aquella verdadera infracción de la ley de imprenta y de la majestad del diputado; pero la mayoría decidió, como decide en todo, y Ros fue condenado, arrestado cerca de un año y arrojado, al fin, del Congreso como indigno de pertenecer a la representación nacional. Júntese esta nueva tropelía a las muchas que afean la historia de aquellas Cortes regeneradoras.[55]

---

55 Véase para toda esta discusión los *Diarios de Cortes de Cádiz*, tomo 13 (página 64), 14 (página 212 a 226), 16 (página 113 a 270), y los periódicos de Cádiz de aquellos días, especialmente *El Conciso* de 30 de julio, el *Diario Mercantil* de 19 de abril y 28 de julio y *El Redactor General* del 29 de julio de 1812, además de las obras ya citadas de Vélez y Adolfo de Castro.

Como de Gallardo no hemos de volver a hablar (como no sea por incidencia y al discurrir acerca de la formación de la sociedad secreta de los comuneros en 1821), conviene aquí dar sucinta idea de su vida literaria y posteriores vicisitudes.

Gallardo huyó a Londres en 1814, y allí intentó publicar un periódico con el título de *Gabinete de Curiosidades*, que fracasó por la acerba oposición de Puigblanch y otros emigrados españoles. De las empresas bibliománicas de Gallardo en las librerías de mister Heber y otros ingleses, queda larga y picaresca, aunque no edificante, memoria en la biografía satírica de nuestro héroe, atribuida generalmente a don Adolfo de Castro.

La revolución de 1820 volvió a abrir a Gallardo las puertas de su patria; pero en el período constitucional de los tres años figuró poco y en lugar muy secundario, sin duda por las increíbles singularidades de su carácter. Sostuvo entonces acerba y personal polémica con el clérigo afrancesado don Sebastián Miñano, publicando contra él un folleto intitulado *Carta-Blanca*, que fue contestado con muy sangriento donaire en el número 47 de *El Censor*. Siguiendo Gallardo la retirada de los constitucionales a Cádiz, perdió en el tumulto de 13 de junio de 1823 (día de san Antonio) sus mayores riquezas bibliográficas y lo más granado de sus apuntes, trabajos y libros proyectados (entre ellos, y si hemos de creerle, un *Diccionario rítmico*, *Diccionario de Autoridades*, *Gramática filosófica de la*

El triunfo de Gallardo fue completo, y sus amigos se ensañaron atrozmente con el infeliz Jaramillo, hasta encerrarle en una prisión por largos ciento cincuenta días (a pesar de haberle declarado demente), hasta que el tedio del encierro y la pena de presidio con que le amenazaron le hizo suscribir una retractación de su pasquín de desafío dictada por Gallardo y sus amigos. Apenas se vio libre, publicó en un folleto, que llamó Inversión oportuna, los pormenores de cuanto le había acaecido, y, temeroso de nuevas persecuciones, huyó de

---

lengua española, Historia crítica del ingenio español, Vida de Tirso de Molina, Diccionario ideo-pático, Teatro antiguo, El Pindo español y otra infinidad de producciones en embrión, que muchos gradúan de mitológicas y fantásticas); pérdida que él exageró luego, hasta suponer que todo libro o manuscrito raro que acertaba a ver había pertenecido a su biblioteca y se le había perdido el día de san Antonio.

En los diez años de gobierno absoluto, la suerte de Gallardo fue calamitosa, viéndose ya preso en las cárceles de Sevilla, ya confinado en Castro del Río, ya estrechamente vigilado por las autoridades, aunque en libertad. Pero así que tuvo algún respiro, volvió a dar muestra de sí en folletos acerbos y personales, si bien de índole literaria, cuales fueron *Cuatro palmetazos bien plantados por el dómine Lucas a los gaceteros de Bayona* (1830), que es una diatriba contra Lista y Reinoso; *Las letras, letras de cambio o los Mercachifles literarios* (1834) (atroz libelo contra Hermosilla Miñano, Lista y Burgos, que le acarreó una causa criminal, en que fue defendido por el entonces joven abogado don Salustiano Olózaga).

En 1835 estampó hasta cinco números (hay otros tres póstumos) de El *Criticón*, papel volante de literatura y bellas artes, que contiene peregrinas noticias bibliográficas, reproducciones de piezas antiguas y, a vueltas de todo, virulentas dentelladas contra Reinoso, Quintana, Durán y otros.

Políticamente, Gallardo se fue oscureciendo cada vez más, y solo volvió a sonar su nombre en un escándalo parlamentario (que terminó en ruidosa cachetina) promovido por él en 1838 cuando se quiso suprimir su plaza de bibliotecario de las Cortes. Antes había hecho una saladísima rechifla del célebre discurso de Martínez de la Rosa (1837) en que enalteció el programa de paz, orden y justicia.

Desde entonces, la vida de Gallardo pertenece exclusiva y enteramente a las letras. Estudió y expolió todo género de bibliotecas públicas y particulares, fue admirado y temido por cuantos poseían libros y amontonó joyas bibliográficas sin número en su dehesa de la Alberquilla, cerca de Toledo. Ya viejo, trabó asperísima polémica con don Adolfo de Castro y con don Serafín Estébanez Calderón a propósito de El *buscapié*, del primero. Quedan por monumentos de esta ingeniosa, descomedida y casi inverosímil contienda los opúsculos titulados *Zapato a zapatilla*, y a su falso buscapié, un puntillazo (de Gallardo). *El buscapié del busca-ruido* (del médico asturiano don Indefenso Martínez, editor de

Cádiz, anticipandose a la pena de destierro que le había sido impuesta. Al vicario capitular que había condenado el *Diccionario* le entregaron las Cortes al juzgado secular, que le tuvo en prisiones seis meses sin forma alguna de proceso. ¡Deliciosa arbitrariedad, que sin escrúpulo podemos llamar muy española!

Así terminó este enojoso incidente, que he querido narrar con todos sus pormenores, a pesar de la insulsez del libro, porque aquélla fue la primera victoria del espíritu irreligioso en España, quedando absuelto Gallardo y descubierta bien a las claras la parcialidad del bando dominante en el Congreso y el blanco final a que tiraban sus intentos.

Temeridad hubiera sido en ellos proponer, cuanto más sancionar, la libertad religiosa, temeridad bastante a comprometer el éxito de su obra. Parecióles

---

Huarte y Doña Oliva, íntimo de Gallardo), las *Cartas dirigidas desde el otro mundo a don Bartolo Gallardete por Lupianejo Zapatilla* (Adolfo de Castro) y las *Aventuras literarias del iracundo bibliopirata extremeño*, etc. (compuestas por él mismo). Queda, sobre todo, aquel arrogante soneto de don Serafín Estébanez Calderón:

Caco, cuco, faquín, bibliopirata...,

que por lo acabado y singular de su rara estructura vivirá siempre en la memoria de los aficionados a las letras humanas de toda la maleante grey de los bibliófilos españoles.

Los disgustos que esta polémica trajo sobre Gallardo, y especialmente las resultas del juicio de conciliación a que le llamó Estébanez Calderón por haberle apellidado Aljami Malagón Farfulla, aceleraron su muerte, que le sorprendió en una posada de Alcoy en septiembre de 1852. Es tradición que murió impíamente, como había vivido.

Sus opúsculos están sin coleccionar. Dejó infinitas papeletas bibliográficas, de las cuales (muy aumentadas con labor propia) han formado los señores Zarco del Valle y Sancho Rayón su *Ensayo de una biblioteca española de libros raros y curiosos*, premiada por la Biblioteca Nacional (tomo 1 y 2, 1863 y 1867), que puede estimarse por el más rico e insigne trabajo bibliográfico de nuestros días. Las rarezas del carácter de Gallardo y sus inauditas maneras de adquirir libros peregrinos requerirían un libro entero, no menor que éste para su enumeración.

Véase la citada biografía satírica de Adolfo de Castro (Lupián Zapata), Cádiz, 1851, Imprenta de don Francisco Pantoja, y la que en el *Semanario Pintoresco* publicó (seriamente) en 1853 don Luis María Ramírez de las Casas Deza.

Véase además las noticias recogidas por don Leopoldo A. de Cueto en el tomo 3 de los *Poetas líricos del siglo XVIII* (páginas 700 a 704), donde coleccionó todas las poesías de Gallardo que llegaron a sus manos, notables alguna y dignas del buen tiempo por la gallardía del lenguaje.

mejor y más seguro amparar bajo capa toda insinuación alevosa contra el culto, que en la ley declaraban único verdadero, y dejarle desguarnecido de todo presidio, con echar por tierra la jurisdicción del Santo oficio, único tribunal que podía hacer efectiva la responsabilidad de los delitos religiosos. Fue letra muerta la ley constitucional, espantajo irrisorio la Junta Suprema de Censura, y comenzó a existir de hecho no la tolerancia ni la disparidad de cultos, cosa hoy mismo sin sentido en España, sino lo único que entre nosotros cabía: la licencia desenfrenada de zaherir y escarnecer el dogma y la disciplina de la Iglesia establecida; en una palabra, la antropofagia de carne clerical, que desde entonces viene aquejando a nuestros partidos liberales, con risa y vilipendio de los demás de Europa, donde ya estos singulares procedimientos de regeneración política van anticuándose y pasando de moda; el lancetazo al Cristo, que ningún héroe de club o de barricada ha dejado de dar para no ser menos que sus aláteres en lo de pensador y despreocupado.

III. Abolición del Santo oficio
La Inquisición hallábase en 1812 como suspendida de sus funciones por el abandono y afracesamiento de don Ramón José de Arce y la falta de bulas pontificias que autorizasen el nombramiento del obispo de Orense, propuesto en su lugar por la Junta Central. Interrumpidas las comunicaciones con Roma, y no atreviéndose los mismos inquisidores subalternos a proceder sin autoridad pontificia, de nada sirvió que la Regencia mandara reorganizar los tribunales ni que en la sesión de Cortes de 22 de abril propusiera su restablecimiento don Francisco Riesco, inquisidor de Llerena, apoyado por todo el partido antirreformista, que esta vez hizo oír su voz en las galerías sobreponiéndose al estruendo de los liberales. Palabra era ésta que hasta entonces no había tenido en España otra aceptación que la de generoso, dadivoso o desprendido, pero que desde aquella temporada gaditana comenzó a designar a los que siempre llevaban el nombre de libertad en los labios, así como ellos (y parece que fue don Eugenio de Tapia el inventor de la denominación) dieron en apodar a los del bando opuesto con el denigrativo mote de serviles.

Los liberales, pues, trataran de jugar el todo por el todo y no perder en un día el fruto de sus largos afanes, por más que a punto estuviera de escapárseles de las manos, ya que la primera comisión nombrada para entender en el asunto de

La Triple Alianza opinó en su dictamen, presentando el 12 de abril, que redactó don Juan Pablo Valiente y firmaron todos los vocales, a excepción de Muñoz Torrero, el restablecimiento inmediato y sin trabas de la Inquisición. Aplaudieron buena parte de los espectadores de las galerías, contradijéronles otros con modos y ademanes descompuestos, y a más hubiera llegado la pendencia si a don Juan Nicasio Gallego, que a todo trance quería impedir o desbaratar la votación de aquel día, en no bien prevenidos y compactos los liberales, la victoria habría sido por lo menos disputada e indecisa, no se le hubiera ocurrido proponer que el expediente pasase a la Comisión de Constitución. Votáronlo muchos sin reparar en el oculto propósito, que no era otro que ir dando largas al asunto y caminar sobre seguro en materia donde iban todas las esperanzas de la grey innovadora.

En 8 de diciembre de 1812 la Comisión presentó a las Cortes su dictamen sobre los Tribunales de Fe,[56] por el cual hizo público el acuerdo que en 4 de junio había tomado, declarando incompatible el Santo oficio con el nuevo régimen constitucional; acuerdo tomado solo por levísima mayoría, puesto que se excusaron de asistir los señores Huerta, Cañedo y Bárcena y presentaron votos particulares el señor Ric y el señor Pérez, proponiendo que una junta *ad hoc*, compuesta de obispos, inquisidores y consejeros, arbitrase los medios de hacer compatible el modo de enjuiciar del Santo oficio con el nuevo régimen del Estado. Huerta y Cañedo persistieron tenaces en su retraimiento.

Empieza la Comisión por reconocer que «es voluntad general de la nación que se conserve pura la religión católica, protegida por leyes sabias y justas, sin permitirse en el reino la profesión de otro culto». La cuestión no versaba aparentemente acerca de los principios, sino que, conformes todos en aceptar de palabra la unidad religiosa, discrepaban en los medios, defendiendo la Comisión no ser sabias ni justas las leyes que se opusiesen al código impecable que ellos habían formado.

Increíble es la contradicción y vaguedad de ideas de este famoso dictamen. A renglón seguido de haber encomiado las ventajas de la unidad religiosa, afirma que «es propio y peculiar de toda nación examinar y decidir lo que más

---

56 *Discusión del proyecto de decreto sobre el Tribunal de la Inquisición*. Cádiz, en la Imprenta Nacional, 1813; 4.º, 694 páginas (en él está reunido todo lo que concierne a Inquisición en los tomos 16 y 17 del *Diario de Cortes*).

le conviene según las circunstancias, designar la religión que debe ser fundamental y protegerla con admisión o exclusión de cualquiera otra». ¡Lástima grande que a los omniscientes legisladores de Cádiz no se les hubiese ocurrido designar como religión fundamental en España el budismo!

Traíanse luego a colación las leyes antiguas relativas a la punición temporal de los herejes, y especialmente las de las Partidas, calificándolas de *suaves*, *humanas* y *religiosas*, como si estas leyes no hubieran sido trasladadas textualmente del cuerpo del Derecho canónico y del orden de procedimientos de la Inquisición. Luego, y valiéndose de los primeros trabajos de Llorente,[57] a quien en todo sigue, hacía la Comisión breve reseña de los orígenes del Santo oficio en Castilla, sosteniendo que fue tribunal mixto, eclesiástico y real y que los pueblos le recibieron con desagrado, especialmente en Aragón, por ser contrario a las libertades del reino. Traíanse los sabidos y contraproducentes testimonios de Hernando del Pulgar, Zurita y Mariana; se hacía el relato de las tropelías de Lucero y del proceso de fray Hernando de Talavera; discurríase mucho acerca de las reclamaciones de las Cortes de Valladolid (1518 y 1523) y Toledo (1525) contra abusos de jurisdicción en los ministros de aquel Tribunal; de las posteriores concordias y de los conflictos frecuentes con los jueces seculares. Declarábase ilegal el establecimiento de la Inquisición por no haber sido hecho en cortes; tachábasela de enemiga de la jurisdicción episcopal, aunque la Comisión había buscado en vano las pruebas de esto por la confusión en que nos vemos; se invocaba contra ella el testimonio de los regalistas, y especialmente el de Macanaz en su Pedimento; se citaba el ejemplo de las Dos Sicilias, cuyo rey Femando IV había abolido desde 1782 la Inquisición en sus Estados, y, finalmente, se la declaraba incompatible con la soberanía e independencia de la nación, con el libre ejercicio de la autoridad civil, con la libertad y seguridad individual, puesto que era una soberanía en medio de una nación soberana, un Estado dentro de otro Estado, una jurisdicción exenta con leyes, procedimientos y tribunales, independientes y propios, y que, si acaso, dependían de la curia romana. De todo lo expuesto deducía la Comisión que era urgente el tornar a poner en vigor la ley de Partida y restituir los obispos la plenitud de sus facultades para declarar el hecho de herejía y castigarlo con penas espirituales, quedando expedita a los jueces civiles la facultad de imponer al culpado la pena

---

57   Especialmente de la *Memoria sobre la opinión nacional en España acerca del Santo oficio.*

temporal, conforme a las leyes. ¡Conforme a las leyes! Y dice expresamente la ley de *Partida* (ley 2, tít. 6 part. 7): «E si por ventura non se quisieren quitar de su porfía, débenlos juzgar por herejes, e darlos después a los jueces seglares, e ellos débenles dar pena en esta manera: que si fuere el hereje predicador... débenlo quemar en fuego de manera que muera... E si non fuere predicador, mas creyente o que oya cuotidianamente o cuando puede la predicación de ellos, mandamos que muera por ello esa misma muerte... E si non fuere creyente, mas lo metiere en obra, yéndose al sacrificio dellos, mandamos que sea echado de nuesto Señorío para siempre, o metido en la cárcel fasta que se arrepienta y se torne a la fe».

Esto y no otra cosa decía esa famosa ley de Partida, sabia, humana y tolerante, que fingía querer restablecer, y con cuyo testimonio se pretendía embobar sin duda a los que no la conocían. Dijérase en buen hora que el tiro iba no contra la Inquisición, sino contra la unidad religiosa, y hubiera sido más honrado que no resucitar de nombre leyes añejas mucho más intolerantes que las de la Inquisición y hablar de tribunales protectores de la religión que juzgasen al uso de los de la Edad media.

Fue este dictamen obra, según parece, de Muñoz Torrero, que firma en primer lugar, asistido por Argüelles y por dos clérigos jansenistas: Espiga y Oliveros. Otro individuo de la Comisión, don Antonio Joaquín Pérez, diputado americano, declaró que en largo tiempo que había sido inquisidor en Nueva España no había notado los abusos y arbitrariedades de que la Comisión se quejaba, y que, si bien en el modo de enjuiciar debían introducirse reformas, no tenían las Cortes autoridad canónica para hacerlas.

Esta incapacidad legislativa de las Cortes era lo primero que daba en ojos, y de ella se aprovecharon don Andrés Sánchez Ocaña y otros dos diputados de Salamanca para proponer en la sesión de 29 de diciembre que no se pasase Zelante sin consulta e intervención de los obispos, ya que no era posible la celebración de un concilio nacional.

En 4 de enero presentaron don Alonso Cañedo, diputado por Asturias y grande amigo de Jovellanos, y don Francisco Rodríguez de la Bárcena un voto particular contra el dictamen de la mayoría de la Comisión. En él decían, y con hechos históricos y gran copia de erudición canónica demostraban, que, siendo derecho inherente a la primacía de jurisdicción del sumo pontífice la autoridad que ejerce en la condenación de los errores contra la fe y en el castigo de los herejes, y procediendo los inquisidores, como procedían, auctoritate apostolica y por nombramiento de Roma directo o delegado, no podía hacerse cosa alguna sin consentimiento del papa, y sería usurpación y atentado cuanto las Cortes decretasen.

Los diputados de Cataluña recordaron que las antiguas Cortes de su país, tan fuera de propósito traídas a cuento en el dictamen, solo se habían quejado de abusos en punto al número de familiares y extensión del fuero a los dependientes del santo Tribunal, pero nunca de la «institución misma, de la cual repetidas veces habían dicho que era columna y muro fortísimo de la fe»; habiéndose dado el caso, cuando en la guerra de los segadores se entregaron a Francia, de pactar los catalanes, como uno de los principales artículos de la capitulación, que se conservaría el Santo oficio en Cataluña y que se establecería en Francia. Y terminaban pidiendo los diputados catalanes que se suspendiese la discusión hasta que ellos pudieran consultar a su provincia, de cuya decisión nadie dudaba, puesto que todos los pueblos de España, afirmó el señor Batlle sin protesta de nadie, desean el restablecimiento del Tribunal.

Contestó Argüelles que debía entrarse francamente en la discusión sin embarazarla con dilaciones y propuestas capciosas ni acordarse para nada del papa, dado que se trataba de un asunto temporal. No quiso asentir su paisano Cañedo a tan enorme ligereza, porque, «siendo derecho incontestable de la Cabeza de la Iglesia el cuidado de la pureza de la fe y el reprimir los progresos del error dondequiera que parezca, ¿cómo ha de ser proteger la religión el impedir el ejercicio de esta suprema autoridad?». Argumento que en vano quiso eludir Muñoz Torrero con la gratuita afirmación de ser temporal y delegada por los reyes la autoridad de los inquisidores. Que volviera el dictamen a la Comisión propuso don Simón López. y, desechada esta proposición, que se leyesen las representaciones de prelados y cabildos solicitando el pronto restablecimiento del Santo oficio; y también se decretó que no había lugar a deliberar.

Tras estos escarceos comenzó lo sustancial del debate, rompiendo el fuego Ostolaza en la sesión de 8 de enero con un discurso no poco hábil, cuya sustancia venía a ser la siguiente: «Se dice que la Inquisición nada tiene de común con la fe, y yo pregunto: el medio que conduce al fin de la pureza de la fe, ¿nada tiene que ver con el fin mismo? ¿No ha excomulgado la Iglesia a los que perturban el libre ejercicio de la jurisdicción inquisitorial? ¿Es por ventura el Santo oficio alguna invención de los reyes? ¿No ha existido siempre en la Iglesia potestad coercitiva contra los herejes? Que se estableció sin intervención de las Cortes; ¿y cuándo tuvieron las Cortes en España autoridad para intervenir en tales negocios? ¿Y dónde consta que las Cortes castellanas reprobasen la Inquisición y no diesen por bueno su establecimiento? ¿De quién procede la jurisdicción de los inquisidores sino del papa? ¿Ni qué significan las turbulencias de Zaragoza y la sacrílega muerte de san Pedro Arbués sino que los cristianos nuevos y mal convertidos miraron siempre de reojo la más formidable máquina contra ellos, tribunal ordenado por disposición y providencia divina, como escribe Zurita; remedio dado del cielo, en opinión de Marlana? Que padecieron en la Inquisición algunos inocentes; ¿y en qué tribunal del mundo no ha acaecido lo propio? ¿Hemos de confundir la bondad de una institución con los abusos inherentes a la humana flaqueza? Cuando las Cortes de Valladolid y de Toledo pedían que «los inquisidores fuesen generosos e de buena fama e conciencia e de la edad que el derecho manda» ¿entendían con esto negar la jurisdicción inquisitoria? No, antes en el hecho mismo la afirmaban, velando por su mayor pureza. La Inquisición es un tribunal eclesiástico en su origen que no necesita de ninguna autorización secular para el ejercicio de sus funciones en los juicios canónicos; ¿que tenían ni tienen que intervenir las Cortes en su establecimiento? ¿Y dónde están esos obispos que clamaron contra la Inquisición? ¿Y por qué vienen a hacerse ahora solidarias las Cortes de las etiquetas y animosidades de los curiales antiguos, especialmente del Consejo de Castilla? Me diréis que la Inquisición es contraria a la libertad, y yo os responderé que los inquisidores apostólicos se han establecido para proteger la libertad cristiana que ha logrado el género humano por Jesucristo, la libertad del culto católico, la libertad verdadera». Que la Inquisición favorece el despotismo; ¡ojalá renaciese la edad de aquellos déspotas que llamamos reyes católicos! Se combaten los procedimientos de la Inquisición, se habla de la tortura: ¿e ignoran los señores de la Comisión que hace un siglo que la Inquisición, antes que ningún otro tribunal, ha abolido el uso del tormento? Decís que la Inquisición mató la ciencia española; ¿cuándo florecieron más las artes y las letras que en el siglo inmediato a su establecimiento? No se opone la inquisición a la luz, sino a las doctrinas tenebrosas, que san Pablo llama sabiduría de la carne, y san Judas, espuma de la confusión. ¿Y con qué se quiere sustituir la Inquisición? Con tribunales protectores de la fe. ¿Y quién ha dado misión a las Cortes ni a una fracción de ellas para coartar las facultades episcopales?

A este discurso, que bien podemos llamar elocuente, por más que el autor no fuera ningún santo padre, siguió otro del respetable anciano don Benito Hermida, distinguido traductor de *El Paraíso*, de Milton: «Mis años y mis males —decía— me han conducido a la orilla del sepulcro, y solo me es permitido dejar al Congreso un testimonio del dolor que amarga mis postreros días. La impiedad se desborda; no basta el freno de la autoridad episcopal; los mismos obispos, sin excepción alguna, invocan la ayuda del santo Tribunal. Gracias a él hemos disfrutado por tres siglos de paz religiosa». Pero no hubo, entre los discursos de los defensores del Tribunal, otro más sabio, profundo e intencionado que el de don Pedro Inguanzo, canonista egregio, honra más adelante de la mitra de Toledo y de la púrpura romana. «Este ataque —dijo— no se presenta de frente, como lo pedía la buena fe. Si así se hubiera hecho, también podría contestarse de frente con mayor facilidad. Lo que se ha hecho es urdir un plan de proposiciones ambiguas y de cierta apariencia, las cuales, envolviendo sentidos diferentes, dan lugar a que se saque por consecuencia e ilaciones lo que se pretende. Es falso, falsísimo, que la Inquisición sea un tribunal real; es un tribunal esencialmente eclesiástico, así por la autoridad de que procede como por las materias, puramente religiosas, en que entiende. Solo tiene de real la parte de autoridad que se le ha agregado en cuanto a imponer ciertas penas temporales a los reos, cosa accidental y accesoria. Por tanto, o se desconoce la potestad de la Iglesia, o se quiere eludirla y burlarla de un modo contradictorio. Esa potestad es celestial y divina, independiente de todas las humanas, así por lo que toca al dogma como por lo que mira a la disciplina; y es tanto más inviolable y sagrada cuanto que Dios mismo la ejerce por medio de sus vicarios en la tierra. La protección civil ha de ser simplemente auxilio que a la potestad espiritual presta la temporal, no mando y tiranía ni jurisdicción alguna sobre ella. Ni el poder secular puede dar leyes en lo eclesiástico ni el poder de la Iglesia en lo secular. Si la religión se ha de proteger por leyes conformes a la Constitución, la Iglesia católica no puede ni debe ser protegida en España, porque la Iglesia católica tiene su constitución propia, diferente y aun contraria a nuestra Constitución política. Las leyes de la una nada tiene que ver con las de la otra y la religión del Evangelio se acomoda con todas las constituciones y gobiernos políticos.» Negó luego la facultad de elegir su religión que los autores del dictamen suponían en el Estado, y, yendo derecho al virus regalista que hervía en el fondo del proyecto, clavó el cuchillo hasta el mango en el sistema de la protección, verdadero título de usurpación y de ruina, con lo cual no solo el Santo oficio, sino la misma Iglesia, la jerarquía episcopal, el Pontificado, la fe y la moral son incompatibles, pues tanto vale usurpar y enervar la autoridad eclesiástica como destruir la religión, que no puede subsistir sin ella. Después de elevar a los obispos para sustraerlos de la jurisdicción del papa, se los humilla hasta señalarles asesores determinados para sus causas, cosa inaudita y vergonzosa para su dignidad. Con someter a calificación y censura el juicio de los obispos, se ataca la misma infalibilidad de la Iglesia, que no reside solo en la Iglesia congregada en concilio nacional, sino también en la iglesia dispersa. «¿Y qué quiere decir tribunales protectores de la religión? Una cosa es la protección y otra la justicia, y quien juzga no protege, ni la protección es atributo del Poder legislativo, sino del Poder ejecutivo.» Comparó rápidamente el modo de enjuiciar de los tribunales eclesiásticos y de los seculares, demostrando que todas las ventajas de rectitud e imparcialidad estaban de parte de los primeros. «Este proyecto —así terminó— es una inversión total de la potestad de la Iglesia desde los pies a la cabeza; solo el tratar aquí de él es ya un escándalo... No se hable más de protección, y déjese a la Iglesia con la del Altísimo, que es la que le basta, y con la cual subsistirá eternamente, como ha subsistido en tiempo de las persecuciones... Nosotros creemos y estamos bien persuadidos de que el haber o no tribunal de Inquisición no es punto de fe, que con él y sin él puede una nación ser católica, y que en este sentido pueden ser católicos los que le impugnan como los que le defienden. Pero creemos también, y lo creemos por artículo de fe, que en la Iglesia católica reside la autoridad para establecer los medios y leyes que juzgue oportunas para conservar la integridad y pureza de la religión entre los fieles y dirigirlos por el camino de la verdad. Bajo este aspecto, no hallamos compatible con los principios de nuestra santa religión la empresa de suprimir por nosotros una autoridad eclesiástica instituida por la suprema de la Iglesia, ni reconocemos en la potestad secular semejantes facultades... Solo el autor de la ley es quien puede revocarla; y proceder de otro modo sería en nosotros desconocer la primacía del sucesor de san Pedro, levantarnos sobre su misma cátedra, someter a nuestro arbitrio el apostolado y aun dividir a los obispos de su cabeza.»

Llególes el turno a los adversarios del santo Tribunal, y desde luego se manifestó entre ellos una diferencia considerable así en el espíritu como en los recursos y armas de que se valieron. Unos, los más jóvenes y brillantes, los enciclopedistas a la moda, los estadistas y doctores en derecho constitucional, Argüelles, verbigracia, y el conde de Toreno, se mostraron pobrísimos en la argumentación, ayunos de todo saber canónico, desconocedores en absoluto de la legislación y de la historia del tribunal que pretendían destruir, pródigos solo en lugares comunes, retórica tibia y enfáticas declaraciones contra la intolerancia y el fanatismo. Embobados con sus libros franceses, no parece sino que no habían nacido en España, o que jamás habían puesto los pies en ninguna universidad española, o que para ellos se había perdido toda memoria de los hechos pasados. «Es imposible —dijo Argüelles— que haya paz en las naciones mientras se pretenda que la religión debe influir en el régimen temporal de los pueblos.» Escandalizóse de que se oyeran con sufrimiento en el Congreso las máximas ultramontanas, que no se hubieran tolerado en tiempo de Carlos III. Y, asiéndose al trasnochado regalismo, invocó el *exequatur*, los *Recursos de fuerza*, todas las drogas del botiquín de la escuela, herencia que los absolutistas viejos dejaron a los modernos progresistas. «¿Quién ha de ser el juez de la sabiduría y justicia de las leyes eclesiásticas? —preguntaba Argüelles—. Los inquisidores, la curia romana, el clero de España o la autoridad soberana de la nación?»

«El objeto de la religión —dijo Toreno— es proporcionar a los hombres su felicidad eterna, lo cual nada tiene que ver con las leyes civiles... Ya lo dijo el Redentor: *Regnum meum non est de hoc mundo...* Sus armas son la predicación y la persuasión... Hasta el nombre de Inquisición es anticonstitucional... Nació la Inquisición y murieron los fueros de Aragón y Castilla... Consiguió la Inquisición acabar en España con el saber», etc., etc.

Otro género de argumentos y mayor solidez y fondo de doctrina mostraron los eclesiásticos Villanueva, Espiga, Oliveros, Ruiz Padrón, todos de la parcialidad comúnmente llamada jansenística. No venían intonsos como los legos antes referidos, sino preparados por el largo aprendizaje cismático del siglo XVIII, y sabían lo que se decían, aunque estuviesen en lo falso. Espiga, antiguo canónigo de san Isidro y verdadero autor o inspirador del decreto de Urquijo, trató de hacer absoluta separación y deslinde de las dos potestades; habló mucho de las falsas decretales; cercenó cuanto pudo del primado del papa; atacó de frente la infabilidad pontificia, pidiendo argumentos a los concilios de Constanza y Basilea; no olvidó la cuestión de san Cipriano y el papa Esteban sobre los *rebautizantes* y terminó su discurso con esta frase memorable por lo ridícula: «Yo creo que deben hacerse todos los sacrificios posibles por la fe, pero no los que sean contrarios a la Constitución». ¡Si estarían satisfechos de su librejo, al cual daban ya más autoridad que al Evangelio!

Habló después Ruiz Padrón, eclesiástico gallego de la misma cuerda, que había viajado mucho por América y conocido en Filadelfia a Franklin. Dijo que el Santo oficio era enteramente inútil en la Iglesia de Dios, contrario a la sabia y religiosa Constitución que había jurado los pueblos, contrario, además, esto en el último término, al espíritu del Evangelio... «En tiempo de los apóstoles no había inquisidores... La Inquisición ha creído los mayores absurdos y castigado delitos que no es posible cometer, como la brujería... Gracias a las luces del siglo desaparecieron estas visiones. La Inquisición ahuyentó de entre nosotros las ciencias útiles, la agricultura, las artes, la industria, el comercio... Bastaba distinguirse como sabio, para ser blanco de este tribunal impuro, que, nacido en un siglo de tinieblas y sostenido por la mano de hierro de los déspotas, se alarmaba a la menor ráfaga de ilustración que pudiera con el tiempo descubrir al mundo su sistema de opresión y tiranía...» En medio de estas huecas pasmarotadas, dignas de sermón gerundiano, no dejó el orador de hacer la oportuna memoria del proceso de Galileo y del inocente arzobispo Carranza. «La Iglesia de España —prosiguió— ha sido vulnerada en sus legítimos derechos desde el malhadado siglo XIII: se han hollado sus cánones, atropellado su disciplina, oscurecido su fama, desaparecido su brillantez y desfigurado la hermosura de la hija de Sión. *Vide, Domine et considera, quoniam facta sum vilis...* ¡Infelices reliquias del linaje humano, tristes despojos de la muerte, sombras respetables que quizá habéis pasado a la otra vida en la inocencia, víctima de alguna calumnia, perdonad las preocupaciones y la barbarie de los pasados siglos!... Pueblos venideros, naciones que entraréis algún día en el seno de la Iglesia, generaciones futuras, ¿podréis creer con el tiempo que existió en medio de la Iglesia católica un tribunal llamado la santa Inquisición?»

Acongojado el orador con la tacha de jansenista que a él y a los suyos ponían los periodistas del bando opuesto, diserta largamente sobre el primado del papa y sobre las falsas decretales, «que concedieron a los pontífices el derecho de un monarca absoluto, alzándose con una porción de los derechos episcopales para terror y espanto de los pueblos». ¡Abajo todas esas trabas para que un español pueda leer libremente a Mably, Condillac y Filangieri, o a lo menos a Pascal y Nicole, que le descubrirán la tortuosa conducta y política infernal de los jesuitas! «Dígase a nuestros obispos: ¿Queréis recobrar la plenitud de vuestros derechos?, y si por acaso se hallase alguno que respondiese que no, que renuncie.» ¿Qué importan bulas de papas? Ninguna bula tiene fuerza en España sin el «regium *exequatur*».

Menos virulento, y desembozado anduvo Villanueva, antiguo consultor del Santo oficio, honrado y protegido por cinco inquisidores generales,[58] razón suficiente para que le vieran muchos con asombro levantarse a contestar a Inguanzo, lo cual ejecutó con muy punzante ironía, «lanzándole —escribe el conde de Toreno— tiros envenenados en tono humilde y suave, la mano puesta en el pecho y los ojos fijos en tierra, si bien a veces alzando aquélla y éstos y despidiendo de ellos centelleantes miradas, ademanes propios de aquel diputado, cuya palidez de rostro, cabello cano, estatura elevada y enjuta y modo manso de hablar recordaban al vivo la imagen de uno de los padres del yermo, aunque, escarbando más allá en su interior, descubríase que, como todos, pagaba su tributo de flaquezas a la humanidad». Tan allá llevaba el cesarismo Villanueva, que fue la tesis principal de su discurso querer probar que, aun la misma jurisdicción eclesiástica del Tribunal de la Fe, podía, juntamente con la temporal, ser reformada y aun suprimida a arbitrio de las Cortes. Sirviéndole para sostener esta paradoja textos truncados de antiguos jurisconsultos aduladores de la potestad regia y la capciosa distinción entre la potestad eclesiástica, que pertenece al dogma, y el modo de ejercerla, que concierne a la disciplina. «El legislador de un reino católico —asentó—, siempre está expedito para suspender la ejecución de las bulas disciplinarias aun después de admitidas.»

---

58   Y apologista de la Inquisición en su *Carta al obispo Grégoire*. Para defenderse de la inconsecuencia, dijo Villanueva en las Cortes de Cádiz que él no había querido defender los procedimientos de la Inquisición, sino solamente la unidad religiosa.

Al canónigo Oliveros tocó la parte erudita del debate, pero con tan poca fortuna, que no acertó a salir del relato de las tropelías de Lucero y de la vulgarísima especie de que «la Inquisición había reputado por inficionados de herejías a los literatos, eruditos y hombres científicos, teniendo, v. gr., por arte mágica las matemáticas y sus signos; por judaísmo y luteranismo, la erudición en lenguas orientales»; lo cual quiso corroborar con una lista de nombres confundidos y trastrocados, hasta llamar a Casiodoro de Reina Feliciano.

Muñoz Torrero, como autor del dictamen, terció varias veces en la controversia, pero no por medio de largos discursos, y sin salir tampoco de la usada cantilena de que toda defensa de la Inquisición era una tentativa para introducir de nuevo el sistema e la curia romana y privar a la autoridad temporal de sus legítimos derechos.

Como jurisconsulto regalista habló el americano Mejía con animosidad anticlerical, si bien discretamente velada con ingeniosas atenuaciones y malignas reticencias, manifestándose inclinado, más que otro alguno, a la tolerancia civil. Hasta se empeñó en traer de su parte el testimonio del padre Mariana, llamándole precursor de las decisiones del Congreso, y queriendo probar con el ejemplo del padre Poza y otros, que la Compañía de Jesús había sido hostil siempre al Santo oficio. Fue su discurso el más docto, ameno, fluido y mal intencionado que se pronunció por los liberales en aquella ocasión.

Y es muy de notar que entre ellos mismos los pareceres se dividieron, porque no todos rendían parias al oculto influjo regalista, galicano, jansenístico o enciclopedista que durante un siglo había imperado en nuestro Gobierno y en nuestras aulas, sino que había entre ellos quien, con haber adoptado lo más radical de las teorías constitucionales y con ir en lo político mucho más adelante que Mejía, Toreno o Argüelles, no consentía que ni aun de lejos ni indirectamente se tocase a nada que tuviera sombra de religión, siendo en esto más intolerante que Lucero o Torquemada. Ejemplo señaladísimo de ello fue entonces el cura de Algeciras, Terrero, especie de demagogo populachero, estrafalario y violento, que por lo desmandado de sus ideas políticas, que frisaban con el más furibundo y desgreñado republicanismo, y por lo raro y familiar de su oratoria, unido a lo violento de sus gestos y ademanes y al ceceo andaluz marcadísimo con que sazonaba sus cuentos y chascarrillos, era personaje sumamente popular entre los concurrentes a las tribunas. Terrero, pues, que hasta de la potestad real era enemigo, se levantó a decir sin ambages que el dictamen de la Comisión era cismático y que más de cinco millones de españoles deseaban, pedían y anhelaban el pronto restablecimiento del santo Tribunal.

¡Decid vosotros, pueblos de mi territorio —exclamaba en un vehemente após-trofe—, habitadores de esas heroicas sierras cercanas a mi país; vosotros, que habéis sabido enlazar con estrecho y fuertísimo vínculo el amor a vuestra religión y patria...; vosotros, nunca infectos con el detestable crimen de la herejía, ¿cuándo os ha asaltado el deseo, ni aun en el transporte de vuestra imaginación, de acabar con ese Tribunal santo, colocado en medio de la Iglesia española para celar su pureza? Solo le temen los filósofos, que todo lo blasfeman porque todo lo ignoran.

Pudo parecer grotesco el estilo de este discurso, por más que en ocasiones la ardiente convicción del autor le infunda verdadera elocuencia tribunicia, pero a los liberales mismos pareció no desnuda de razones, y fue de cierto la mejor y más erudita cosa que se oyó en aquel debate, la larga y metódica apología del Santo oficio que hizo en las dos sesiones del 9 y 10 de enero el inquisidor de Llerena, don Francisco Riesco. De los golpes profundos y certeros que asestó al dictamen de la Comisión, nunca llegó ésta a levantarse, y era, en verdad, difícil salvar la contradicción palmaria que envolvía la explícita profesión de intole-rancia consignada en la Constitución y el proyecto de tribunales protectores de la fe con el hecho de abolir la Inquisición, cuyo espíritu había pasado al artículo constitucional. Poseyéndose Riesco de las antiguas y solemnes tradiciones del Santo oficio, y como quien llevaba la voz del verdadero pueblo español, ahogada entonces por una facción exigua dentro de los muros de una Cámara regida por fórmulas de exótico parlamentarismo, manifestó deseos de que aquella discu-sión se celebrase en la plaza pública, donde los fieles católicos pudiesen oír la verdad y dar su voto sin que interesables amaños amenguasen la serenidad del juicio y de la decisión. Y él, por su parte, ofreció lidiar hasta lo último en defensa del Tribunal, a quien por dieciocho años había servido, y en cuyo favor invocaba aquella especie de sanción popular, siquiera le costase el sacrificio de su vida, como en otro tiempo sucumbió san Pedro Arbués bajo el hierro asesino. Tras este vehemente preámbulo, y hecha la oportuna invocación a Jesús crucificado, cuya efigie se mostraba en la mesa, recordó los castigos impuestos por el Señor a la mala doctrina en entrambos Testamentos; el exterminio de los adoradores del becerro; la muerte de Ananías y Safira; la súbita ceguera de Elimas el Mago, la excomunión del incestuoso de Corinto; las sucesivas providencias de la Iglesia sobre punición de la herejía; la guerra contra los albigenses y los verdaderos orígenes de la Inquisición, con la parte gloriosa que en ella tomó santo Domingo de Guzmán; el estado de Castilla al advenimiento de los reyes católicos, la interna y fratricida lucha de cristianos viejos y nuevos, las bulas pontificias que delegaron la jurisdicción inquisitoria, apellidada por los mismos aragoneses sacro patrocinio y fuerte alcázar de la fe católica, cosa sagrada, celestial y divina; las calidades y atribuciones del oficio de inquisidor general y de su Consejo; las de los inquisidores provinciales, y cómo su autoridad venía a ser apostólica, si bien por camino indirecto; la jurisprudencia de las causas de fe y a quién compete la calificación del delito de herejía; las altas razones de prudencia que autorizaron el sigilo y la supresión de los nombres de los testigos para ponerlos a cubierto de las animosidades y feroces venganzas personales de los conversos judaizantes; la necesidad actual del Santo oficio como dique y antemural contra el desbordamiento de la impiedad francesa. «Solo manteniéndonos unidos y firmes en la fe —continuaba el orador— podrá bendecir Dios nuestra causa y nuestra resistencia, porque, como se lee en el *Libro de los Macabeos*, no consiste la victoria en la muchedumbre de los ejércitos, sino en la fortaleza y vigor que Dios les comunique; por ella triunfaron nuestros padres en Italia, en Francia y en Flandes. ¿No es absurdo que ahora vayamos a guerrear contra Napoleón llevando las mismas ideas que él en nuestra bandera y plagiando hasta en la letra sus decretos?»

Una cosa me ha llamado sobre todo la atención en este larguísimo debate: la extraña unanimidad con que amigos y enemigos de la Inquisición afirman que el pueblo la quería y la deseaba. «La nación —exclamaba el diputado Ximénez Hoyo, que no figuraba ciertamente en el bando de los serviles— no está compuesta solamente de una porción de personas amantes de la novedad o temerosas de un freno que las contenga... Nosotros sabemos lo que pasa y nadie ignora lo que los pueblos piensan... Es general el voto de la nación sobre el restablecimiento de un Tribunal que creen absolutamente necesario para conservar pura la religión católica... Yo, por mi parte, protesto, y protestamos los diputados de Córdoba, que jamás votaremos la extinción del Tribunal de la

Inquisición, porque no es éste el voto de los que nos han dado sus poderes para representarlos en este Congreso.»

Nadie contradijo estas palabras; tan evidente era el hecho, mostrándose en él la intrínseca falsedad de aquella llamada representación nacional, cuyos individuos solo a sí mismos se representaban, sin que la nación entendiera ni participase nada de su algarabía regeneradora.

Propuso el señor Creus, más adelante arzobispo de Tarragona, que se añadiese a la primera parte del dictamen la cláusula de que «la nación protegería la jurisdicción espiritual de la Iglesia», pero Muñoz Torrero y los suyos se opusieron resueltamente a todo aditamento, y, ganada la primera votación, pudieron augurar bien del resultado de la segunda y definitiva. En las sesiones que mediaron entre una y otra hablaron, de los del bando reformador, García Herreros, Villanueva y Capmany, este último, como tan literato, negó que el siglo XVI hubiese sido de oro, pero a pesar de la Inquisición, y quedando enterrados por culpa de ella muchos tesoros. Grave lapsus fue en varón tan docto y tan sabedor de las cosas de Cataluña traer, como prueba de lo sanguinario y feroz de los antiguos inquisidores, el título del célebre libro de Ramón Martí *Pugio fidei*, como si Ramón Martí hubiera sido inquisidor y como si su libro fuese algún tratado de procedimientos inquisitorios, y no una refutación de mahometanos y judíos, tesoro de erudición oriental y monumento de los más gloriosos del saber español en el siglo XIII.

Llovían, en tanto, sobre la mesa de las Cortes exposiciones y representaciones en favor del odiado Tribunal; pedíanle a una los arzobispos de Santiago y Tarragona, los obispos de Salamanca, Segovia, Astorga, Mondoñedo, Tuy, Ibiza, Badajoz, Almería, Cuenca, Plasencia, Albarracín, Lérida, Tortosa, Urgel, Barcelona, Pamplona, Teruel, Cartagena, Orense, Orihuela, Mallorca, Calahorra, san Marcos de León y Vich; los gobernadores eclesiásticos de Lugo, León, Ceuta y Málaga...; todas las sedes cuyos prelados estaban libres de la dominación francesa. ¡Y eso que arteramente habían procurado los autores del proyecto presentar al Santo oficio como incompatible con la jurisdicción episcopal! Así lo hizo notar el valenciano Borrull, que tomó parte no secundaria en aquella discusión al lado de los Riescos, Inguanzos, Cañedos, Creus y Ostolazas. «Admiro mucho —dijo entre otras cosas— que tan redondamente afirme la Comisión que dejó de escribirse desde el establecimiento del Santo oficio, cuando sabe cualquiera que haya saludado la historia literaria que, establecida la Inquisición por los años de 1479 a 1484, sucedió en los años posteriores a esta fecha la gloriosa restauración de las letras, depusieron su antigua barbarie las universidades, salieron de ellas, como del caballo troyano, heroicos campeones, insignes maestros de todas las ciencias, que llevaron la gloria del nombre español por todas las aulas de la cristiandad.»

Crecía sin tregua la agitación a favor del Santo oficio; en pos de las representaciones de los obispos vinieron las de veinticinco cabildos catedrales de Cataluña, Valencia, Murcia, Granada, Extremadura, las Castillas, Aragón, Galicia, León y Navarra; secundaron su voz la junta Superior de Galicia, los Ayuntamientos constitucionales de Sevilla y Málaga, los de Santiago, Ponferrada, Puebla de Sanabria y Orense, los diputados del gremio de mar de Vivero, diecisiete generales y una gran parte de nuestros ejércitos. ¡Protesta verdaderamente nacional, y, sin embargo, infructuosa! A todo se sobrepuso la voluntad de cuatro clérigos jansenistas y de media docena de declamadores audaces y galiparlantes, que en la sesión de 22 de enero ganaron la segunda votación por 90 contra 60. Triunfo pequeño, siendo como era suyo el Congreso, aunque ha de tenerse en cuenta que introdujo algún desorden en sus huestes la defección del cura de Algeciras, a quien siguieron otros.

Poco interés ofreció ya el debate sobre Tribunales de la Fe, al cual ni sus mismos autores daban importancia, considerándole como hábil artimaña para no escandalizar ni herir de frente el sentimiento católico si se presentaban a las claras como fautores de la irreligión. Fue lo más notable de estas sesiones un discurso jansenista de pies a cabeza que sobre la jurisdicción episcopal pronunció un señor Serra, anciano venerable, al decir del conde de Toreno, que reprodujo en forma harto trivial todos los argumentos de Febronio y Pereira contra Roma. Argüelles habló... contra las decretales de Isidoro Mercator. Un americano llamado Larrazábal, después insurrecto en Panamá, recordó con enternecimiento el decreto de Urquijo. Un señor Castillo leyó largos párrafos del Van-Spen. Villanueva combatió el *Índice expurgatorio*, tomando la defensa de las Provinciales, de Pascal, y de las obras de Arnauld, y acabó por proponer (risum teneatis!) que las Cortes formasen un nuevo *Índice*, usando de la regalía que les compete.

«Los papas han usurpado a los obispos una gran parte de los derechos que les confirió el mismo Jesucristo», dijo Calatrava, de quien es también aquella inaudita proposición: «Los puntos de disciplina están sujetos a la autoridad temporal... El único remedio humano contra la curia de Roma y para la libertad de la Iglesia de España es hoy la autoridad soberana del monarca, universal protector de las iglesias de su reino y ejecutor del derecho natural, divino y canónico». Así, por odio a Roma, venían a canonizar el cesarismo los primeros liberales.

Desaprobóse por mayoría de votos, conjurándose contra él absolutistas y liberales afilosofados, el artículo 3.º del proyecto de Tribunales de Fe, que imponía a los obispos como consejeros natos y obligados en toda causa de religión, los cuatro prebendados de oficio de cada iglesia catedral; pensamiento que por lo añejo y semipresbiteriano mostraba a cien leguas su origen jansenístico, además de reñir con la ley de Partida que se fingía restablecer, y que tampoco admite la apelación al metropolitano, consignada en el artículo 8.º del proyecto, la cual fue hábilmente impugnada por el sabio jurisconsulto catalán don Ramón Lázaro de Dou, cancelario de la Universidad de Cervera y discípulo del egregio romanista Finestres. «Con cinco apelaciones y con *Recursos de fuerza* —decía—, puede cualquier ciudadano dejar eludida y menospreciada la voz de su pastor y la autoridad de su obispo.»

En 5 de febrero de 1813 terminó aquella memorable discusión, ordenándose, a propuesta del señor Terán, que por tres domingos consecutivos se lévese el decreto de abolición en todas las parroquias antes del ofertorio de misa mayor, destruyéndose además, en el perentorio término de tres días, todas las tablas, cuadros y retablos que en las iglesias conservasen la memoria de los penitenciados por el santo Tribunal. La segunda de estas disposiciones contentó a muchos, que veían desaparecer la afrenta de sus familias. La primera se cumplió mala gana y fue de pésimo efecto, como alarde que era, intempestivo y odioso, del triunfo logrado. En un manifiesto que las Cortes dieron a la nación, y que también se mandó leer de la misma suerte, decíase que «la ignorancia de la religión, el atraso de las ciencias, la decadencia de las artes, del comercio y de la agricultura y la despoblación y pobreza de España procedían en gran parte del sistema de la Inquisición».

IV. Otras providencias de las Cortes relativas a negocios eclesiásticos. Causa formada al cabildo de Cádiz. Expulsión del nuncio, proyectos de desamortización, reformas del clero regular y concilio nacional

Abatido el más recio baluarte de la intolerancia dogmática y triunfante de hecho la más omnímoda libertad de imprenta, como lo mostraban los recientes casos de *La Triple Alianza* y del *Diccionario crítico-burlesco*, prosiguieron las Cortes su tarea regeneradora, y cual, si se hubiesen propuesto plagiar uno a uno los decretos de José Bonaparte, comenzaron por abolir el voto de Santiago; es decir, aquel antiguo tributo de la mejor medida, del mejor pan y del mejor vino que la devoción de nuestros mayores pagó por largos siglos a la sepultura compostelana del Hijo del Trueno, patrón de las Españas y rayo en nuestras lides. Más hondo arraigo hubo de tener en su origen tan piadosa costumbre que el de un privilegio apócrifo, y cuya falsedad fue muy pronto descubierta y alegada mil veces en controversias y litigios así en el siglo XVII como en el XVIII; lo mismo en la representación de Lázaro González de Acevedo que en la del duque de Arcos. Vivía, no obstante, la prestación del Voto, si bien muy mermada y más de nombre que de hecho, más como venerable antigualla de la Reconquista que como carga onerosa para la agricultura, dado que a fines del siglo XVIII apenas producía en toda España tres millones líquidos de reales. Pero a los legisladores de Cádiz no les enfadaba el tributo, sino el nombre, y por eso en marzo de 1812 propusieron y decretaron su abolición, impugnándole con desusada violencia Villanueva y Ruiz Padrón como «vergonzosa fábula tejida con máscara de piedad y de religión para abusar descaradamente de la credulidad e ignorancia de los pueblos».

Poco antes, y contrastando con este decreto, cual si se tratase de dar satisfacción al pueblo católico, habían promulgado las Cortes otro, que a los ingleses pareció singularísimo, declarando compatrona de España a santa Teresa de Jesús, honra ya decretada a la eximia doctora aviesa por acuerdos de las Cortes de 1617 y de 1636, siquiera impidiese llevarlos a efecto la oposición de los devotos de Santiago. Ahora se votó, sin deliberación alguna, en 27 de junio de 1812, con universal aplauso y contentamiento de los buenos.

Hubo en aquellas Cortes singulares recrudescencias de fervor religioso más o menos sincero o simulado. No solo encabezaron la ley constitucional: «En nombre del Padre, del Hijo y del Espíritu santo», sino que Villanueva, acabado modelo de afectaciones jansenísticas, propuso en sesión de 3 de noviembre de 1810[59] que, para alejar de España los efectos de la ira divina, se hiciese en todas las provincias penitencia general y pública con tres días de rogativas, comulgando en uno de ellos todos los señores diputados. Los volterianos soltaron la carcajada, y *El Conciso*, en su número 39, burlóse groseramente del orador y de su propuesta. ¡Singular destino el de los clérigos liberales! Ni el cielo ni el infiero lo quieren. De ellos puede decirse con Dante:

> Incontanente intesi e certo fui
> che questa era la setta dei cattivi
> a Dio spiacenti ed a nemici sui.

No se atrevieron las Cortes de Cádiz a intentar de frente la llamada reforma o más bien extinción de regulares; pero, aprovechándose de los efectos de la llevada a cabo por el rey José, empezaron por decretar en 17 de junio de 1812 «que fueran secuestrados, en beneficio del Estado, todos los bienes pertenecientes a establecimientos públicos, cuerpos seculares, eclesiásticos o religiosos de ambos sexos disueltos, extinguidos o reformados por resultas de la invasión enemiga o de providencias del Gobierno intruso, entendiéndose lo dicho con calidad de reintegrarlos en la posesión de sus fincas y capitales si llegaran a restablecerse, señalándose, además, sobre el producto de sus rentas los alimentos precisos a los regulares que se hubiesen amparado en las provincias libres y que no tuviesen otro modo de subsistencia». Así, insensiblemente y como por consunción, se iba caminando a la total ruina del monacato.

En el mes de agosto siguiente mandó la Regencia a los intendentes asegurar y cerrar todos los conventos ya disueltos, extinguidos o reformados por el Gobierno intruso, haciendo el inventario de sus bienes, que debían quedar a disposición del Gobierno. La Regencia, no obstante, cuyo espíritu era en general muy opuesto al de las Cortes, fue permitiendo paulatinamente a algunos regulares de Sevilla, Extremadura y otras partes que volviesen a ocupar sus casas.

Así las cosas, y pidiendo los pueblos a voz en grito la vuelta de los frailes, presentó a las Cortes, en 30 de septiembre, el ministro de Gracia y Justicia, don

---

59   Villanueva, *Mi viaje a las Cortes* (Madrid 1860), página 32 y siguientes.

Antonio Cano Manuel, que ridículamente se decía en el preámbulo del decreto encargado de la alta policía eclesiástica, un proyecto de 19 artículos sobre restablecimiento de conventos y su reforma. El dictamen pasó a las secciones, se aprobó, se leyó en sesión pública y se repartió impreso a los diputados. En él se propone: 1.º Que para el restablecimiento de cualquiera casa religiosa preceda permiso de la Regencia. 2.º Que se presenten los regulares al alcalde político o jefe constitucional que han de vigilar sobre la inversión de sus rentas. 3.º Que no haya en un mismo pueblo muchos conventos de la misma orden. 4.º Que ninguno tenga menos de doce religiosos. 5.º Que no se reedifiquen los conventos destruidos del todo. 6.º Que no se proceda en nada sin consulta de los ayuntamientos constitucionales. 7.º Que los bienes sobrantes se destinen a las necesidades de la Patria. 8.º Que se nombren visitadores en el término de un año. 9.º Que los novicios no profesen antes de los veinticuatro años ni se exijan dotes a las religiosas. 10. Que se prohíba toda enajenación de bienes raíces a favor de las casas religiosas, sin que los mismos novicios puedan disponer de sus bienes a favor del convento. Disposiciones algunas de ellas cismáticas y conformes a las del sínodo pistoyense, aparte de la absoluta incompetencia de las Cortes para hacer tales reformas en la edad y condiciones de los votos ni ordenar semejante visita.

La Regencia se manifestó desde luego en absoluto desacuerdo con las Cortes sobre esta grave cuestión, y por medio del ministro de Hacienda hizo que en muchas partes volviesen las cosas al mismo ser y estado que tenían antes de la invasión francesa y permitió que públicamente se pidiese limosna para la restauración de los conventos suprimidos. Tremenda fue la indignación del Congreso, y ante él tuvo que venir a justificarse el ministro interino de Hacienda, don Gabriel Cristóbal de Góngora, en 4 de febrero de 1813, alegando que los religiosos andaban hambrientos y a bandadas por los pueblos implorando la caridad pública, y era forzoso en algún modo recogerlos y mantenerlos. Desde entonces creció la hostilidad, antes encubierta, entre Cortes y Regencia, que terminó en marzo de 1813 con la destitución de los regentes.

Antiguo era el proyecto de la reforma de regulares, y ya en 10 de septiembre de 1802 habían impetrado los ministros de Carlos IV una bula de Pío VII concediendo facultades de visitador en todos los dominios de España al cardenal de Borbón. Pero ni entonces ni después se hizo la visita, ni era reforma eclesiástica lo que se quería, sino escudarse con ella y con la bula pontificia para acabar con los frailes.[60] Alguien lo dijo en Cádiz muy por lo claro: «¿A qué dejarlos entrar en los conventos, si han de volver a salir?». Pero la mayoría optó por la extinción lenta y gradual, permitiendo (en 18 de febrero de 1813) a los capuchinos, observante, alcantaristas, mercedarios calzados y dominicos de las Andalucías, Extremadura y Mancha volver a sus conventos, permiso me venía a ser ilusorio, ya que al mismo tiempo se les prohibía pedir limosna para reedificarlos. De los cartujos, jerónimos, basilios, benitos, trinitarios calzados y descalzos, mercedarios y carmelitas calzados, nada se dijo, sin duda porque, siendo pequeño su número después de los desastres de la guerra, las Cortes los dieron por a acabados y muertos. A los prelados de todas las religiones se prohibía dar hábitos hasta la resolución del expediente general, es decir, hasta las calendas griegas. El tal decreto podía tomarse por irrisión y pesada burla; apenas quedaba un convento que los franceses no hubiesen convertido en cuartel, almacén o depósito y que estuviera en disposición de ser habitado por religiosos, ni iglesia conventual que no hubiera sido desmantelada y profanada. Sin dinero no podían hacerse reparaciones, y se prohibía a los frailes acudir a la caridad pública. Además, en muchas partes los intendentes y jefes políticos, obedeciendo a órdenes y consignas secretas, o guiados solo por su celo constitucional, se negaron a entregar los edificios a sus legítimos poseedores, y fue menester que el pueblo, apasionadísimo de los frailes, invadiera los conventos y arrojara de ellos a viva fuerza a los empleados del Gobierno, dando posesión a las comunidades religiosas. Estado de cosas que continuó hasta la vuelta de Fernando VII.

También los cuantiosos bienes del clero secular quitaban el sueño a los reformadores. Y eso que nuestras iglesias en la guerra de 1808 hasta los vasos sagrados y los ornamentos habían vendido, sometiéndose además dócilmente a los subsidios extraordinarios de guerra que a la Central plugo imponerles. Así y todo, en 10 de noviembre de 1810 se propuso a las Cortes que ni por el real patronato ni por los ordinarios eclesiásticos se proveyese prebenda alguna vacante o beneficio simple que vacase después y que de todos los beneficios

---

60 Bien claro lo vio el padre Ceballos, que aquel mismo años compuso unas *Observaciones sobre la reformación eclesiástica de Europa.* Obra que dejó escrita fray Fernando de Ceballos, monje jerónimo; la qual puede ser de mucha utilidad para la reforma que actualmente se anuncia en España. Madrid, 1812, por la Viuda de Barco; 12.°, 277 páginas. Véase además la *Apología del Altar,* del padre Vélez (páginas 356 a 381).

curados se pagase una anualidad para gastos de guerra, aplicándose al mismo fin las pensiones sobre mitras y la mitad de los diezmos pertenecientes a prelados, cabildos y comunidades religiosas. Impugnó este proyecto don Alonso Cañedo, fundado en que nunca habían disfrutado nuestros reyes de la facultad necesaria para tales imposiciones, antes para cosas de mucho menos cuantía habían solicitado siempre bulas de Roma. «Los clérigos no deben disputar» —gritó un diputado—, sino decir: «Aquí está cuanto tenemos». «Que no se trate la cuestión de derecho, sino de hecho», clamó otro con brutalidad no menos progresista.

A los obispos se mandó que no proveyesen ninguna pieza eclesiástica, excepto las de cura de almas, entrando en el erario los réditos de todas las vacantes. Algunos prelados se resistieron a obedecer, y en 28 de abril fueron delatados al Congreso como malos y desobedientes ciudadanos españoles. Las Cortes decidieron, en su profundo saber canónico, que los jefes políticos y los fiscales velasen atentos sobre el cumplimiento de lo mandado e inspeccionasen y amonestasen a los obispos. No faltó quien propusiera declarar nulas las colaciones de prebendas hechas por el metropolitano de Santiago.

Abierto así el camino, echáronse luego sobre los fondos de obras pías (1.º de abril de 1811), continuando la obra de Godoy y Urquijo e invocando, como ellos, las regalías de Su Majestad. Ordenaron la incautación de las alhajas que no fuesen necesarias al culto, afirmando la comisión en su dictamen de 11 de abril de 1811 que no era necesario en las iglesias el uso de la plata y del oro y que solo la preocupación de los fieles había autorizado el empleo de los metales preciosos. La Comisión de Hacienda propuso en mayo de 1812 que comenzase la enajenación de bienes nacionales, y que entre tanto se invirtiesen en redimir la Deuda, el noveno decimal, las anualidades eclesiásticas, los expolios y vacantes y el excusado. Ya en 28 de agosto de 1811 había propuesto la venta de las propiedades de las cuatro órdenes militares y de la de san Juan de Jerusalén, con permiso de Roma o sin él, excitando en último caso a los reverendos obispos y demás ordinarios eclesiásticos a que, en uso de sus facultades nativas, autorizasen la venta y entrega de los capitales dichos.

Pero nadie entre los arbitristas de entonces fue tan allá como el ministro Álvarez Guerra en su estrafalario proyecto de noviembre de 1812 sobre el modo de extinguir la Deuda pública, eximiendo a la nación de toda clase de contribuciones por espacio de diez años y ocurriendo al mismo tiempo a los gastos de la guerra y demás urgencias del Estado. En este plan, digno del proyectista loco que conoció Cervantes en el hospital de Esgueva, comienza por decirse que «un particular con 50 millones de duros podría responder de la ejecución del proyecto». La extinción de la Deuda había de hacerse sin que la nación pagara un maravedí por contribución directa. El milagro se cumpliría echando al mercado en un día los baldíos, los propios y comunes de los pueblos, los bienes de la Inquisición y todos los bienes de las iglesias, comprendiendo las iglesias mismas (excepto catedrales y parroquias), los monasterios y conventos de ambos sexos (sic), los hospitales y casas de misericordia, los bienes de cofradías hermandades, las capillas y ermitas, los beneficios simples y las capellanías. En suma: malbaratarlo en cuatro días y echarse luego sobre los diezmos, que el ministro evalúa en unos 500 millones, aunque confiesa que solo 200 escasos llegaban a la Iglesia. Luego viene la reforma del estado eclesiástico, reduciéndole a 74.883 personas. De los restantes, que, según el autor del proyecto, llegaban a 184.803, nada se dice. Vivirán del aire o se irán muriendo en obsequio a la Constitución y a los presupuestos. A los arzobispos se les pagarán 300.000 reales anuales; a los obispos, 150.000, y así a proporción, pero solo las dos terceras partes en metálico y una en papel de curso forzoso que se creará ad hoc. Con solo esto aumentará la nación sus rentas en 1.600 millones anuales. Semejante proyecto quedó por entonces en el papel, y a los mismos liberales pareció digno de la Utopía de Tomás Moro, bien ajenos ellos mismos de que antes de veintidós años habían de verle realizado.[61]

Entre tanto proseguían los conflictos con las autoridades eclesiásticas. El desatentado decreto de las Cortes mandando que en las misas mayores se diese cuenta de la abolición del Santo oficio, promovió desde luego negativas y propuestas, a que las Cortes respondieron con violencia inaudita, desterrando y persiguiendo al arzobispo de Santiago y al obispo de Santander, recluyendo en un convento al de Oviedo, formando causa a los de Lérida, Tortosa, Barcelona, Urgel, Teruel y Pamplona por una pastoral que juntos dirigieron

---

61   Véase padre Vélez, *Apología del Altar*, tomo 1, páginas 306 a 355.

a sus diocesanos,[62] y haciendo que a viva fuerza, y con el eficaz auxilio de gente armada, se diese lectura al decreto. El cabildo eclesiástico de Cádiz, sede vacante, previa consulta a los obispos de Calahorra, Albarracín, Sigüenza, Plasencia y san Marcos de León, que residían en la isla gaditana, protestó en 23 de febrero de 1813 contra la profanación de las iglesias. ¿Quién pintará la indignación de las Cortes ante aquel acto de firmeza? Exigieron que el decreto se leyese sin demora, pusieron la tropa sobre las armas, y, apenas amaneció el día 10 de marzo, llenóse la catedral de constitucionales y turbas pagadas, que con vociferaciones y descompuestos ademanes interrumpían los sagrados oficios. Hízose correr la voz de que se había descubierto una gran conspiración tramada por los obispos, iglesias y cabildos contra las Cortes y su Constitución. Los revolucionarios más fogosos discurrían por Cádiz, pidiendo la cabeza de algún canónigo o fraile, que sirviese de escarmiento, y especialmente la del obispo de Orense. La nueva Regencia, en 24 de abril, comenzó a instruir contra el vicario capitular de Cádiz y los cabildos de aquella ciudad, de Málaga y de Sevilla un inacabable proceso, que en breve llegó a cuatro enormes legajos. Y vino lo de siempre: suspensión de temporalidades y de jurisdicción para el vicario y gran copia de herejías y dislate en las Cortes, hasta decir Argüelles que «nada espiritual había en la jurisdicción eclesiástica, que toda era temporal, porque la ejercía un ciudadano español, y éste no puede ejercerla sin autoridad real».

En consonancia con esta doctrina, mandaron las Cortes que el cabildo suspendiese al vicario capitular y eligiese otro. Solo tres canónigos, contra las protestas de los demás, se arrojaron a tal empeño cismático, nunca visto en España desde el tiempo de Hostegesis.

Pero el vicario don Mariano Esperanza y los demás capitulares, atropellados tan inicuamente, no se dejaron intimidar por la violencia, y acudieron a las Cortes

---

62 *Instrucción pastoral de los ilustrísimos señores obispos de Lérida, Tortosa, Barcelona, Urgel, Teruel y Pamplona, al clero y pueblo de su diócesis.* Mallorca, Imprenta de Brusi, 1813; 4.º

—Hay otra edición de esta obra, hecha en Valencia, 1814, 4.º, con el título de *Pastoral de los Rdos. Obispos refugiados en la isla de Mallorca, aumentada con la colección de representaciones de dichos prelados.*

Hay, finalmente, una reimpresión textual de la primera edición, que dice: «Impresa en Mallorca, reimpresa en Málaga en 1813, por don F. Martínez». Véase Hidalgo.

en demanda contra los atropellos de que los había hecho víctimas el ministro de Gracia y Justicia, con evidente intracción de la ley constitucional. Alzóse en la Cámara a defenderlos con voz estentórea el cura de Algeciras, promoviendo una tempestad, que no lograron calmar las explicaciones del ministro Cano Manuel. Todos hablaban de la trama infernal, de la monstruosa conjuración, del peligro de la patria, y nadie se entendía en aquella baraúnda, resultando divididos en la votación los mismos liberales. A punto estuvo de decidirse que se formara causa al ministro de Gracia y Justicia, como el cabildo pedía; pero al cabo la igualdad aproximada de fuerzas hizo que todo quedara en suspenso, devolviéndose el expediente al juez que entendía en la causa, y que sustanciándola a su modo, acabó por pedir nada menos que pena capital, conmutada luego en destierro, contra los tres canónigos de Cádiz, como facciosos, banderizos y reos de lesa majestad.

Faltaba solo el último toque y primor del sistema progresista, la expulsión del nuncio. Éralo entonces monseñor Gravina (hermano del héroe de Trafalgar), que en 5 de marzo de 1813 había dirigido a la Regencia una nota solicitando, en nombre del papa, que se suspendiese la ejecución y publicación del decreto sobre Tribunales de la Fe hasta obtener la aprobación apostólica o, en su defecto, la del concilio nacional. Tan sencilla reclamación contra un mandato anticanónico y usurpatorio a todas luces de la potestad pontificia bastó, juntamente con las cartas del nuncio al obispo de Jaén y a los cabildos de Granada y Málaga exhortándolos a suplicar contra el decreto; bastó, digo, para que el ministro de Gracia y Justicia le declarase sospechoso de ocultos manejos contra la seguridad del Estado y propusiese su expulsión del territorio, como enemigo de la nación española, defensor de las máximas ultramontanas e instrumento del tirano que nos oprime y que quiere precipitarnos en la anarquía religiosa. Así lo acordó la Regencia, mandándole salir de los dominios españoles en el término de veinticuatro horas (5 de abril de 1813). Fue su primer acto, apenas tomó tierra en Portugal, lanzar una protesta contra nuestro Gobierno (24 de julio de 1813), la cual acabó de hacer odiosas a los ojos del clero y pueblo español aquellas pedantescas Cortes, tan tiránicas, impertinentes y arbitrarias como el antiguo Consejo de Castilla.

Llegó su furor de legislar en materias eclesiásticas hasta acariciar la idea de un concilio nacional, que renovara en España los tiempos felices en que nuestros príncipes, con todo el lleno de su soberana autoridad, intervenían en las materias de disciplina externa. Así lo propuso la Comisión Eclesiástica en 22 de agosto de 1811, como único medio de atajar las pretensiones del sacerdocio y de salvar derechos imprescriptibles del imperio. De aquí pasaban a proponer: 1.º Que los concilios de España en adelante no solicitasen la confirmación de la Santa sede. 2.º Que asistiese a ellos un comisionado regio para prestarles protección y defender los derechos de la soberanía. Lo que se quería era, en suma, un sínodo como el de Pistoya, compuesto de enemigos jurados de Roma, que, bajo la vigilancia de un delegado de las Cortes, arreglasen cismáticamente la Iglesia de España al gusto de los Villanuevas, Espigas y Oliveros. Queda un índice de las materias que habían de presentarse a la aprobación del concilio. Nada menos se trataba que de extinguir las reservas, establecer la confirmación de los obispos por los metropolitanos, reducir todas las jurisdicciones de la Iglesia a la jurisdicción ordinaria, hacer nueva división de obispados y arreglo de parroquias, reducir el número de dignidades y canonjías, someter a nuevo examen todas las constituciones de las metropolitanas y catedrales, suprimir las colegiatas, reformar el canto eclesiástico y mudar la hora de los maitines (*risum teneatis!*), expugnar algunas cosas del breviario, acabar con la jurisdicción de las órdenes militares, suprimir los generales de todas las órdenes y someterlas al ordinario, prohibir toda cuestación de limosnas a los regulares, crear un Consejo o Cámara eclesiástica, etc., etc.[63]

---

63 De todos estos proyectos sobre materia disciplinaria, da larga cuenta y razón el padre Vélez en el primer tomo de su *Apología* (*passim*). En vano sería buscarlos en otra parte que allí y en los *Diarios de Cortes*. Falta una historia extensa, imparcial y verídica de aquel Congreso. El conde de Toreno, tan digno de loa por lo austero, solemne y robusto de su estilo, es parcialísimo, amén de incompleto, en toda la parte política de su *Historia*, y no solo omite o desfigura hechos importantes, sino que deja en la sombra todos los desaciertos y flaquezas de las Cortes, colma de elogios sin restricciones a todos los prohombres del bando liberal y amengua cuanto puede los méritos y razones de sus contrarios, cuando no los deja en absoluto olvido, haciendo, en suma, obra de panegirista y de abogado diestro más que de historiador. ¡Lástima grande que la perfección y hermosura de su estilo haya dado perpetuidad, como de bronce o mármol antiguo, a tantos juicios apasionados o falsos! En cuanto al *Viaje* de Villanueva, colección de chismes y murmuraciones, útil para conocer la parte secreta de aquellos acaecimientos, que rebajan no poco el nivel moral de cuantos en ellos intervinieron, es, por lo demás, un librejo baladí, pensado sin ninguna elevación y de farragosa y casi imposible lectura.

Faltóles el tiempo a los reformadores, que ya habían intentado algo de esto en la Junta Central, y el flamante conciliábulo no pasó de ensueño galano, aunque decretado está entre los acuerdos de las Cortes, donde asimismo consta, con fecha de 19 de agosto de 1812, el proyecto de sustraer al papa la confirmación de los obispos por lo menos mientras durase la incomunicación con Roma. El discurso de Inguanzo, ya en otra parte elogiado, hizo abrir los ojos a muchos que no habían parado mientes en la gravedad del caso, y los mismos innovadores retrocedieron, temerosos de haber ido mucho más lejos de lo que las circunstancias consentían.

Tal fue la obra de aquellas Cortes, ensalzadas hasta hoy con pasión harta, y aún más dignas de acre censura que por lo que hicieron y consintieron, por los efectos próximos y remotos de lo uno y de lo otro. Fruto de todas las tendencias desorganizadoras del siglo XVIII, en ellas fermentó, reduciéndose a leyes, el espíritu de la Enciclopedia y del *Contrato social*. Herederas de todas las tradiciones del antiguo regalismo jansenista, acabado de corromper y malear por la levadura volteriana, llevaron hasta el más ciego furor y ensañamiento la hostilidad contra la Iglesia, persiguiéndola en sus ministros y atropellándola en su inmunidad. Vuelta la espalda a las antiguas leyes españolas y, desconociendo en absoluto el valor del elemento histórico y tradicional, fantasearon, quizá con generosas intenciones, una Constitución abstracta e inaplicable, que el más leve viento había de derribar. Ciegos y sordos al sentir y al querer del pueblo que decían representar, tuvieron por mejor, en su soberbia de utopistas e ideólogos solitarios, entronizar el ídolo de sus vagas lecturas y quiméricas meditaciones que insistir en los vestigios de los pasados, y tomar luz y guía en la conciencia nacional. Huyeron sistemáticamente de lo antiguo, fabricaron alcázares en el viento, y, si algo de su obra quedó, no fue ciertamente la parte positiva y constituyente, sino las ruinas que en torno de ella amontonaron. Gracias a aquellas reformas quedó España dividida en dos bandos iracundos e irreconciliables; llegó en alas de la imprenta libre, hasta los últimos confines de la Península, la voz de sedición contra el orden sobrenatural lanzada por los enciclopedistas franceses; dieron calor y fomento al periodismo y las sociedades secretas a todo linaje de ruines ambiciones y osado charlatanismo de histriones y sofistas; fuese anublando por días el criterio moral y creciendo el indiferentismo religioso, y, a la larga, perdido en la lucha el prestigio del trono, socavado de mil maneras el orden religioso, constituidas y fundadas las agrupaciones políticas no en principios, que generalmente no tenían, sino en odios y venganzas o en intereses y miedos, llenas las cabezas de viento y los corazones de saña, comenzó esa interminable tela de acciones y de reacciones, de anarquía y dictaduras, que llena la torpe y miserable historia de España en el siglo XIX.

Ahora solo resta consignar que todavía en 1812 nada había más impopular en España que las tendencias y opiniones liberales, encerradas casi en los muros de Cádiz y limitadas a las Cortes, a sus empleados, a los periodistas y oradores de café y a una parte de los jefes militares. Cómo, a pesar de eso, lograban en el Congreso mayoría los reformadores, no lo preguntará ciertamente quien conozca el mecanismo del sistema parlamentario; pues sabido es, y muy cándido será quien lo niegue, que mil veces se ha visto en el mundo ir por un lado la voluntad nacional y por otro la de sus procuradores. Fuera de que aquellas Cortes gaditanas tuvieron, entre sus muchas extrañezas, la de haber sido congregadas por los procedimientos más desusados y anómalos, no siendo propietarios, sino suplentes elegidos en Cádiz por sus amigos y paisanos, muchos de aquellos diputados; lo cual valía tanto como si se hubieran elegido a sí mismos. Con esto y con haber excluido de las deliberaciones al brazo eclesiástico y al de la nobleza, que por cálculo prudente, seguro tratándose del primero, hubieran dado fuerza al elemento conservador, el resultado no podía ser dudoso, y aquellas Cortes tenían que ser un fiel, aunque descolorido y apagado trasunto, de la Asamblea legislativa francesa. Y, aun suponiendo que la elección se hubiera hecho en términos ordinarios y legales, quizá habría acontecido lo mismo, porque desacostumbrados los pueblos al régimen representativo, ni conocían a los hombres que mandaban al Congreso, ni los tenían probados y experimentados, ni era fácil, en la confusión de ideas y en la triste ignorancia reinante a fines del siglo XVIII, hacer muchas distinciones ni deslindes sobre pureza de doctrinas sociales, que los pueblos no entendían, si bien de sus defectos comenzasen luego a darse cuenta, festejando con inusitado entusiasmo la caída de los reformadores. Bien puede decirse que el decreto de Valencia fue ajustadísimo al universal clamor de la voluntad nacional. ¡Ojalá hubiesen sido tales todos los desaciertos de Fernando VII!

V. Literatura heterodoxa en Cádiz durante el período constitucional. Villanueva (El Jansenismo, Las angélicas fuentes). Puigblanch (La Inquisición sin máscara). Principales apologistas católicos: El Filósofo Rancio

Ya van a salir del pozo de Demócrito las verdades que hasta aquí estuvieron ocultas y que han de ilustrar a España desde las columnas de Hércules hasta el Pirineo.

Por tan altisonante manera anunciaba y ponderaba *El Conciso* las excelencias y frutos sazonadísimos de la libertad de imprenta decretada por las Cortes. Un enjambre de periódicos, folletos y papeles volantes que apenas es posible reducir a número, se encargaron de poner al alcance de la muchedumbre lo más sustancial y positivo de las nuevas conquistas. De algunos de estos periódicos y libros queda ya hecha memoria; ahora nombraremos algunos más, eligiendo los menos oscuros.

Predominan los del bando jansenístico. y más que todos hicieron ruido por la antigua fama y buena literatura de su autor y aun por el cargo de diputado, que parecía dar mayor gravedad a sus palabras, los que, desembozándose ya del todo, publicó don Joaquín Lorenzo Villanueva, tantas veces mencionado en la presente historia. Titúlase el primero *El Jansenismo*, diálogo dedicado al *Filósofo Rancio*, y suena como autor Irineo Nistactes. Redúcese a querer probar que el jansenismo, o lo que así se llamaba en España, es un mito y herejía fantástica, cosa de risa, delirio de visionarios y cantinela de necios. Para él no hay más jansenismo que el que se encierra en el Augustinus, de Jansenio, o en las proposiciones de Quesnel. Aconseja, pues, a nuestros teólogos que, en obsequio a la concordia, abandonen tales denominaciones venidas de Francia. Antiguo ardid de enemigos solapados de la Iglesia ponderar mucho las ventajas de la concordia y negar la existencia del mal que habla por boca de ellos. *El Filósofo Rancio* probó que el tal folleto era una sarta de errores y desvaríos teológicos imperdonables hasta en un principiante, puesto que confunde la voluntad con el albedrío, y la libertad de contrariedad con la de contradicción. En iguales paralogismos, y aun citas inexactas y truncadas, abunda el opúsculo de *Las angélicas fuentes* o *El tomista en las Cortes*[64] que Villanueva escribió para probar que el dogma de la soberanía nacional estaba contenido en la *Summa* de santo Tomás, y que los legisladores de Cádiz no habían hecho más que atemperarse a las enseñanzas del santo, maestro y luz de todos los liberales futuros. A lo cual dio buena y cumplida contestación el padre Puigserver, dominico mallorquín y no vulgar expositor de la doctrina de santo Tomás, en su obrilla *El teólogo democrático*, ahogado en *Las angélicas fuentes...*, en que se examina a fondo y se explica el sistema de los antiguos teólogos sobre e origen del poder civil, demostrando que la doctrina política de santo Tomás destruye de raíz la pretendida *Soberanía del pueblo* y el derecho de establecer leyes fundamentales sin sanción ni conocimiento del príncipe.[65] [66]

De la misma fragua jansenística que los opúsculos de Villanueva salieron el *Juicio histórico, canónico, político de la autoridad de las naciones sobre los bienes eclesiásticos* (1813), obra de un anónimo de Alicante, que se ocultó con el seudónimo de *El Solitario*, y la representación, también anónima, contra

---

64   Cádiz, Imprenta de don Diego García Campoy, 1813; 4.º Hay otra edición posterior en una colección de folletos progresistas que publicaron don Rafael M. Baralt y don N. Fernández Cuesta.

65   Mallorca, Imprenta de Felipe Guasp, Imprenta del Santo oficio, 1815; 4.º, 100 páginas. Publicó además el padre Puigserver *Contestación al artículo inserto en los números 581 y 584 del «Redactor General»*, contra la demostración de la falsedad con que se atribuye a santo Tomás la doctrina de las «Angélicas Fuentes» (Palma, Imprenta de Brusi, 1813, 4.º). Véase Bover, *Biblioteca de escritores baleares*, tomo 2, página 197 a 199. El padre Puigserver, cuya obra más importante es la *Philosophia Scti. Thomae Aquinalis, auribus huius temporis accommodata*, vivió desde 1745 a 1821.

66   Durante el primer período constitucional hubo en Mallorca una publicación de subido tinte liberal y jansenista (como entonces se decía), la *Aurora Patriótica Mallorquina*, de que fue principal redactor el capuchino secularizado don José Badía (pariente del célebre viajero y orientalista del mismo apellido), juntamente con don Miguel de Victorica, fiscal de la Inquisición, don Guillermo Montis, jefe político de la isla, y don Joaquín de Porras, brigadier de Artillería.
De Badía es también un folleto titulado *Bosquejo de los fraudes que las pasiones de los hombres introdujeron en nuestra religión*. Emigrado en París después de 1814, tuvo íntimo trato con el famoso arcediano Cuesta. En 1849 hallábase de cura párroco en Fontenay, departamento de Loyret.
(Véase el Suplemento de Corominas al *Diccionario de escritores catalanes*, de Torres Amat, páginas 22-23.)

los *Abusos introducidos en la disciplina de la Iglesia*, cuyo autor se titula *Un prebendado de estos reinos. El Solitario* llama sagrados vampiros a las comunidades religiosas; afirma que la Iglesia no tiene el privilegio de la infabilidad en los puntos de disciplina, sino que debe conformarse con las disposiciones políticas; excita a los pueblos a sacudir el yugo de la insensata corte de Roma; aconseja al Gobierno que se eche sobre los bienes de las iglesias y haga una saludable distribución de ellos, y hasta llega a insinuar que el purgatorio es una socaliña de los frailes.[67]

Parejas corre con este aborto semiprotestante la exposición que *Un prebendado de estos reinos* dirige a las Cortes,[68] quejándose de la relajación de la disciplina, de las decretales de Isidoro Mercator y de los dictados gregorianos; implorando la protección real contra el excesivo número de clérigos patrimoniales y de capellanías, contra la inutilidad de los beneficios simples, pensiones y prestameras, la pluralidad de beneficios, la desidia de los curas párrocos, los vicios en la elección de los obispos, la relajación de los cabildos catedrales, etc. Ciertos y positivos eran algunos de los males de que el prebendado se dolía, pero erraba en no buscar su remedio donde canónicamente procedía, en vez de solicitarlo de la autoridad lega e incompetente de las Cortes.

Entre los escritores que no con máscara jansenística, sino casi de frente, atacaron entonces el catolicismo merece citarse, a par de Gallardo, al catalán don Antonio Puigblanch, natural de Mataró, antiguo novicio de la cartuja de Montealegre, seminarista de Barcelona después, catedrático de la lengua hebrea en la Universidad de Alcalá (donde imprimió en 1808 una gramática confusa y desordenada, si bien acorde con los principios orchelianos), hombre de no vulgares conocimientos en lenguas orientales e historia eclesiástica y de muy peregrinas y exquisitas noticias en cuanto a la gramática y propiedad de la

---

67 El padre Alvarado dedicó la mayor parte del tomo 4.º de sus *Cartas a fustigar al autor de este impío folleto.*

68 *Abusos introducidos en la disciplina de la Iglesia,* y potestad de los príncipes en su corrección, que a la soberanía de la nación en sus Cortes generales ofrece, por mano del Exento. señor Secretario de ellas, un Prebendado de estos reynos. Madrid, Imprenta de Ibarra, septiembre de 1813; 4.º, 99 páginas.

lengua castellana.[69] Para preparar la abolición del Santo oficio publicó en 1811 Puigblanch, oculto con el seudónimo de *Natanael Jomtob*, dieciséis cuadernos, que juntos luego formaron el libro de *La Inquisición sin máscara*, obra muy superior a la de Llorente, si no por la abundancia de noticias históricas, dado que Puigblanch no logró explotar los archivos del Santo oficio, a lo menos por la erudición canónica, por el método y por el estilo. Aféanla algunos rasgos de sentimentalismo declamatorio, ni debe tenerse por verdadera historia (se escribió en tres meses), sino por alegato y acusación fiscal apasionada. Dan materia a las principales disertaciones la intolerancia del Tribunal de la Fe en cotejo con el espíritu de mansedumbre del Evangelio, con la doctrina de los santos padres y con la antigua disciplina de la Iglesia. El autor sale como puede de los casos de Ananías y Safira y de Elimas, de las cartas de san Agustín al procónsul Donato y a Vincencio. Quiere luego probar que la Inquisición, lejos de contribuir a mantener en su pureza la verdadera creencia, solo es propia para fomentar la hipocresía, atajar el progreso de las ciencias, difundir errores perniciosos, apoyar el despotismo de los reyes y excitar a los pueblos a la rebelión (*¡res mirabilis y contradicción insigne!*), como lo prueban los motines que en Italia y Francia y aun en Aragón se opusieron a su establecimiento. Lo restante es sobre el método de enjuiciar del Santo oficio, que gradúa de atentatorio a los derechos del ciudadano y a la seguridad individual. La argumentación vale poquísimo y peca de trivial, pero las noticias son buenas, y los documentos, mejores. Y además, ¡cosa rara en un libro del año 12!, está escrito en buen castellano, con discreción y gusto, y hasta con relativa templanza, muy extraordinaria y desusada en Puigblanch, mostrándose el autor muy entendido en letras humanas y lector de buenos y castizos libros así españoles como de la antigüedad greco-latina, de los cuales algún buen sabor ha pasado al suyo. Por lo mismo que la traza es artificiosa, y el estilo templado, y el veneno disimu-

---

69 Según la partida de bautismo publicada por mi querido maestro don Joaquín Rubió y Ors en su *Breve reseña del actual renacimiento de la lengua y literatura catalanas* (Memorias de la Real Academia de Bellas Letras de Barcelona, tomo 3, página 149), Puigblanch nació en Mataró en 3 de febrero de 1775. El apellido de su padre era Puig, y el de su madre, Blanch, aunque él los unió. Véase los artículos bibliográficos (muy incompletos) que dedican a Puigblanch el obispo Torres Amat, en su *Diccionario de escritores catalanes* y don Juan Corominas en el *Suplemento* y lo mucho que el mismo Puigblanch dice de sí en los *Opúsculos gramático-satíricos* (*passim*).

lado bajo dulces mieles, hubo de ser más dañoso el efecto de la *Inquisición sin máscara*. Y de hecho los constituyentes de Cádiz apenas usaron en la discusión más argumentos que los que ese libro les suministraba. Agotada rápidamente la primera edición, y creciendo su fama, tradújole William Walton a lengua inglesa, y el mismo Puigblanch acrecentó la traducción con notas importantes, dejando preparadas otras adiciones al original, que se conservan manuscritas. Idea suya fue e imaginación descabellada, reproducida luego por muchos comentadores del *Quijote*, la de suponer que en el episodio de la resurrección de Altisidora quiso Cervantes zaherir al Santo oficio.[70]

De todos estos y otros más oscuros libelistas revolucionarios dio buena cuenta el célebre dominico sevillano fray Francisco Alvarado, de quien ya en capítulos anteriores queda hecha memoria, y que, por decirlo así, personificó la apologética católica en aquellos días, publicando, una tras otra, cuarenta y siete cartas críticas con el seudónimo de *El Filósofo Rancio*. Apenas hay máxima revolucionaria, ni ampuloso discurso de las Constituyentes, ni folleto o papel volante de entonces que no tenga en ellas impugnación o correctivo. Desde la *Inquisición sin máscara* hasta el *Diccionario crítico-burlesco*, desde *El Jansenismo* y *Las angélicas fuentes* hasta el *Juicio de El solitario de Alicante*, todo lo recorrió y lo trituró, dejando dondequiera inequívocas muestras de la pujanza de su brazo. Era su erudición la del claustro, encerrada casi en los canceles de la filosofía escolástica; pero ¡cómo había templado sus nervios y vigorizado sus músculos esta dura gimnasia! ¡De cuán admirable manera aquel alimento

---

70   *La Inquisición sin máscara*, o disertación en que se prueban hasta la evidencia los vicios de este tribunal y la necesidad de que se suprima. Por *Natanael Jomtob*. Cádiz, en la Imprenta de don Josef Niel, año de 1811; 493 páginas, 4.º Por apéndice lleva, en 48 páginas de foliatura distinta, la Carta del Venerable don Juan de Palafox, obispo de la Puebla de los Ángeles y de Osma, al inquisidor general don Diego de Arce y Reinoso, obispo de Plasencia, en que se queja de los alentados cometidos contra su dignidad y persona por el Tribunal de Inquisición de México. Dala a luz con notas el autor de *La Inquisición sin máscara*. Cádiz, Imprenta de don Diego García Campoy, año de 1813.
Un ejemplar adicionado y corregido de mano de Puigblanch se guarda en la Biblioteca Nacional. En muchas cosas se conforma con la traducción inglesa (*The Inquisition unmasked*, by don Antonio Puigblanch translated from the author's larged copy by William Walton Esq. Londres, 1816). Dos tomos en 4.º, de más de 900 páginas, con 11 estampas. Véase el catálogo de sus escritos que Puigblanch insertó al fin de los *Opúsculos gramático-satíricos*.

exclusivo, pero, sano y robustecedor, se había convertido en sustancia y medula inagotable de su espíritu! ¡Con qué claridad veía las más altas cuestiones así en sus escondidos principios como en sus consecuencias más remotas! ¡Qué haz tan bien trabado formaban en su mente, más profunda que extensa, las ideas y cómo las fecundizaba, hasta convertirlas en armas aceradísimas de polémica! No soy de los que admiran su estilo, prolijo, redundante, inculto y desaseado; y ya dije en otra ocasión lo que pensaba de sus gracias, perdonables y aun dignas de aplauso a veces por lo nativas y espontáneas, pero nunca selectas y acendradas, porque rara vez conoció el padre Alvarado la ironía blanda, sino la sátira desecha. Quizá esos mismos donaires que en lo estragado del gusto de entonces le adquirieron tanta fama, y hoy mismo se la conserva entre lectores de buen contentar y gusto poco difícil, le hayan perjudicado, en concepto de jueces más severos, para que con notoria injusticia no se le haya otorgado aún el puesto que como pensador, filósofo y controversista merece. No hay en la España de entonces quien le iguale ni aun de lejos se le acerque en condiciones para la especulación racional. Puede decirse que está solo y que llena un período de nuestra historia intelectual. Es el último de los escolásticos puros y al modo antiguo. Educado en el claustro, no tiene ni uno solo de los resabios del siglo XVIII. Sus méritos y sus defectos son españoles a toda ley; parece un fraile de fines del siglo XVII, libre de toda mezcla y levadura extraña. Él solo piensa con serenidad y firmeza, mientras todos saquean a Condillac y Destutt-Tracy. En él solo y en el padre Puigserver vive la tradición de nuestras antiguas escuelas. Lo que saben, lo saben bien y a machamartillo, y sobre ello razonan como Dios y la lógica mandan. Saben metafísica y teología, cuando todos han olvidado la teología y la metafísica, y son capaces de llamar a examen una noción abstracta, cuando todos han perdido el hábito de la abstracción. La luz esplendorosísima de los principios del Ángel de las Escuelas irradia sobre sus libros y les comunica la fortaleza que infunden siempre las ideas universales, Mirados desde tal altura, ¡cuán torpe y mezquina cosa parecen el sensualismo condillaquista, única filosofía de entonces, y aquellas retumbantes y farragosas peroraciones del Congreso de Cádiz sobre el *Contrato social* y la felicidad de los hombres en el estado salvaje! Gloria del padre Alvarado será siempre haber defendido, resucitado casi, para sus contemporáneos y puesto en su verdadera luz los principios de la filosofía de las leyes, en oposición a aquellos absurdos sistemas de organización social que, comenzando por suponer a los hombres dueños de sí mismos en el estado de la naturaleza, con exclusión de toda subordinación y dependencia,[71] los hacían luego formar un pacto por voluntad general, cediendo parte de su libertad, para constituir en esencia la soberanía de la nación, adquiriendo cada uno, sobre todos, los propios derechos que había enajenado de sí mismo. Ciertamente que tan hinchados desvaríos ni aun merecían un padre Alvarado que con la *Summa* de santo Tomás los impugnase.[72]

---

71 Discurso del diputado Gordillo en la sesión de 26 de junio de 1810, impugnado por el Rancio en las cartas 4, 5, 6 y 7. Es extraordinaria y merece atento estudio la influencia del *Contrato social* en las discusiones de nuestras Constituyentes de 1810.

72 *Cartas Críticas* que escribió el reverendísimo padre maestro fray Francisco Alvarado, del Orden de Predicadores, o sea el *Filósofo Rancio*, en las que con la mayor solidez, erudición y gracia se impugnan las doctrinas y máximas perniciosas de los nuevos reformadores, y se descubren sus perversos designios contra la Religión y el Estado. Obra utilísima para desengañar a los incautamente seducidos, proporcionar instrucciones a los amantes del orden y desvanecer todos los sofismas de los pretendidos sabios.
Tomo I. Contiene las diez primeras cartas. Con licencia, Madrid, Imprenta de E. Aguado, 1824; 4.º, XVI + 348 páginas (con el retrato del autor). Contiene la impugnación del pacto social, la de un discurso de Argüelles sobre diezmos, la de algunos artículos de *El Conciso* y la de *La Inquisición sin máscara*.
Tomo 2: Contiene desde la carta 11 hasta la 24 (impugnación del jansenismo, de Villanueva, y del *Diccionario crítico-burlesco*, de Gallardo, apología de la pastoral de los obispos refugiados en Mallorca, observaciones sobre el proyecto de decreto de tribunales protectores de la fe); 520 páginas.
Tomo 3 (1825): Contiene las cartas 25 ss hasta la 37 (reflexiones sobre la reforma de regulares e impugnación del dictamen de la comisión de Cortes sobre este asunto); 504 páginas.
Tomo 4: Contiene desde la carta 38 hasta la 47 (impugnación del Solitario de Alicante sobre bienes de la Iglesia, proyecto de constitución filosófica, parodia de la de Cádiz, etc., etc.); 462 páginas con un suplemento, que contiene en otras 51 un *Diálogo entre dos canónigos de Sevilla*, y dos artículos comunicados al Procurador general de la nación y del rey (Madrid, 1825, Imprenta de don Miguel de Burgos).
El padre Alvarado nació en Marchena el 25 de abril de 1756; a los diecisiete años tomó el hábito en san Pablo, de Sevilla. Siendo lector de Artes compuso las *Cartas aristotélicas*. Cuando murió en 31 de agosto de 1814 era consejero de la Suprema Inquisición.
Para completar las obras del padre Alvarado debe añadirse a los cinco tomos, tantas veces reimpresos, y que todavía conservan su antigua popularidad, uno de *Cartas inéditas* publicado en 1847 (Imprenta de don José Félix Palacios), que contiene once cartas dirigidas al que fue después cardenal Cienfuegos.

Capítulo III. La heterodoxia durante el reinado de Fernando VII

I. Trabajos de las sociedades secretas desde 1814 a 1820. II. Época constitucional del 20 al 23. Disposiciones sobre asuntos eclesiásticos. Divisiones y cismas de la masonería: comuneros, carbonarios. Traducciones de libros impíos. Propagación de la filosofía de Destutt, Tracy y del utilitarismo de Bentham. Periodismo, etc. III. Reacción de 1823. Suplicio del maestro deísta, Cayetano Ripoll, en Valencia. Heterodoxos emigrados en Inglaterra. Puigblanch: Villanueva. Literatura apologética durante el reinado de Fernando VII (Amat, Ajo Solórzano, Vélez, Hermosilla, Vidal), traducciones de apologistas extranjeros, etc. IV. Influencia de las sociedades secretas en la pérdida de América. V. De la revolución en Portugal durante este período.

I. Trabajos de las sociedades secretas desde 1814 a 1820

Que la Constitución del año 12 era tan impopular como quimérica, han de confesarlo hoy cuantos de buena fe estudien aquel período. Que el pueblo recibió con palmas su abolición, es asimismo indudable. Que nunca se presentó más favorable ocasión de consolidar en España un excelente o a lo menos tolerable sistema político, restaurando de un modo discreto lo mejor de las antiguas leyes, franquicias y libertades patrias, enmendando todo lo digno de reforma y aprovechando los positivos adelantos de otras naciones, tampoco lo negará quien considere que nunca anduvieron más estrechamente aliados que en 1814 Iglesia, trono y pueblo. Ningún monarca ha subido al trono castellano con mejores auspicios que Fernando VII a su vuelta de Valencey. El entusiasmo heroico de los mártires de la guerra de la Independencia había sublimado su nombre, dándole una resonancia como de héroe de epopeya, y Fernando VII no era para los españoles el príncipe apocado y vilísimo de las renuncias de Bayona y del cautiverio de Valencey, sino una bandera, un símbolo, por el cual se había sostenido una lucha de titanes, corroborada con los sangrientos lauros

---

Trátase en ellas de los proyectos de concilio nacional, de la Inquisición, de la instrucción pública, de la libertad de imprenta, de la Constitución tradicional de España, del juicio por jurados, de la reforma conventual, del teatro, etc.

El padre Alvarado, con noble libertad cristiana, sostiene sin rebozo teorías que en otro podrían calificarse de liberales; defiende el jurado, truena contra las rentas estancadas y el sistema prohibitivo y admite la intervención del pueblo en la formación de las leyes.

de Bailén y con los escombros de Zaragoza. Algo de la magnanimidad de los defensores parece como que se reflejaba en el príncipe objeto de ella, cual si ungiese y santificase su nombre el haber sido invocado por los moribundos defensores de la fe y de la patria. Las mismas reformas de las Cortes de Cádiz y el muy subido sabor democrático de la Constitución que ellas sancionaron contribuía a encender más y más en los ánimos del pueblo español la adhesión al prisionero monarca, cuya potestad veían sediciosamente hollada en su propia tierra, como si los enemigos del trono y del régimen antiguo hubieran querido aprovecharse arteramente del interregno producido por la cautividad del rey y por la invasión extraña. Del abstracto y metafísico fárrago de la Constitución, pocos se daban cuenta ni razón clara, pero todos veían que con sancionar la libertad de imprenta y abatir el Santo oficio había derribado los más poderosos antemurales contra el desenfreno de las tormentas irreligiosas que hacía más de un siglo bramaban en Francia. Además, el intempestivo alarde de fuerza que los constituyentes gaditanos hicieron, reformando frailes y secularizando monasterios, encarcelando y desterrando obispos, rompiendo relaciones con Roma e imponiendo por fuerza la lectura de sus decretos en las iglesias, había convertido en acérrimos e inconciliables enemigos suyos a todo el clero regular, a la mayor y mejor parte del secular y a todo el pueblo católico, que aún era en España eminentemente frailuno. La Constitución, pues, y toda la obra de las Cortes, cayó sin estruendo ni resistencia y aun puede decirse que fue legislación nonata. Para sostenerla no tenía a su lado más que a sus propios autores, a los empleados del Gobierno constitucional en Cádiz, a los militares afiliados en las logias, a una parte de nuestra aristocracia, que para errarlo en todo se entregaba de pies y manos a sus naturales adversarios; a un escaso pelotón de clérigos jansenistas o medio volterianos y al baldío tropel de abogados declamadores y sofistas de periódicos, lepra grande de nuestro estado social entonces como ahora, aprendices de conspiradores y tribunos y aspirantes al lauro de Licurgos y Demóstenes en la primera asonada.

Tales elementos no eran ciertamente para infundir grave temor a un Gobierno que hubiera mostrado buena fe, oportuna y saludable firmeza y celo del bien público. Con cumplir Fernando VII al pie de la letra lo que había estampado en el manifiesto de Valencia: «Yo trataré con los procuradores de España y de las Indias, en Cortes legítimamente convocadas, de establecer sólida y legítima-

97

mente cuanto convenga al bien de mis reinos», hubiéranse ahorrado, de fijo, muchos desaciertos, y a lo menos no se hubieran engrosado las filas de la revolución con tantos, que siendo españoles y realistas en el fondo de su alma, aborrecían y detestaban el despotismo ministerial del siglo XVIII y la dictadura de odiosas camarillas, y creían y afirmaban, como el mismo rey lo afirmó en el citado decreto, que «nunca en la antigua España fueron déspotas sus reyes, ni lo autorizaron sus buenas leyes y constituciones». Los liberales habrían conspirado de todas suertes; pero ¡cuán difícil, si no imposible, les hubiera sido el triunfo! Mucho desaliento hubo de dejar en los ánimos aquel triste Gobierno de los seis años para que en 1820 le vieran caer poco menos que sin lástima los mismos que en 1814 habían puesto en él sus más halagüeñas esperanzas.

Y no fue ciertamente lo que les separó de él la persecución, innecesaria y odiosa, de los diputados y servidores de las antiguas Cortes. Ni menos los decretos, solicitados y acogidos con el más unánime entusiasmo, que restablecieron en España el Tribunal del Santo oficio (21 de julio de 1814), anularon la reforma de regulares decretada por las Cortes y echaron abajo la tiránica pragmática de Carlos III sobre extrañamiento de los jesuitas. Actos eran todos éstos de rigurosa justicia y en que ningún católico íntegro y de veras puso reparo ni tilde. La vuelta de los jesuitas,[73] tras de ser vindicación necesaria de una iniquidad absolutista sin ejemplo, era el único modo de poner en orden y concierto la pública enseñanza, maleada desde fines del siglo XVIII con todo linaje de falsa ciencia y de malsanas novedades.

El alma estuvo en que, fuera de esta reacción religiosa, no se advirtió en el nuevo Gobierno ventaja alguna respecto de los peores gobiernos del siglo XVIII, antes parece que en él se recrudecieron y pusieron más de manifiesto los

---

73 El decreto restableciéndolos es de 29 de mayo de 1815, y en él consigna el rey que había sido inducido a tal medida «por las muchas y no interrumpidas representaciones que se me han dirigido por provincias, ciudades, villas y lugares..., por arzobispos, obispos y otras personas eclesiásticas y seglares de los mismos».
La Compañía había sido restaurada por una constitución apostólica de Pío VII.
Restableció la Compañía de Jesús Pío VII en la bula *Sollicitudo omnium ecclesiarum* (7 de agosto de 1814).
Ya en el reino de las Dos Sicilias había sido restablecido en 31 de julio de 1814.
Entre los jesuitas que volvieron a España, a los cuarenta y ocho años de la expulsión, los había tan insignes como Arévalo, Masdéu y Prats.

vicios radicales del poder monárquico, ilimitado y sin trabas, aquí agravados por el carácter personal del rey y por la indignidad, torpeza y cortedad de luces de sus consejeros. Cierto que los tiempos eran asperísimos, ni podía tenerse por fácil empresa la de gobernar un país convaleciente de una guerra extranjera y molestado en el interior por la polilla de las conspiraciones. Pero así y todo, bien hubiera podido exigírseles que levantaran y sostuvieran, algo más que lo hicieron, el prestigio de la nación ante los extraños, no consintiendo que fuera olvidada o escarnecida en los tratados de Viena la que había derribado la primera piedra del coloso napoleónico; que no pasasen neciamente por tan burdos engaños como el de la compra de los barcos rusos y, sobre todo, que no soltasen los diques a aquel torrente de oscuras intrigas, de sobornos, de cohechos, de inmoralidades administrativas, solo excedidas luego por las de los gobiernos parlamentarios. Perversa fue aquella administración, y no tanto por absoluta cuanto por rastrera y miserable, sin ideas, propósito ni grandeza y mezclada de debilidad y de violencia. Y tanto lo fue, que solo pudo hacerla buena la ridícula mascarada constitucional de los tres años.

La aviesa condición de Fernando VII, falso, vindicativo y malamente celoso de su autoridad, la cual por medios de bajísima ley aspiraba a conservar incólume con el trivial maquiavelismo de oponer unos a otros a los menguados servidores que de intento elegía, haciéndolos fluctuar siempre entre la esperanza y el temor, explica la influencia ejercida en el primer tercio de su reinado por las diversas camarillas palaciegas, y especialmente por aquella de que fueron alma los Alagones, Ugartes y Chamorros,[74] en cuyas manos se convirtió en vilísimo tráfico la provisión de los públicos empleos. Manifestábase entre tanto la flaqueza de aquel desventurado Gobierno en el no atajar o atajar de mala manera las perennes conspiraciones de los liberales, que, con tener por sí escasa fuerza, medraban e iban adelantando camino gracias al lazo secreto que los unía y al general desconcierto y a la desunión de sus contrarios. Alma y centro de todos los manejos revolucionarios era, como han confesado después muchos de los

---

74 Véase más detalles en el folleto titulado *Pintura de los males que ha causado a la España el gobierno absoluto de los dos últimos reinados y de la necesidad del restablecimiento de las antiguas Cortes*, por don José Presas (Burdeos 1827, Imprenta de R. La Guillotière), 4.º (228 páginas y 32 de documentos), y la *Historia* (anónima) de la *Vida y reinado de Fernando VII* (tomo 2, página 62), cuyo autor, según opinión general, fue don Estanislao de Kostka Vayo, literato valenciano (Madrid, 1842, Imprenta de Repullés).

que en ellos a tomaron parte, aquella «sociedad secreta, de antigua mala fama, condenada por la Iglesia, mirada con horror por la gente piadosa, y aun por la que no lo era mucho, con sospecha»; en una palabra, la francmasonería, a la cual claramente alude Alcalá Galiano, de quien son las palabras antedichas. Introducida en España desde el reinado de Fernando VI, propagada extraordinariamente por los franceses y los afrancesados en la guerra de la Independencia, tuvo menos influjo en las deliberaciones de las Cortes de Cádiz, si bien alguno ejerció, sobre todo para fomentar los motines de las falerías y los escándalos de la prensa. Pero en 1814, el común peligro y el fanatismo sectario congregaron a los liberales en las logias del rito escocés, y bien puede decirse que apenas uno dejó de afiliarse en ellas y que toda tentativa para derrocar el Gobierno de Fernando VII fue dirigida o promovida o pagada por ellas.[75]

El relato de conspiraciones militares es ajeno del propósito de este libro, y otros hay en que el lector puede satisfacer su curiosidad a poca costa. Aquí baste indicar, como muestra de la época y de los hombres y de la fortaleza y sabiduría de aquel Gobierno, que el jefe de la reorganizada masonería española vino a ser (*mirabile dictu!*) el capitán general de Granada, conde de Montijo, el famoso Tío Pedro del motín de Aranjuez, revolvedor perenne de las turbas, tránsfuga de todos los partidos y conspirador incansable no más que por amor al arte. A tal hombre confiaron aquellos descabellados ministros el mando militar de Andalucía alta, del cual se aprovechó para levantar (son palabras de su camarada Van-Halen), en el silencio más sagrado, un templo a las luces y al patriotismo perseguido.[76] Acontecía esto a mediados de 1816. Los oficiales prisioneros en la guerra de la Independencia habían vuelto de Francia catequizados en su mayor número (Riego, san Miguel, etc., etc.) por las sociedades secretas y comenzaron a extender una red de logias por todas las plazas militares de la Península. Se conspiraba casi públicamente no solo en Granada, sino

---

75   Véase sobre este punto las más curiosas revelaciones en los *Recuerdos de un anciano*, de don Antonio Alcalá Galiano (Madrid, imprenta Central, Navarro, editor, 1878), página 207 a 290, y en la *Historia de las sociedades secretas*, de don Vicente de la Fuente, tomo 1, página 195 a 292.

76   *Memorias del coronel don Juan Van-Halen* (impresas clandestinamente hacia 1829). Hay otra edición de 1842, dos tomos en 8.º (página 37, tomo 1). Van-Halen, lo mismo que Alcalá Galiano, confiesa la importancia de la francmasonería en aquel período: Un juramento sagrado nos unió a todos en las sociedades secretas (tomo 1, página 15).

en Cádiz, en Barcelona, en La Coruña y en Madrid mismo. El famoso aventurero Van-Halen, que pasándose del ejército francés al nuestro, logró con extraños ardides que en 1814 recobráramos las plazas de Lérida, Monzón y Mequinenza, había establecido una logia en su casa de Murcia, junto al cuartel del regimiento. A ella pertenecían Torrijos, Romero Alpuente, López Pinto, cuyo nombre de guerra era Numa, todos de ruidosa más que honrosa nombradía en años posteriores. De los oficiales de las guarniciones de Cartagena y Alicante, apenas había uno que no se entendiera con el centro murciano, que tuvo parte muy señalada con los preparativos de la intentona de Lacy en 1817.

Tan imprudentes y descubiertos andaban los del gremio conspirador, que poco trabajo costó sorprender, a los pocos meses, la logia de Madrid, si bien, al decir de Alcalá Galiano, no era ésta de las más importantes por la calidad de las personas que la formaban: «Gente ardorosa, pero de poco nombre o corto influjo». Casi todos lograron ponerse en salvo, si no fue Van-Halen, que había venido desde Murcia a dirigir el movimiento. Tienen el carácter de farándula y novela las *Memorias* que luego escribió contando su prisión y fuga de los calabozos inquisitoriales, que apenas es posible discernir en ellas la parte de verdad. Que le procesó la Inquisición, es cierto; pero que se le aplicara el tormento, el mismo Usoz lo niega.[77] Invalidada públicamente esta narración en punto tan sustancial cuando aún vivía Van-Halen, y por un enemigo fanático y jurado, no ya de la Inquisición, sino del catolicismo, como lo fue el editor de los *Reformistas españoles*, apenas es lícito valerse del libro de Van-Halen como autoridad histórica, ni tomar por lo serio el descoyuntamiento de su brazo en el potro y los

---

77 «Tomé mis noticias –dice Usoz– porque las tuve por fidedignas, de la obra siguiente: Narración de don Juan Van-Halen, Mariscal de Campo de los ejércitos nacionales y teniente general del ejército belga. Escrita por él mismo su cautividad en los calabozos de la Inquisición, su evasión y su expatriación.» Madrid; 1842, establecimiento tipográfico de la calle del Sordo, número 11. Dos volúmenes en 8.º Dando fe a esta misma obra, aseguré, o más bien atestigüé, que a Van-Halen le dieron tormento en la Inquisición.
Ahora, callando razones, simplemente diré que no creo ninguna de ambas cosas..., y no solo dejo de creer esto del señor Van-Halen, sino que tampoco pienso que por aquel tiempo llegase la barbarie e iniquidad de los inquisidores a usar el tormento. Así es que no creo que atormentasen por entonces a otros como a D. J. A. Yandiola, aunque lo aseguran (apéndice a las *Sanctae Inquisitionis Hispaniae artes*, de Montes, 18.) El Yandiola a quien se refiere Usoz era uno de los cómplices de la conjuración de Richard, y llegó a ser ministro de Hacienda en 1823.

coloquios que tuvo con Fernando VII exhortándole a entrar en la masonería y prometiéndole el favor de sus adeptos, lo cual el rey oyó no del todo disgustado. Abonado era Femando VII para no escandalizarse de esto ni aun de mucho más, pero tampoco le faltaba sagacidad para conocer lo que podía esperar del patrocinio de las sociedades secretas. Lo cierto es que a Van-Halen le costó poco huir de las cárceles del Santo oficio, ya que le prestaron ayuda para la evasión, hasta que salió del territorio de la Península, todos sus correligionarios, cuyos nombres da él muy a la larga, desde La Coruña a Valencia y desde Cádiz a Bilbao. En Alcalá de Henares había otra logia, a la cual pertenecían la mayor parte del Colegio de Ingenieros y muchos estudiantes y catedráticos de la Universidad; el local de sesiones era el Colegio de Málaga.[78]

La Inquisición, dirigida por el obispo de Almería, don Francisco Xavier de Mier y Campillo, publicó un edicto en 5 de mayo de 1815[79] «contra los errores y las doctrinas nuevas y peligrosas, nacidas de la deplorable libertad de escribir, de imprimir y de publicar toda especie de errores», y trabajó algo, si bien con poco fruto, contra francmasones, escapándosele los de mayor cuenta. Así es que tengo por de muy dudoso crédito la siguiente especie que se lee en la obra masónica *Acta Latomorum*:[80] «El 25 de septiembre de 1814 fueron presos en Madrid dieciséis individuos sospechosos de pertenecer a las logias masónicas, entre ellos el marqués de Tolosa, el canónigo Martínez Marina, el doctor Luque, médico de la corte; el general Álava, ayudante de lord Wellington, y algunos extranjeros, franceses, italiano y alemanes domiciliados en España». No es menos falsa y absurda la noticia que dan las mismas *Actas*, de haber muerto en 1819 en el tormento muchos masones distinguidos de Murcia.

Lo cierto es que ni la Inquisición ni la Policía lograron dar con los verdaderos caudillos del movimiento masónico, sino con adeptos oscurísimos o con antiguos afrancesados que se acogieron a indulto y misericordia.[81] Ni siquiera llegó a ser sorprendida nunca la logia de Cádiz, más activa, numerosa y rica que

---

78 La Fuente, *Sociedades secretas*, tomo 1, página 214.

79 Véase Llorente, tomo 4, página 153.

80 Véase Llorente, tomo 4, página 167.

81 Tales fueron el corregidor de Madrid en tiempos de José, don Dámaso Gutiérrez de la Torre; el abate Muriel y otros, cuyos memoriales al Santo oficio declarando haber pertenecido en otro tiempo a las logias están entre los papeles de Inquisición, todavía sin clasificar, que de Simancas vinieron a la Biblioteca Nacional.

ninguna, autora y promovedora principal de la insurrección de las tropas desti-
nadas a América. Y eso que los trabajos de esta logia eran casi de notoriedad
pública, y públicas sus inteligencias con el conde de La Bisbal, a quien con
insigne locura proseguía sosteniendo el Gobierno al frente de las tropas acan-
tonadas en la isla aun después de tener inequívocas muestras de su proceder
doloso y de su movedizo carácter.

Los hermanos de 1819 —escribe Alcalá Galiano— teníamos bastante de fraternal
en nuestro modo de considerarnos y tratarnos. El común peligro, así como el
común empeño en una tarea que veíamos trabajosa y divisábamos en nuestra
ilusión como gloriosísima..., nos unía con estrechos lazos, que, por otro lado,
eran sobremanera agradables, porque contribuían en mucho al buen pasar de la
vida. Así es que al poner el pie en Sevilla, donde yo había parado poco tiempo,
me encontré rodeado de numerosos amigos íntimos, a los más de los cuales solo
había hablado una o dos veces en época anterior, cuando a otros veía entonces
por vez primera. Al momento fui informado de que en Cádiz estaba todo preparado para un levantamiento.[82]

Antes de él habían estallado sucesivamente, y sin fruto, hasta trece conspiraciones, de mayor o menor entidad, entre las cuales merecen especial recuerdo
la tentativa de Mina, en 1814, para apoderarse de la ciudadela de Pamplona; la
de Porlier, en La Coruña, en septiembre de 1815; la de Lacy, en Cataluña, en
1817; la de Vidal, en Valencia, en 1819, y el conato de regicidio de Richard, abominable trama, cuyos cómplices habían sido iniciados por el sistema masónico
del triángulo. La efusión de sangre con que tales intentonas fueron reprimidas
y castigadas contribuyó a encender más y más la saña y encarnizamiento de
los vencidos liberales; y de nada sirvieron las veleidades de clemencia en el
Gobierno ni el decreto de 26 de enero de 1816, que declaró abolidas las comisiones militares, prohibió las denominaciones de liberales y serviles y mandó
cerrar en el término de seis meses todas las causas políticas. La clemencia
pareció debilidad o miedo; la dureza, tiranía o ferocidad, y fue haciéndose lucha
de razas lo que en otro país hubiera sido lucha de partidos.

---

82 *Recuerdos de un anciano*, página 219.

Un motín militar vergonzoso e incalificable, digno de ponerse al lado de la deserción de don Oppas y de los hijos de Witiza, vino a dar, aunque no rápida ni inmediatamente, el triunfo a los revolucionarios. La logia de Cádiz, poderosamente secundada por el oro de los insurrectos americanos[83] y aun de los ingleses y de los judíos gibraltareños, relajó la disciplina en el ejército destinado a América, introduciendo una sociedad en cada regimiento; halagó todas las malas pasiones de codicia, ambición y miedo que pueden hervir en muchedumbres militares, prometió en abundancia grados y honores, además de la infame seguridad que les daría el no pasar a combatir al Nuevo Mundo, y de esta suerte, en medio de la apática indiferencia de nuestro pueblo, que vio caminar a Riego desde Algeciras a Córdoba sin que un solo hombre se le uniese en el camino, estalló y triunfó el grito revolucionario de Las Cabezas de san Juan, entronizando de nuevo aquel abstracto código, ni solicitado ni entendido. Memorable ejemplo que muestra cuán fácil es a una facción osada y unida entre sí por comunes odios y juramentos tenebrosos sobreponerse al común sentir de una nación entera y darle la ley, aunque por tiempo breve, ya que siempre han de ser efímeros y de poca consecuencia tales triunfos, especie de sorpresa o encamisada nocturna. Triunfos malditos además cuando se compran, como aquél, con el propio envilecimiento y con la desmembración del territorio patrio.[84]

---

83 Así lo reconocen autoridades nada sospechosas como el autor de la *Historia de Fernando VII* (tomo 2, página 140): «Los agentes ocultos de las provincias americanas derramaban el oro para acrecer la repugnancia y el descontento de los militares; y el comercio gaditano y malagueño prodigaba también sus caudales para impulsar el cambio que deseaba».

84 Los pormenores de la conjuración gaditana están largamente descritos en los *Recuerdos* de Alcalá Galiano, ya citados. Algo dice también, aunque poco, de la organización de las logias. De ello copio lo más sustancial, aparte de las noticias ya incorporadas en el texto: «Empezó la (logia) de Cádiz a trabajar con alguna frecuencia en 1817. Pero sus trabajos se quedaban en vanas ceremonias, aunque muchos no nos dedicábamos a tales juegos sino con propósitos y esperanzas de que fuesen comienzos y medios de cosas muy graves... Mas cuando iba a empezar 1819, las materias que encerraba la atmósfera política fueron agregándose hacia Cádiz para formar allí... negrísima nube preñada de recia tormenta... A los soldados, y aun a los oficiales, repugnaba atravesar el mar para ir a aportar a tierra ingrata y enemiga, donde repetidos ejemplos acreditaban que había que recoger escasa gloria y aún más corto provecho... Había una sociedad de la clase común o inferior en Cádiz, componiéndola militares y paisanos. Formóse además una sociedad

II. Época constitucional del 20 al 23. Disposiciones sobre asuntos eclesiásticos. Divisiones y cisma de la masonería: comuneros, carbonarios. Traducciones de libros impíos. Propagación de la filosofía de Destutt-Tracy y del utilitarismo de Bentham. Periodismo, etc.

El rápido triunfo de los constitucionales produjo en la mayoría de las gentes más asombro que placer ni disgusto. Con ser tan numerosos los realistas, carecían de toda organización o lazo que los uniese, y, faltos todavía de la animosidad que solo nace de contradicción y lucha franca, en que se deslindan los campos, tal como la que estalló luego; descontentos además del flojo, inepto y desatentado gobierno de aquellos seis años, miraban con indiferencia por lo menos, aunque esperasen con curiosidad, los actos de la bandería triunfadora.

---

en cada regimiento. Pero sobre éstas existía una autoridad, ejercida en una junta con nombre de capítulo, que celebraba sus sesiones sin aparato ni fórmula en la casa de don Francisco Xavier de Istúriz... Pero se creyó necesario introducir entre el puro simbolismo a que estaban reducidas las sociedades inferiores... y las maquinaciones políticas de la alta junta... un cuerpo donde estuviesen juntos los más arrojados y diligentes de los conspiradores, cuerpo al cual tocaba, sin descartar algo de la parte simbólica, formar los planes del levantamiento proyectado... De reunión tal me tocó ser parte, y también a don Evaristo san Miguel... Asimismo los que la componíamos no dejábamos de asistir a nuestras respectivas sociedades de última clase, donde bullíamos y dirigíamos... muy atendidos y aun respetados, por suponérsenos dueños de secretos que al oído de otros llegaban algo confusos... En el ritual y planta de la sociedad hay un individuo cuyo cargo tiene el título de orador, aunque no lo es, pues su oficio se reduce a leer breves escritos. Desempeñaba yo este oficio... En una sesión rasgué el velo, harto transparente, de símbolos inútiles; convidé al levantamiento... y al fin, cogiendo una espada desnuda que en nuestro rito debía estar y estaba siempre sobre la mesa, "jurad (dije con voz fuerte y trémula de emoción), jurad llevar a cabo esta empresa, y juradlo sobre esta espada, símbolo del honor, que no en balde se os pone a la vista". Un grito unánime, que casi era un alarido, respondió a mis palabras... arrojándose casi todos los concurrentes a la espada y profiriendo el juramento con tono, rostro y ademanes de loco entusiasmo, no inferior al mío». Habla luego Alcalá Galiano de la activa parte que tomaron en la empresa don Domingo Antonio de la Vega (uno de los asociados más antiguos en España) y el luego famosísimo don Juan Álvarez Mendizábal, contratista de provisiones del ejército expedicionario. El primero había formado desde 1818 en Cádiz una sociedad del rito antiguo, sin enlace con las modernas.

Ésta se desembozó luego, y mostró que desde 1812 no había olvidado ni aprendido nada. Apenas jurada por el rey la Constitución, vino el decreto de abolir el Santo oficio, esta vez definitivamente (9 de marzo de 1820). Una turba invadió las cárceles del Tribunal en demanda de potros y aparatos de tortura, parodiando la toma de la Bastilla, pero con el triste desengaño de no hallar nada de lo que buscaban ni más reo encarcelado que a un fanático legitimista francés, rector del Hospital de san Luis.[85]

En el nuevo Ministerio predominaron los elementos de las Cortes de Cádiz: Argüelles, García Herreros, Porcel, Canga y Pérez de Castro, salidos en triunfo de cárceles y presidios, pero calificados muy luego de constitucionales tibios por los que, a título de conspiradores de la víspera y de elemento joven, querían repartirse el botín sin participantes. En las Cortes aparecieron mezclados unos y otros,[86] sin que faltasen de los antiguos Muñoz Torrero, Villanueva, Espiga (electo por los suyos arzobispo de Sevilla),[87] Calatrava, Álvarez Guerra, Martínez de la Rosa y Toreno, a los cuales se agregaron personajes que ya de atrás tenían por diversos conceptos celebridad alta por más que no se hubiesen sentado en los escaños del Congreso gaditano. Así, Martínez Marina, mirado como oráculo en materias de gobierno representativo; así, el padre Martel, don Justo García, Salas y otros catedráticos de Salamanca, que traían consigo el funesto espíritu de aquella escuela en los últimos tiempos; así hombres insignes en las ciencias naturales, como Rojas Clemente, Lagasca y Azaola, o en las matemáticas y en la náutica, como Císcar, o en la erudición y en las letras humanas, como Clemencín. Sobre todos ellos fue alzándose poco a poco la voz de los agentes de las logias y de los demagogos furibundos al modo de Romero Alpuente o Moreno Guerra.

Hasta dos docenas de clérigos, casi todos jansenistas, daban el tono en las cuestiones canónicas. Su primer triunfo fue la supresión de los jesuitas en 14 de agosto; admirable preámbulo para un régimen de libertad. Al mismo tenor fue todo; prohibióse a las órdenes dar hábitos ni admitir nuevos profesos. Se mandó

---

85   Véase Mesonero Romanos, *Memorias de un setentón* (páginas 205 a 206).

86   Véanse las famosas *Condiciones y semblanzas de los señores diputados a Cortes en la legislatura de 1820 y 1821*, saladísimo folleto atribuido generalmente al médico y naturalista don Gregorio González Azaola, no sin colaboración de Gallardo.

87   Ni sus bulas ni las de Muñoz Torrero, propuesto para obispo de Guadix, vinieron nunca de Roma.

cerrar todo convento que no llegara a veinticuatro individuos; radicalísima medida que echaba por tierra la mitad de los de España.[88] Se suprimieron todos los monacales, incluso los benedictinos de Aragón y Cataluña. Desaparecieron los conventos y colegios de las órdenes militares y los Hospitalarios de san Juan de Dios. Se eximió a los religiosos de la obediencia de todo prelado que no fuese el conventual elegido por ellos o los ordinarios respectivos.[89] Declarándose bienes nacionales los de las comunidades extinguidas, indemnizando irrisoriamente con una cortísima pensión a los exclaustrados, y aun ésta se suprimió luego por gravosa. Dióse libertad a las monjas para salir de la clausura, aunque, con general asombro, apenas hubo una que de tal libertad se aprovechase. Por decreto de 29 de junio se redujo el diezmo a la mitad de lo que venía pagándose; se estableció en todas las cabezas de obispado una junta diocesana para hacer

88 Para favorecer la secularización, el Gobierno, ofreció 100 ducados de congrua a todo religioso que abandonase el convento hasta que obtuviese otro beneficio o renta eclesiástica.
89 Muy bajo anduvo el nivel de la discusión sobre el proyecto de regulares y monacales. El obispo Castrillo (de la Comisión) citó el ejemplo de la Asamblea francesa de 1789, y dijo que los bienes de las comunidades eclesiásticas debían pasar al erario público, «destino tan recomendado por la virtud y el patriotismo». Un señor Victorica afirmó que los monjes vivían en las delicias. «La adquisición de los bienes del clero (dijo un señor Gisbert) es pura emanación de la autoridad civil, y ella puede, cuando quiera, rescindir el contrato (sic).» Martínez de la Rosa exclamó: «Desestánquese la propiedad, quítense las trabas, ábranse las fuentes de la riqueza pública... Es una mengua discutir en 1820 si el poder civil tiene autoridad bastante para la reforma de los monacales». El conde de Toreno dijo resueltamente: «Yo me opongo a que quede ningún monasterio», y averiguó, entre otras profundidades históricas, que los monjes en el siglo IV corrían como bandidos los desiertos del África, desafiando la autoridad pública (y los bandos de policía le faltó decir). Respondiendo a los que negaban que pudieran hallarse compradores para los bienes nacionales, apuntó, con maravilloso sentimiento artístico, que «no faltaría quien comprase los conventos para destruirlos y aprovecharse de la piedra, madera y demás materiales». ¡Oh estética doceañista! ¡Oh cándidas gentes, que no veían en un monumento artístico otra cosa que la piedra y la madera, que podían aprovechar en algún cuartel de milicianos nacionales!... Y terminó su peroración el de Toreno con la saladísima cuchufleta de que «las Cortes no impedirán a los regulares expulsos tomar una ama, si les acomodaba». ¡Y cuán homérica carcajada soltarían aquellos padres conscriptos ante semejante rasgo de elocuencia! ¡Todavía los cuentos de canónigos y de amas hacían reír en las Asambleas de 1820! ¡Lástima que hayamos perdido esta candidez infantil!
(Véase *Diario de Cortes* de 1820 a 1821, tomo 4, página 22, y *Discursos Parlamentarios* del conde de Toreno, tomo 2, páginas 210 y siguientes.)

la distribución de sus dotaciones al clero y a las iglesias y se impuso al clero un subsidio general de 30 millones de reales sobre el valor de los diezmos. La ley de extinción de mayorazgos y vinculaciones (11 de octubre de 1820) hirió de raíz los patronatos y capellanías, que entraron en la general desamortización. En vano Fernando VII quiso oponerse a tales providencias, sobre todo a la reforma de conventuales, porque sus consejeros le hicieron suscribirla a la fuerza (25 de octubre) con el amago de un motín, ya preparado por las sociedades patrióticas. En vano protestó el nuncio y Pío VII se quejó con elocuente amargura del torrente de libros y doctrinas perniciosas que inundaba a España, de la violación de la inmunidad eclesiástica, de los proyectos de abolición total del diezmo, de la obligación del servicio militar impuesta a los clérigos y a los frailes, de las leyes que franqueaban y barrenaban la clausura y, finalmente, de las continuas heridas a la disciplina y a la unidad católica (16 de septiembre de 1820). Todo inútil: las Cortes prosiguieron desatentadas su camino, dando pedantescas instrucciones a los obispos sobre el modo como habían de redactar sus pastorales y los edictos, encausando y extrañando al general de los capuchinos, fray Francisco de Solchaga, por un papel que imprimió contra la reforma de regulares; expulsando de estos reinos al obispo de Orihuela, don Simón López, antiguo diputado en Cádiz, porque se negó a cumplimentar el absurdo decreto que intimaba a los párrocos explicar desde el púlpito la Constitución y ensalzar sus ventajas en las misas mayores.[90] [91]

90 *Colección eclesiástica española*, comprensiva de los Breves de su santidad; notas del Nuncio; representaciones de los señores obispos a las Cortes; pastorales, edictos, etc., etc., etc., con otros documentos relativos a las innovaciones hechas por los constitucionales en materias eclesiásticas, desde 7 de marzo de 1820 (Madrid 1823-1824, Imprenta de E. Aguado).

91 El decreto a que me refiero es de 24 de abril de 1820, y prescribe a todos los párrocos y ecónomos explicar la Constitución todos los domingos y días festivos, «como parte de sus obligaciones, manifestando al mismo tiempo las ventajas que acarrea a todas las clases del Estado y rebatiendo las acusaciones calumniosas con que la ignorancia y la malignidad hayan intentado desacreditarlas».

El asesinato del cura de Tamajón,[92] precedido por las infamias jurídicas de su proceso; la sangrienta apoteosis del martillo; el extrañamiento del arzobispo de Tarragona y de los obispos de Oviedo, Menorca y Barcelona, Tarazona, Pamplona y Ceuta; la tumultuaria expulsión del arzobispo de Valencia, don Veremundo Arias; los nuevos decretos de las Cortes de 1822 ordenando el arreglo del clero, trasladando a los eclesiásticos de unas diócesis a otras y declarando vacantes las sedes de los obispos desterrados; el embarque en masa de los frailes de san Francisco, de Barcelona, en número de setenta dos, y, finalmente, el asesinato del anciano y venerable obispo de Vich, fray Ramón Strauch, en la llamada tartana de Rótten, en 16 de abril de 1823, anunciaron una época de terror semejante a la de los revolucionarios franceses, y lanzaron a los realistas, sobrecogidos al principio de espanto, a una insurrección abierta, organizándose como por encanto numerosas partidas y guerrillas, que renovaron, sobre todo en Cataluña,[93] los portentos de la guerra de la Independencia. El

---

92 Véase sobre la causa del cura de Tamajón los opúsculos siguientes: *Acusación fiscal puesta en setenta y dos horas por el promotor oficial nombrado para la primera instancia en la causa de don Matías Vinuesa* (Madrid, Imprenta de Vega, 1821); 4.°, 24 páginas (por don Tiburcio Hemández). *Manifiesto de don Matías Vinuesa, capellán de honor de su majestad, para vindicar su conducta moral de las calumnias con que públicamente ha sido infamada* (Madrid 1821, Imprenta de Burgos), 12 páginas, 4.

93 Las hubo también en la Rioja, en las cercanías de Burgos, en los pinares de Soria y en Toledo.

La ley draconiana de 17 de abril de 1821 sobre causas de conspiración (vulgarmente llamada ley de estados de sitio) declaraba «indigno del nombre de español» a todo eclesiástico, secular o regular, que en discurso, sermón o *Carta pastoral* atacase la Constitución en todo o en parte, y le condenaba a pérdida de todos los empleos, honores y temporalidades, reclusión por ocho años y expulsión perpetua del territorio de la monarquía, agravándose la pena cuando el escrito o sermón produjese sedición o alboroto.

Más adelante se tomaron otras medidas todavía más violentas, y en las cuales se ve claro el espíritu de oposición al clero, el cual se manifestó más todavía en las discusiones de octubre de 1822, en que Istúriz propuso la extinción de monacales y regulares, y Canga Argüelles exclamaba: «¿Olvidaremos que el clero es como un estado dentro de otro, y como si dijéramos un ejército, cuyos generales son los prelados, y la Inquisición su reserva?».

Por decreto de 15 de noviembre fueron suprimidos los conventos y monasterios que estuviesen en despoblado o en pueblos que no excediesen de 450 vecinos, exceptuándose solamente el monasterio de san Lorenzo del Escorial hasta que se resolviera el destino que había de dársele. En pueblos fronterizos, aunque pasasen de 450 vecinos, no podía

Trapense (fray Antonio Marañón) asaltó, con el crucifijo en la mano, los muros de la Seo de Urgel (21 de junio de 1822), pasó a cuchillo la guarnición e instaló allí una regencia compuesta del marqués de Mataflorida, el barón de Eroles y el obispo de Menorca, luego arzobispo de Tarragona, don Jaime Creus, la cual, reconocida como autoridad suprema por las demás juntas insurrectas y por toda la gente levantada en armas, comenzó a decretar en nombre de Fernando VII y a entenderse secretamente con la corte y con las potencias extranjeras, enviando comisionados al Congreso de Verona. Siguióse una guerra civil, feroz y sin cuartel ni misericordia, en que los jefes revolucionarios parecieron andar a la puja en matanzas, devastaciones, saqueos y brutalidades de toda laya. Mina arrasa a Castelfullit, sin dejar piedra sobre piedra, y, remedando bárbaramente el decreto de la Convención francesa contra los federalistas de Lyón, levanta en los escombros un padrón con esta letra: «Pueblos, tomad ejemplo;

---

en adelante haber ningún convento.

Con motivo de un breve del papa prohibiendo varios libros españoles, fue aprobada, en sesión de 25 de noviembre, una proposición cuyo estilo da idea de la cultura y urbanidad de aquellos legisladores, y que a la letra dice así:

«Pedimos a las Cortes se sirvan prevenir al Gobierno proceda inmediatamente a dictar las providencias, tan enérgicas como exijan las circunstancias, para impedir la circulación del breve expedido por S. S. en el mes de septiembre último... pasando los más enérgicos oficios a la curia romana, por medio de nuestro encargado de Negocios y del nuncio, para que de una vez entienda que, por directas ni indirectas, no se ha de salir con las suyas con una nación como la española, que conoce sus derechos y que los sabe sostener, y que, dirigida por un Gobierno representativo, no tolerará pasivamente iguales procedimientos a los que ha sufrido el Gabinete español en épocas que le mandaba la autoridad real, desprovista de la fuerza irresistible que le comunican las Cortes. Todo con arreglo a lo que previene la ley 2.ª, tít. 18, lib. 8 de la Novísima Recopilación.»

Y un diputado añadió: «Pido que se lea esa bula, ese decreto, edicto o como se llame ese papelote».

La curia romana era entonces el coco de muchos liberales, que oportune et importune la sacaban a relucir siempre. En la famosa sesión de 11 de enero de 1823, en que las Cortes manifestaron su justa indignación contra las notas insultantes de las potencias de la Santa alianza, decía Canga Argüelles, haciéndose cargo de la circunstancia realmente extraña de ser la Prusia protestante y la Rusia cismática las que afectaban hipócrita dolor por los agravios inferidos a la religión católica en España: «Yo no veo a estas dos naciones, no, señores diputados; veo a la curia romana... que se han puesto acorde con las altas potencias y les ha dicho: "Inserten ustedes este artículo, a ver si saco partido"».

no alberguéis a los enemigos de la Patria».[94] Rótten hace salir de Barcelona en su fúnebre tartana a todos los prisioneros y sospechosos y les prepara en el camino, a guisa de malhechor, emboscadas donde todos sucumben. Así perecieron el obispo de Vich, fray Ramón Strauch, y el lego que le acompañaba;[95] así en 17 de noviembre de 1822, veinticuatro vecinos de Manresa, entre ellos el jesuita Urigoitia, consumado humanista; el canónigo Tallada, que tenía fama

---

94 En un bando que dio en 24 de octubre de 1822 había disposiciones como éstas: «Todo pueblo en que se toque a somatén por intimación de una fuerza inferior a la tercera parte del vecindario, será saqueado e incendiado. Toda casa campestre o en poblado que quede abandonada por sus habitantes a la llegada de las tropas nacionales, será entregada al saqueo, derruida o incendiada».

95 El obispo de Vich, asesinado por orden de Rótten en 1822, se llamaba fray Raimundo Strauch y Vidal y pertenecía a la Orden de san Francisco. En Palma de Mallorca había publicado, durante los años 1812, 1813 y 1814, el *Semanario cristiano-político*. Tradujo del francés la obra del abate Barmel *Historia del clero en tiempo de la revolución francesa*.

La explicación que de este hecho quiere dar la ilustre condesa de Mina en el tomo 3 de las *Memorias* de su marido (páginas 329 y siguientes), atenúa poco la responsabilidad de los causantes, aunque salve la del capitán general de Cataluña. Redúcese a decir que, asaltados por los facciosos, el oficial que conducía a los presos, el obispo y su lego intentaron persuadir a la escolta a que se rindiese, y ellos hicieron fuego sobre los que tal aconsejaban. Esta cómoda historia se ha repetido muchas veces en España, sobre todo cuando se trataba de justificar fusilamientos de bandidos en Andalucía o en la Mancha. Siempre se decía que en el camino habían hecho resistencia a la Guardia Civil. Pero, desgraciadamente, nadie lo creía.

Este Rótten, de fúnebre memoria, renovó en san Lloréns del Morunis o dels Piteus las atrocidades de Mina en Castelfullit, ordenando en 23 de enero de 1823 borrar del mapa de España aquella villa esencialmente facciosa y rebelde, con cuyo fin —añade— será saqueada y entregada a las llamas. Los cuerpos tendrán derecho al saqueo..., etc., y luego seguía la distribución por calles, para mayor comodidad de las operaciones de aquel ejército, a quien sus jefes deshonraban convirtiéndole en una gavilla de facinerosos. A los habitantes de la villa destruida se les prohibía fijar su domicilio en los distritos de Solsona y Berga so pena de ser fusilados.

En 15 de mayo de 1823 dio Mina en Sallent otro bando todavía más terrorífico, cuyos dos únicos artículos ordenaban: el primero, que todo el que hubiese formado parte de alguna junta, ayuntamiento o cualquiera otra corporación opuesta al sistema constitucional fuese irremisiblemente fusilado en el momento de ser habido; y el segundo, que todo pueblo en el que se tocase a rebato o somatén contra las tropas o individuos constitucionales fuese incendiado hasta reducirlo a cenizas o derruido hasta que no quedase piedra sobre piedra.

111

de matemático, y el doctor Font y Ribot, que la disfrutaba no menor de cano-nista.[96] En La Coruña, el brigadier don Pedro Méndez-Vigo, parodiando el proconsulado de Carrier en Nantes, manda arrojar al mar a bayonetazos, entre las sombras de la noche, a 51 presos políticos (muchos de ellos clérigos y frailes), cuyos cadáveres sangrientos y deformados, machacados los cráneos con los remos de los asesinos, vinieron al día siguiente (24 de julio de 1823),[97] arrojados por la ola, a dar testimonio de la ferocidad jacobina y a encender inex-tinguible sed de venganza en el ánimo de los realistas. Quienes hablan del terror de 1827 y de las comisiones militares y de la época de Chaperón, sin duda han perdido la memoria de las infinitas atrocidades de los tres años, no reveladas ciertamente por los enemigos del régimen constitucional (siempre tardos y olvidadizos en escribir), sino por los mismos liberales, que en destierro se las echaban mutuamente en cara. Gracias al folleto de Presas y a los *Opúsculos* de Puigblanch y a otros libros así de demagogos cínicos y maldicientes, sabemos, v. gr., que el Empecinado entró en Cáceres acuchillando hasta a los niños; que en un solo día fusiló el coronel González a 300 prisioneros que bajo el seguro de su palabra se le habían rendido; que en Granada fueron asaltadas

---

96   Véase el papel intitulado *Relación individual de los nombres de las 24 víctimas que se hallan depositadas en la iglesia nueva de la Cueva de san Ignacio de la ciudad de Manresa, las que fueron sacrificadas en el 17 de noviembre de 1822 en la emboscada llamada «los tres roures», por disposición del cruel y sanguinario Rótten...* Manresa, Imprenta de Abadal, 1824. El Ayuntamiento de Manresa, de acuerdo con el capitán general de Barcelona, barón de Eroles, mandó levantar en aquel sitio (1825) una capilla expiatoria, que en 1835 fue demolida.
De estos horribles casos están llenas las historias y folletos de aquel período, y aun la misma biografía anónima de Fernando VII. (Véase, sobre todo, el tomo 3, páginas 120 y siguientes.) Pero el libro donde pueden hallarse más noticias sobre este punto, recogidas de muy diversas fuentes, es la *Historia de las sociedades secretas*, del doctor la Fuente (páginas 408 a 428).
97   Dos de los acusados por este horrible crimen en 1824 quisieron ahorrarse la afrenta de la muerte en horca envenenándose con opio el día antes del suplicio; otro se abrió las venas de los brazos y del cuello. Durante la tiranía del conde de España en Barcelona menudearon también los suicidios entre los liberales. En los años 1828 y 1829 hubo hasta diecisiete, algunos con circunstancias horribles. La frecuencia relativa de este abominable crimen, apenas conocido antes en España, no es uno de los menores indicios de la deca-dencia del sentimiento religioso y del imperio que un grosero materialismo iba ganando en las almas.

las cárceles y reproducidas las matanzas dantonianas en las personas del padre Osuna y de otros cinco realistas presos; que otro tanto aconteció en Orense; que uno de los primeros actos de Riego en su desdichada expedición de agosto de 1823 fue apoderarse en Málaga de la plata de las iglesias y, finalmente, que la anarquía militar y populachera más feroz se entronizó por todos los ámbitos de la Península, verdadero presidio suelto en aquellos días. Atroces fueron las represalias de los anticonstitucionales entonces mismo y sobre todo después; atroces y abominables; pero ¿a quién toda la primera culpa? ¿Quién puede tirar la primera piedra?[98]

Instigadores de tan brutales excesos eran las sociedades secretas, ya muy hondamente divididas. El triunfo las hizo salir a la superficie y aun contradecir a su nombre y objeto, dando toda la posible publicidad a sus operaciones e influyendo ostensiblemente en los gobiernos, cuyas candidaturas se fraguaban en sus logias. La masonería había hecho la revolución, y ella recogió los despojos; pero ¿cómo había de poder contentar todas las ambiciones ni premiar a todos los suyos con pingües y honoríficos empleos, que les diesen participación en el manejo de la república? De aquí el descontento y al fin el cisma. El estado de la sociedad en 1820 lo describe así uno de los principales afiliados:[99] «La sociedad secreta determinó seguir unida y activa, siendo gobierno oculto del Estado, resuelta al principio a ser auxiliar del Gobierno legal, pero llevada en breve, por impulso inevitable, a pretender dominarle y a veces a serle contraria. Poco varió la sociedad su planta antigua. Fue adoptado en ella el sistema de representación o electivo. Madrid vino a ser la residencia del cuerpo supremo (Grande Oriente), director o cabeza de la sociedad entera. Componíanle representantes de los cuerpos llamados capítulos, constituidos en los tribunales de provincia, y compuestos de representantes de los cuerpos inferiores repartidos en diferentes poblaciones, o en los regimientos del ejército, que los tenían privativos suyos, siendo de ellos, a la par con los oficiales, uno u otro sargento... Estaba formado el gobierno supremo oculto, si oculto puede llamarse uno cuya existencia es sabida y nadie trata de encubrir, de personajes de tal cual nota y cuenta. Del

---

98   El autor anónimo y ferozmente anticlerical de la *Historia de Fernando VII* lo reconoce (tomo 3, página 32): «No es fácil atinar cuál de los dos partidos extremos cometía más excesos y derramaba más bárbaramente la sangre de sus hermanos».
99   Alcalá Galiano, *Recuerdos* (páginas 367 a 420).

primer Ministerio constitucional a que dio nombre Argüelles, ni uno solo era de la sociedad... hasta después de cumplirse el segundo tercio de 1820. Pero tenía en el mismo cuerpo asiento el conde de Toreno, ilustre ya por más de un título, si bien a la sazón mero diputado a Cortes... Estaba asimismo en él don Bartolomé GALLARDO... Predominaba, con todo, en el gobierno de la sociedad, como en ella entera, el interés, más que las doctrinas, de los hombres de 1820, los cuales comenzaban a llamarse así por lo mismo que su interés iba siendo otro que el de los hombres de 1812».

Estalló al fin la discordia que paró en proscripción o expulsión de muchos de los antiguos, especialmente del conde de Toreno, si bien, predominando luego el espíritu conservador entre los francmasones, tuvieron por bien algunos de los ministros, especialmente Argüelles y Gil de la Cuadra, entrar en el gremio, siquiera no pasasen nunca de los grados inferiores

Disgustó a muchos de los Hermanos y aun les pareció cobarde flaqueza esta transacción con el Poder, y desde entonces comenzaron a mirar de reojo los ritos y ceremonias de la antigua sociedad, que se les antojaba ya cosa aristocrática y conservadora. Y como hubiese oído a GALLARDO, que entonces figuraba entre los descontentos y hacía raya por lo exaltado, la especie de que convenía fundar una sociedad de carácter español y castizo, en que todo fuese acomodado a los antiguos usos, libertades y caballerosidades de nuestra tierra, sin farándulas humanitarias ni fraseologías del rito caledonio, acordaron disfrazarse de comuneros y vengadores de Juan de Padilla; no de otra suerte que los masones, retrotrayendo más allá sus erudiciones históricas, se proponían, y siguen proponiéndose, vengar la soñada muerte de maestro de obras del templo de Salomón a manos de sus aprendices. De la misma manera, se parodió todo: las logias se llamaron torres, a las cintas verdes sustituyeron las moradas; el Gran Oriente se trocó en Gran Castellano; en las reuniones se ostentaba sobre una mesa una urna con ciertos huesos, que decían ser de Padilla; en el acto de la recepción, el aspirante se cubría con una rodela, y en ella recibía la estocada simbólica. Parecieron renacer los tiempos de don Quijote, convirtiéndose en realidad, aunque con harta menos poesía, las imaginaciones del gran novelista. Dividíase la Confederación en comunidades, y éstas en merindades, subdivididas luego en castillos y fortalezas, con sus respectivos alcaldes, plazas de armas y cuerpo de guardia, compuesto de diez lanzas. Otras siete defendían la empalizada y el rastrillo. El aspirante, con los ojos vendados, se acercaba a las obras exteriores del castillo y *El Centinela* le preguntaba: «¿Quién es?», y respondía el comunero que hacía de padrino: «Un ciudadano que se ha presentado con bandera de parlamento a fin de ser alistado». Y replicaba *El Centinela*: «Entregádmele y le llevaré al cuerpo de guardia de la plaza de armas». En tal punto, oíase de súbito una voz que mandaba echar el puente levadizo y cerrar los rastrillos, lo cual se hacía con grande estrépito de hierros cadenas. Aterrado así el pobre neófito, entraba en el cuerpo de guardia (parodia de la sala de las meditaciones), henchida toda de viejas y mohosas armaduras traídas de la prendería más cercana; algunas de ellas ensangrentadas y con ciertos letreros que infundían respeto a las virtudes cívicas. Allí continuaba sus propósitos de alistamiento, logrando de tal suerte penetrar, conducido por el alcaide en la sala de armas, donde el presidente, quitándole al fin la venda, le dirigía en voz teatral y campanuda estas palabras. «Acercaos y poned la mano extendida sobre este escudo de nuestro jefe Padilla y con todo el ardor patrio de que seáis capaz pronunciad conmigo el juramento que debe quedar grabado en vuestro corazón para nunca jamás faltar a él: juro ante Dios y esta reunión de caballeros comuneros guardar solo y en unión con los confederados, todos nuestros usos, fueros, costumbres, privilegios y cartas de seguridad, y todos nuestros derechos, libertades y franquezas para siempre jamás. Juro impedir solo y en unión con los confederados, por cuantos medios me sean posibles, que ninguna corporación ni persona, sin exceptuar al rey o reyes que vinieren después, abusen de su autoridad ni atropellen nuestras leyes, en cuyo caso juro, unido a la Confederación, tomar justa venganza… Juro, imitando a los ilustres comuneros de la batalla de Villalar, morir primero que sucumbir a la tiranía o a la opresión. Juro, si algún caballero comunero faltare en todo o en parte a estos juramentos, el matarle luego que le declarase la Confederación por traidor, y, si yo faltare a todo o parte de estos mis juramentos, me declaro yo mismo traidor y merecedor de ser muerto con infamia y que se me cierren las puertas y rastrillos de todas las torres, castillos y alcázares, y para que ni memoria quede de mí, después de muerto, se queme me y las cenizas se arrojen a los vientos.» Acto continuo, hacía cubrirse al candidato con la rodela vieja, que llamaban escudo de Padilla, y, mientras el alcalde le calzaba las espuelas y le ceñía la espada en son de armarle caballero, no de otra guisa que el ventero al ingenioso hidalgo, endoctrinábale, entre benévolo y severo, con tales consejos y advertimientos: «Ese escudo de nuestro jefe Padilla os cubrirá de todos los golpes que la maldad os aseste si cumplís con los sagrados juramentos que acabáis de hacer; pero, si no los cumplís, todas estas espadas no solo os abandonarán, sino que os quitarán el escudo para que quedéis al descubierto y os harán pedazos en justa venganza de tan horrendo crimen». A su vez, el capitán de llaves le ponía en la mano izquierda el pendón morado de la Confederación y le decía: «Este es el invencible y glorioso pendón empapado en la sangre de Padilla. *La Patria* y toda la Confederación espera de vos que imitéis a aquel héroe, muriendo antes de consentir sea ultrajado por ningún tirano este glorioso estandarte».[100]

Por muy increíble que parezca que tal cúmulo de sandeces, digno de Félixmarte de Hircania o de Cirongilio de Tracia, hayan cabido en cerebros de hombres sanos, es lo cierto que, burla burlando, la comunería llegó a contar en 1822 más de cuarenta y nueve torres y de diez mil afiliados en toda España, que se distinguían por la exaltación y la violencia, y a quienes se debieron muchas de las más escandalosas fechorías de aquel período, siquiera los masones, para evitar la deserción en sus filas, procurasen rivalizar con ellos en intransigencia, mamarrachadas y barbarie, como a su vez lo hicieron inmediatamente después los realistas, aunque por opuesto estilo. Contra lo que pudiera esperarse, GALLARDO no formó parte de la nueva sociedad, sino que continuó en

---

100 Con tal charlatanismo y falta de misterio procedieron los comuneros, que nada hay más común que sus papeles.

Véanse, sobre todo, los siguientes:

—*Constitución de la Confederación de Caballeros comuneros, y reglamento para el gobierno interior de las fortalezas, torres y castillos de todas las merindades de España, con algunas notas que, aunque no se pusieran, no por eso dejaría de irlas haciendo a sus solas el lector* (Madrid 1882, en la Imprenta de *El Imparcial*, 4. 1, 50 páginas) (las notas son burlescas y de algún enemigo de la comunería).

—*Estatutos, Reglamento y Código de la Confederación de CC. Españoles* (sin año, pero se sabe que fue impreso en 1822), 8.º, 122 páginas (con una lámina que representa el sepulcro de Padilla y varios comuneros guardándole). Estos Estatutos difieren en alguna cosa de los anteriores.

Manifiesto de la asamblea constituyente de comuneros españoles constitucionales a todos los comuneros (Madrid, Imprenta de Repullés, 1823).

Véanse, además, los numerosos documentos coleccionados por don Vicente de la Fuente en el tomo 3 de sus *Sociedades secretas* (n.º 16 a 26).

la antigua, celoso de que los comuneros le hubiesen robado su pensamiento y enojado con sus disparates arqueológicos. Fueron cabezas de los comuneros el viejo magistrado Romero Alpuente, aquejado de la manía de emular a Robespierre y autor de la célebre frase: «La guerra civil es un don del cielo»; Moreno Guerra, otro personaje extravagantísimo, caballero andaluz, muy dado a la lectura de Maquiavelo, a quien citaba inoportunamente a cada paso, orador risible e incoherente; el brigadier Torrijos; un oficial de Artillería llamado Díaz Morales, que pasaba por loco y por republicano; el famoso don José Manuel Regato, espía doble, vendido a Fernando VII y a la revolución, Mejía, que redactaba el soez y chabacano Zurriago, principal órgano de la secta, y quizá Flórez Estrada y algunos otros. Recibía la sociedad su mayor fuerza de los elementos militares con que contaba, y especialmente de la inclinación marcada, luego adhesión absoluta, de Riego. Mezcladas y aliadas con las torres de comuneros, aun, que con flaco poder y escaso número y distinguiéndose solo por la mayor perversidad, hubo ventas de carbonarios, importadas de Italia y difundidas por algunos emigrados napolitanos y piamonteses (Pachiaroti, D'Atelly, Pecchio) en Barcelona y otras partes de Cataluña, en Valencia y Málaga, y hasta en Madrid, donde contribuyó a propagarlas Díaz Morales.[101] El general Pepé, fugitivo de Nápoles, fundó en Barcelona una Sociedad Europea, o cosmopolita, compuesta de italianos refugiados y de algún español oscurísimo y de dudosos antecedentes, la dirigía el abogado piamontés Prina. En Madrid, una sociedad de emigrados franceses trabajaba contra los Borbones de allende; pero ésta no se entendía con los comuneros, sino con la francmasonería. Para mayor desconcierto, y como si nadie acertara entonces a gobernar sino por el tortuoso camino de las sombras y del misterio, hasta a los liberales moderados y enemigos de la anarquía, a los que meditaban una reforma de la Constitución, a los Martínez de la Rosa, Toreno, Felíu y Cano Manuel, se atribuyó el haber formado, bajo la presidencia del príncipe de Anglona, una sociedad semisecreta, que se llamó de Los Amigos de la Constitución, y que nada hizo ni sirvió para nada, siendo

---

101 Ciertos disparatados conatos de república que por entonces hubo en diversas partes de España, por ejemplo, el de los dos emigrados franceses Uxon y Cugnet de Montarlos y el español don Francisco de Villamor en Zaragoza, siendo capitán general de Aragón Riego, parece que han de atribuirse principalmente a la iniciativa de estas sociedades de origen exótico.

apoderada por sus enemigos con el mote de sociedad de los anilleros, por el anillo que como señal para distinguirse usaban sus adeptos.

Qué delicioso estado político resultaría de esta congeries de elementos anárquicos, júzguelo por sí el discreto lector. Hasta a los mismos liberales, a Quintana por ejemplo, llegó a parecerles absurdo el gobernador por los mismos medios que se conspira. Porque, a decir verdad, en aquellos tres años no estuvo el Poder en manos del rey, ni de las Cortes, ni de los ministerios, que, con ser elegidos por las logias (como lo fue el cuasi postrero, el de san Miguel) o supeditados a ellas, como el de Argüelles, renunciaban voluntaria o forzosamente a toda autoridad moral, sino que estuvo y residió en los capítulos masónicos y en las torres comuneras. De ellos fue el repartir empleos y mandos; de ellos, el dictar proyectos de Ley, que luego sumisamente votaban las Cortes; de ellos, el trazar y promover motines, ora en desprestigio del trono, ora en daño de la autoridad de los ministros cuando parecían poco celosos y complacientes; ora en divisiones y luchas intestinas entre sí. A punto llegaron las cosas en 1821 de separarse por largos meses Cádiz y Sevilla de la obediencia del Gobierno central, sin quedar de hecho otra fuerza reguladora allí que la del capítulo masónico, en que llevaba la voz un fraile apóstata, que se hacía llamar Clara-Rosa, uniendo los nombres de dos de sus mancebas.[102] Y no encontró el Gobierno central más medios de restablecer el orden entre los revueltos hermanos que enviarles emisarios de su propia secta y tratar con ellos como de potencia a potencia, interviniendo en ello Alcalá Galiano, que nos ha conservado todos

---

102 De este personaje, ya olvidado, conviene decir algo más. Llamóse en el siglo fray José Joaquín de Olavarrieta. Había vivido mucho tiempo en América y sido procesado por el Santo oficio como sospechoso de mala doctrina. En 1820 apareció en Cádiz, llamándose el ciudadano Clara-Rosa, y fundó un periódico. Alcalá Galiano le califica de «hombre de estragadas costumbres, pocas letras y no común atrevimiento, que en pésimo estilo y sin conocimientos políticos abogaba la causa de las ideas más extremadas». Publicó varios opúsculos impíos, v. gr., *Viaje al mundo subterráneo*, *La concordia en triunfo*. Murió preso en 1822 por un artículo ofensivo a las autoridades dé Cádiz. Su entierro fue una manifestación masónica e irreligiosa. Se amortajó su cadáver con una ropa talar blanca y se le paseó por las calles en féretro descubierto y con el libro de la Constitución sobre el pecho. A los lados iban los liberales de Cádiz con ramos de mirto y de laurel en las manos, mientras la música tocaba himnos patrióticos. En el cementerio se pronunciaron algunos discursos.

Debo estas notas a don Adolfo de Castro.

los pormenores de este hecho, que, si de lejanas tierras o de remotos siglos se contara, parecería increíble.[103] En Cádiz, la masonería fue arrollada pronto por el superior empuje de los comuneros, que llevaron a sus torres a lo más granado de los antiguos capítulos, descontentos del mal éxito de aquella tentativa federalista.

Hay en la historia de todos los pueblos períodos o temporadas que pueden calificarse de patológicas con tan estricto rigor como en el individuo.[104] Como si no fuera bastante tanta borrachera liberalesca, tanto desgobierno y tanta asonada, las sociedades secretas, que apenas si merecían ya tal nombre, puesto que pública y sabida de todos era su acción eficacísima, encontraron un respiradero más en las sociedades patrióticas, inauguradas en los cafés y en las fondas a imitación de los clubs de la revolución francesa. Lograron, entre todas, mayor nombre y resonancia la de Lorencini, la de san Fernando, la de los Amigos del Orden, más conocida por *La Fontana de Oro*, nombre tomado del café en que se congregaba; la de *La Cruz de Malta*, centro de los anilleros, afrancesados y liberales tibios, y, finalmente, la Landaburiana, más sediciosa y levantisca que ninguna, especie de sucursal de los comuneros, que tomó como causa propia la

---

103 *Recuerdos*, páginas 383 a 420.
104 Nadie ha revelado mejor las ridículas miserias de aquel período que los mismos interesados. «A abrirse las sesiones de nuestro cuerpo, harto, frecuentes —escribe Alcalá Galiano—, se empezaba por lo que se llama despacho ordinario en los cuerpos legisladores... Ya una sociedad particular, ya un capítulo de provincias, se quejaba de los comuneros, especificando los agravios que de ellos recibían los nuestros, y aun solía mezclar con la queja otra del Gobierno legal, nuestro hijo y representante, al cual atribuían que favorecía a nuestros enemigos, los hijos de Padilla, harto más de lo debido. Es un escándalo (nos hacía presente una sociedad) que el empleo tal (y citaba uno, a veces no muy alto ni de grande influjo en los negocios) haya sido dado a un comunero, cuando hay aquí hermanos dignísimos que podrían servirle y le han pretendido con éxito desfavorable a su pretensión», etc., etc. (página 404 de los *Recuerdos*).
Esto como muestra de la mendicación masónica. En cuanto al énfasis oratorio, que, juntamente con el furor filarmónico, acaba de caracterizar aquel tiempo, léase el relato que el mismo Galiano hace de su embajada, en nombre del Gran Oriente español, ante los comuneros: «Lleno yo de entono, me presenté haciendo el papel de legado romano que intimaba al Senado cartaginés que se decidiese sin demora por la paz o la guerra, o el de Argante haciendo la misma intimación a los cruzados presididos por Godofredo; y no se tenga por pedante esta cita, porque llevaba yo en la mente los lances a que me refiero para acomodarlos disparatadamente a la ocasión en que me veía» (página 409).

venganza de la muerte del oficial de la Guardia Real don Mamerto Landaburu, asesinado por los realistas en 30 de junio de 1822.[105] En Cartagena hubo otra sociedad con el gráfico título de *Los Virtuosos Descamisados*. En tales tribunas peroraron y se hicieron famosos los Romero Alpuente, Galiano, Jonama, Gorostiza y otros que antes o después y por mejores títulos, alcanzaron no vulgar fama. Sobre todo, Alcalá Galiano, orador genial y poderoso, dio gallarda muestra de sí aun en las gárrulas e insensatas declamaciones de La Fontana.

Todo este desconcierto venía a reflejarse en la prensa periódica, donde todas las facciones y sociedades secretas tenían algún eco o spiráculo. Éranlo de los masones: *El Espectador* (dirigido por don Gabriel José García y don José de san Millán, con quienes algunas veces colaboraba don Evaristo san Miguel), *El Constitucional, El Redactor español, El Grito de Riego* (en Cádiz), *El Indicador* (en Barcelona), *El Centinela* (en Valencia). Análogos matices ostentaban *La Aurora, El Constitucional, La Libertad, La Ley, El Correo Liberal, El Independiente, El Sol*. Llevaban la voz de los comuneros: *El Tribuno, El Eco de Padilla, El Conservador* (así dicho en burlas), *El Zurriago* (cuya literatura se cifraba en el insulto personal y descocado, lo cual le dio grande éxito y fama), *La Tercerola, El Patriota, El Diario Constitucional* (de La Coruña).

En esta especie de torneo periodístico llevaron la palma los afrancesados, así por la mayor cultura del estilo como por el más exacto conocimiento de las formas constitucionales de otras naciones y de los principios del Derecho político. Sus periódicos son los menos insulsos y mejor hechos, especialmente *El Imparcial*, que dirigió Burgos; *La Miscelánea, El Universal* (en que trabajaron Cabo-Reluz y el montañés Narganes) y *El Censor*, que redactaban Hermosilla, Miñano y Lista, con poca originalidad en la parte política, traduciendo muchas veces, sin decirlo, a publicistas franceses de la escuela doctrinaria, y aun de otras más radicales, como Comte, Dunover, Sav y el mismo St. Simón.[106] La colección entera forma 17 tomos.

Vario y contradictorio y muy digno de notarse fue el papel de los afrancesados en aquellos disturbios. Quintana le describió con áspera veracidad en

---

105 Presidió esta sociedad, con el título de moderador del orden, el diputado Romero Alpuente.

106 Véase Hubbard, *Littérature contemporaine en Espagne*, París, Charpentier, 1876 (detestable libro), página 89.

sus *Cartas a lord Holland*:[107] «Con estos esfuerzos combinaron, los suyos ciertos escritores, que, aunque al principio favorables a la causa de la libertad, se les vio de pronto cambiar de rumbo y ladearse a las opiniones e intereses de la corte. Su celo había parecido siempre muy equívoco, porque, perteneciendo a la clase de los que el vulgo llama afrancesados, sus doctrinas se tenían por sospechosas, y sus consejos, por poco seguros. Es verdad que los afrancesados se hallaban habilitados por la ley, pero era temprano para estarlo todavía en la opinión. Veíase esto bien claro, y mejor ellos que nadie, en la mala acogida que encontraron algunos al presentarse en las juntas electorales y en la poca cuenta que se hacía de ellos para la provisión de los empleos. Ya acibarados así, subió de punto su resentimiento cuando vieron que dos sujetos muy notables de entre ellos, propuestos para dos cátedras de los estudios de san Isidro, de Madrid, fueron postergados a otros que les eran muy inferiores en talentos y en saber. De aquí tomaron pretexto los escritores de su bando para hacer abiertamente la guerra a un Gobierno que así los desairaba y desfavorecía... Hoy atacaban los actos del Gobierno y de las Cortes con el rigor de las teorías, y mañana se mofaban de las teorías, como de sueños de ilusos contrarios a la realidad de las cosas. Su doctrina varia y flexible se prestaba a todos los tonos... Uniéronse al principio con los bullangueros para derribar el Ministerio, y después se han unido con los invasores para derribar la libertad».

A esta grey de excomulgados políticos, descrita de mano maestra por Quintana, pertenecía el doctor don Sebastián Miñano y Bedoya, antiguo prebendado de Sevilla, ingenio castellano de buen donaire, extremado en el manejo de la ironía, como lo patentizan las diez celebérrimas *Cartas del pobrecito Holgazán*, tan leídas y celebradas cuando en 1820 se estamparon por cuadernos sueltos, que de alguna de ellas llegaron a venderse más de 60.000 ejemplares.[108] Las *Cartas* van todas contra el régimen antiguo. Inquisición, jesuitas, diezmos, frailes (lechuzos eclesiásticos los llama), bulas y concesiones pontificias cofradías y hermandades, libros de teología moral..., van pasando por el rasero de un gracejo volteriano refinadísimo (a lo Moratín) bien traducido y con aparente llaneza, al lenguaje de Tierra de Campos. Desdicha fue de Miñano,

---

107 *Obras de Quintana*, edición Rivadeneyra, página 532.
108 Véase estas *Cartas* en el tomo 2 del *Epistolario español* de la Biblioteca de Rivadeneyra (página 603 a 638). Miñano nació en Becerril en 1779 y murió en Bayona en 1845.

aunque providencial y bien merecida, encontrarse al fin de sus días con aquellas terribles Fraternas, en que otro prohombre, de la madera del siglo XVIII, pero más entera y castiza, le anonadó y confundió con la misma especie de gracejo, traducida al manchego o al alcarreño.

Por lo demás, así primores de estilo como cuestiones de doctrina suelen estar bien ausentes de aquella prensa de los tres años, donde solo se disputan el campo la diatriba personal y el soporífero panegírico de las instituciones vigentes. El Sol de la libertad, la aureola de la justicia, las bestias uncidas al férreo carro de la tiranía, el látigo del déspota y otras figuras retóricas así, gastadas y marchitas, son las únicas hierbas que en aquel erial crecen.

¡Y cómo no, si la literatura científica era pobrísima hasta un grado increíble! Único alimento de aquella juventud entontecida con frenéticas declamaciones tribunicias eran los peores libros franceses del siglo XVIII, ya en su original, ya en las traducciones de Marchena, ya en otras que públicamente se imprimían, siendo el artículo constitucional letra muerta ara impedir la propaganda irreligiosa. No tanto Voltaire como los más vulgares y menos literarios enciclopedistas, el barón de Holbach (de quien corrían en castellano *La moral universal*, *Los tres impostores*, *El sistema de la naturaleza* y el *Ensayo sobre las preocupaciones*, traducido este último por don José Joaquín de Mora); el *Origen de los cultos*, de Dupins; *Las ruinas*, de Volney; *La religiosa*, de Diderot, y hasta libros de cuerpo de guardia, como *El citador* y las novelas de Pigault Lebrun, la *Guerra de los dioses*, de Parny, y el *Faublas*...; en una palabra, lo más afrentoso en que se ha revolcado el entendimiento humano, la más indigna prostitución del noble arte de pensar y de escribir, estaban a la moda, y hasta las mujeres los devoraban con avidez, como último término de la despreocupación y última ratio de la humana sabiduría.

¡Y qué filosofía la de entonces; nunca ha caído más bajo la ciencia española! No ya el sensualismo de Condillac, sino un materialismo grosero, timo extracto y quintaesencia de la ideología de Destutt-Tracy y de las observaciones fisiológicas de Cabanis, era la filosofía oficial en nuestras escuelas. Reinoso dio en la Sociedad Económica Sevillana un curso de ideología como preliminar al estudio de la Poética y leyó allí mismo un discurso sobre la influencia de las bellas letras en la mejora del entendimiento.[109] La doctrina de uno otro es positivista cruda: «El saber humano comienza en los fenómenos, en los hechos. Comparar los hechos entre sí, examinar sus relaciones..., esto es la ciencia... Todas las operaciones voluntarias del hombre tienen origen en sus deseos, todos sus deseos son inspirados por alguna necesidad. Recibe una sensación, una impresión, que le complace o le mortifica, la juzga buena o mala de poseer... siente la falta o necesidad de adquirir la sensación agradable y de dejar la penosa: lo desea y se pone en movimiento para conseguirlo... Utilidad es un nombre correspondiente a necesidad y sinónimo de placer... Bien es lo mismo que placer, así como mal es el dolor. Bueno y útil se dice de lo que produce un placer más radical y permanente...».

De la misma suerte, Hermosilla, en su *Gramática general*[110] comienza tomando por texto estas palabras de un naturalista: El universo no nos presenta más que materia y movimiento, y funda en la idea del movimiento material, aplicado luego por traslación a las ideas abstractas, su teoría sensualista del verbo activo, en oposición a la teoría ontológica del único verbo ser, profesada por los aristotélicos. En cuando al origen del lenguaje, se declara por la onomatopeya: «El hombre formó, imitando del modo posible los movimientos que veía y los ruidos que escuchaba, ciertas palabras..., y como observó también que de estos movimientos de los otros cuerpos le resultaban a él mismo ciertas impresiones, es decir, otros movimientos verificados en la superficie exterior de su cuerpo, notando, v. gr., que la presencia del Sol le causaba cierta modificación que nosotros llamamos calor (¿y por qué?) y el contacto de la nieve la que intitulamos frío, dijo también: «El Sol calienta, la nieve enfría».

¡Y este libro fue señalado como texto único de filosofía del lenguaje, no ya por los revolucionarios del 20, sino por la Inspección de estudios, en tiempo del rey absoluto Femando VII!

Del mismo grosero empirismo rebosan todos los tratados de entonces, en especial los que salían de la decadente Universidad de Salamanca.

---

109 Sevilla, por Aragón y Compañía, 1816. Del *Curso de Humanidades* solo se conocen los capítulos publicados en el tomo 6 de la antigua *Revista de Madrid*. El *Plan ideológico de una poética* está manuscrito.

110 *Principios de gramática general*, por don José Gómez Hermosilla. Segunda edición. Madrid, en la Imprenta Nacional, 1837; 8.º VIII + 245 páginas (el autor dice en el prólogo que la *Gramática* estaba escrita desde 1823).

Los *Elementos de verdadera lógica*, de don Juan Justo García, catedrático de Matemáticas en aquellas aulas y diputado a Cortes por Extremadura en los años 20 y 21, no son más que un compendio fidelísimo y literal de la Ideología de Destutt-Tracy, con quien el autor estaba en correspondencia. «No se extrañe —dice en el prólogo— que en una obra que versa sobre las facultades intelectuales del alma no haya un tratado en el que se explique su espiritualidad, su inmortalidad, la cualidad de sus ideas y el cómo las forma separada del cuerpo. Yo me persuado a que su ilustre autor (Tracy, a quien va compendiando), que no ha tenido en toda ella otra guía que la observación y la experiencia, falto de estos auxilios, se ha abstenido de tratar estas materias en que se hallaba privado absolutamente de datos sobre qué discurrir. Creerá por la fe la existencia del alma, su espiritualidad, su inmortalidad; pero, como filósofo, se propuso hablar solo del hombre, deduciendo de los hechos que en él observó el sistema de sus medios de conocer; creyó que era una temeridad formar hipótesis y aventurar aserciones sobre el alma separada del cuerpo, en cuyo sistema de ideas ni hay hechos que puedan apoyarlas ni aun palabras significativas con que se pueda hablar de ellas.»[111]

Al mismo orden de ideas, aunque impresa mucho después, en tiempos en que era forzoso disimular más, tanto que el autor tuvo que encabezarla con una *Prenociones fisiológicas sobre el alma del hombre y la existencia de Dios* (vaguedades espiritualistas que no quitan a la obra su fondo empírico y utilitario) pertenecen los *Elementos de filosofía moral*,[112] del padre Miguel Martel, catedrático de Ética en Salamanca y diputado en la misma legislatura que García. Aunque Martel difiere de Reinoso en no tener por sinónimas las voces placer y bien, pues solo estima bueno el placer conforme al orden, conviene con él en dar origen físico a todos nuestros sentimientos e ideas (página 49).

---

111 *Elementos de verdadera lógica*. Compendio, o sea, *Extracto de los Elementos de ideología* del senador Destutt-Tracy, formado por el presbítero don Juan Justo García, Catedrático jubilado de Matemáticas en la Universidad de Salamanca, Diputado por la Provincia de Extremadura a las Cortes ordinarias de los años 1820 y 21 (Madrid, Imprenta de don Mateo Repullés, 1821), 8.º XX + 365 páginas.

112 *Elementos de filosofía moral*, por don Miguel Martel, prebendado de la santa iglesia de Salamanca y catedrático jubilado de filosofía moral en la universidad de la misma, Tercera edición (la primera es muy anterior). Madrid, Compañía general de impresores y libreros, 1843; 342 páginas.

Con no menos desenfado se ostenta el sensualismo en el *Sistema de la moral o teoría de los deberes*, de don Prudencio María Pascual, y en el *Arte de pensar y obrar bien, o filosofía racional y moral* (Madrid 1820), cuyo autor se escondió tras las iniciales D. J. M. P. M. Su doctrina es la del más absoluto relativismo, si vale la frase. «Lo hermoso —dice por ejemplo— no puede menos de colocarse en línea de seres relativos, lo mismo que lo feo, pues no gradúandose uno y otro más que por impresiones de sensación gustosa o de disgusto..., no resultan iguales en todos, sino con relación al orden particular de sus órganos.» Para encontrar estética más ruin habría que buscarla en los perros.[113]

Digno complemento de esta filosofía era la moral y la política utilitaria de Bentham, cuyas doctrinas legislativas, conocidas por medio de su traductor Dumont, habían puesto en moda los afrancesados, especialmente Reinoso, que las cita con loor en el *Examen*. Otro afrancesado, el famoso catedrático salmantino don Ramón de Salas, procesado por el Santo oficio en tiempo de Carlos IV, emprendió, juntamente con otro profesor de la misma escuela llamado Núñez, la tarea de comentar y vulgarizar los *Principios de legislación civil y penal* (Madrid 1821), del padre de los utilitarios ingleses. Gracias a ellos aprendieron nuestros jóvenes legistas que «la felicidad consiste en una serie o continuación de placeres, es decir, de sensaciones agradables, que el hombre desea y busca naturalmente; de manera que la felicidad no es otra cosa que el placer continuado... El hombre feliz será, pues, el que, consagrándose a las ciencias, a las artes, a las sociedades amables, llene con los placeres del espíritu los vacíos que dejan las necesidades naturales y se forme necesidades ficticias proporcionadas a sus medios».[114] Enseñóles asimismo Bentham, por boca del ciudadano Salas, que «no pueden establecerse los deberes de la moral hasta después de haber

---

113 Cuán persistente fue la influencia del sensualismo entre nosotros, aun sin llegar a tales extravíos, bien lo denuncian otros libros muy posteriores, obra alguno de ellos de católico piadosísimo, como sin duda lo era el egregio agustino cordobés fray José de Jesús Muñoz Capilla, autor de *La Florida*; extracto de varias conversaciones habidas en una casita de campo inmediata a la villa de Segura de la Sierra, por los años de 1811 y 1812, que forman un tratado elemental de ideología, lógica, metafísica, moral, etc., para uso y enseñanza de la juventud, por el ex reverendo padre maestro fray José de Jesús Muñoz, de la Orden de san Agustín, obispo electo de Gerona (Madrid 1836, Imprenta de don M. de Burgos).

114 Tomo 1, página 248 y 249.

conocido la decisión del legislador»,[115] y que aun entonces «se ha de mirar si hay más peligro en violar la ley que en seguirla y si los males probables de la obediencia son menores que los de la desobediencia». ¿Quién habla de justicia absoluta, ni de deberes eternos, ni de imperativos categóricos? «La ley sola es la que convierte en delitos algunos actos que, sin esto, serían permitidos o indiferentes.»[116] De donde deduce el comentador Salas consecuencias que hubieran dejado estupefacto a Bentham, v. gr., el siguiente silogismo.[117] «Toda ley crea una obligación; toda obligación es una limitación de la libertad, y, por consiguiente, un mal. Toda ley, pues, sin excepción, es un atentado contra la libertad.»

El comento de Salas resulta siempre sobrepujando en tercio y quinto al original inglés por lo que hace a inmoralidad teórica y materialismo. «Sea lo que quiera del bien y el mal moral —dice en un pasaje—,[118] en último análisis, todos los bienes y males son bienes y males físicos, así los que afectan al alma como los que afectan al cuerpo. A la verdad, siendo el alma un ser espiritual, no se percibe bien cómo puede ser físicamente afectada en bien o en mal, ni cómo puede recibir las impresiones que producen el placer y el dolor... Lo cierto es que hay en el hombre una facultad, a que se ha dado el nombre de alma, como se la pudo dar otro, y que esta facultad goza y padece, y esto basta para lo que Bentham se propone..., abandonando las disputas interminables sobre la esencia de las dos sustancias que componen, según dicen, al hombre.»

En suma: «La naturaleza ha puesto al hombre bajo el imperio del placer y del dolor, a ellos debemos todas nuestras ideas; de ellos nos vienen todos nuestros juicios y todas las determinaciones de nuestra vida... El principio de la utilidad lo subordina todo a estos dos móviles... Toma las palabras placer y pena en su significación vulgar y no inventa definiciones arbitrarias para excluir ciertos

---

115 Tomo 1, página 145.
116 Tomo 1, página 214.
117 Páginas 217 y 218.
118 Página 26, tomo 1.

placeres o para negar la existencia de ciertas penas... Cada uno es juez de su utilidad».[119]

¡Y para enseñar estas infamias, a cuyos autores hubieran expulsado de sus muros las antiguas repúblicas griegas, como arrojaron a Teodoro el ateo o como expulsó Roma a Carneades; para corromper en la raíz el alma de los jóvenes, haciéndoles creer que «los términos justo e injusto, moral e inmoral, bueno y malo son solo términos colectivos que encierran la idea de ciertos placeres y de ciertas penas, fuera de lo cual nada significan»; para borrar hasta la última

---

119 Salas fue autor también de unas *Lecciones de derecho público constitucional*, en cuatro volúmenes. Su desvergonzado utilitarismo ha sido, y aun no sé si continúa siendo, filosofía oficial en las escuelas de algunas repúblicas americanas, especialmente de la Nueva Granada, o Colombia. Contra esta enseñanza deletérea lidió gallardamente con las armas de la razón y del sentimiento el insigne poeta colombiano José Eusebio Caro (Véase *Sobre el principio utilitario enseñado como teoría moral en nuestros colegios, y sobre la relación que hay entre las doctrinas y las costumbres*, memoria escrita en 1842 e inserta en sus *Obras escogidas*) (Bogotá, Imprenta de *El Tradicionalista*, 1873), páginas 96 a 129.

La boga de Bentham entre nuestros jurisconsultos duraba aún por los años de 34 a 37. Entonces se tradujeron: *Principios de legislación y codificación extractados de las obras del filósofos inglés Jeremías Bentham...* (Madrid, Jordán, 1834), tres tomos 8.º

—*Tratado de los sofismas...* (Madrid, Amarita, 1834).

—*Tratado de las Pruebas judiciales...* (Madrid, Jordán 1835), dos tomos 8.º

—*Teoría de las penas y de las recompensas...* (Barcelona, Sauri, 1838), dos tomos 4.º

—*Cárceles y presidios, aplicación de la panóptica de Bentham...* (Madrid, Jordán, 1834), un, tomo 8.º Los traductores fueron por el orden que van citados sus libros: don Francisco Ferrer y Valls; un anónimo; don José Gómez de Castro, don, lib. B. y don Jacobo Villanueva y Jordán. La *Táctica de las asambleas legislativas* fue también puesta en nuestro idioma por D. F. C. de C. (Madrid, Jordán, 1835).

Hubo por los años del 20 al 23 una verdadera inundación de traducciones de libros de derecho natural y de gentes de derecho constitucional, casi todos de mala o sospechosa doctrina.

Tales fueron: *Instituciones de derecho natural y de gentes*, escritas en francés por M. R. Las publica para uso de la juventud española, con notas y un apéndice de política, don Marcial Antonio López (Madrid, Imprenta de la Compaña, 1821), dos tomos 8.º El mismo López tradujo el *Curso de política constitucional*, de Benjamín Constant (Madrid 1820). Poco a poco empezaban a infiltrarse entre nosotros las ideas doctrinarias, a la par que iban cayendo en descrédito las utopías del *Contrato social*, del cual, no obstante, hay edición castellana de 1820 (Madrid, Imprenta de Repullés). Todavía los liberales que volvieron, el año 34 no le habían arrumbado del todo.

noción del derecho natural y entronizar el más monstruoso egoísmo, sin reliquia de dignidad ni sombra de vergüenza, se invocaba, como siempre, la libertad de la ciencia![120] Y de hecho la otorgó amplísima el plan de estudios de 29 de junio de 1821, copia todo él del que habían trazado en Cádiz Quintana y sus amigos el año 1813 por encargo de la Regencia. Semejante plan fue trazado para acabar con los últimos restos de la vieja autonomía universitaria y organizar burocráticamente y de nueva planta la función de la enseñanza, todo sobre principios abstractos y apriorísticos, sin respeto al medio social ni a la historia.[121] [122] Sucumbieron por el nuevo plan algunas de las antiguas escuelas, además de las once que mandó cerrar Carlos IV, y pasó a Madrid por vez primera, con título de Central, la de Alcalá de Henares, inaugurando los estudios Quintana en 7 de noviembre de 1822 con un pomposo elogio del espíritu del siglo XVIII y una retórica andanada contra los antiguos visitadores de las universidades, «semejantes a aquellos fanáticos feroces que con el hierro y el fuego abatieron las arboledas de la Academia, destruyeron el Pórtico y el Liceo y derrocaron los altares de la filosofía en la sinventura Atenas».

---

120 Dígase algo de la discusión del Código penal, promulgado en 8 de junio de 1822.

121 Formaron parte de esta Comisión de Enseñanza, juntamente con Quintana, Vargas Ponce, Clemencín, Tapia, Navas y Gil de la Cuadra. El discurso preliminar escrito por Quintana es trozo notabilísimo, y en muchas cosas, digno de elogio (Véase *Obras de Quintana*, edición Rivadeneyra, página 175 a 197, donde también está el discurso inaugural de la Universidad de Madrid).

122 Hay en estas *Bases generales de la enseñanza pública*, que por penuria de fondos no llegaron a regir del todo, y que fueron completamente relegadas al olvido por la desatentada reacción absolutista de 1824, verdaderos adelantos y mejoras así en lo que toca a la difusión de la instrucción primaria, mandándose establecer escuelas públicas en todos los pueblos que llegasen a cien vecinos, como en la secundaria, para la cual se establecieron las llamadas universidades de Provincias, análogas a los modernos institutos; y en la superior, donde, además de aumentarse las escuelas, entonces harto escasas, de medicina, cirugía y farmacia, se crearon otras de lengua arábiga, de comercio, de astronomía y navegación, de veterinaria, agricultura, música y artes del diseño, y además de una escuela politécnica y una Academia Nacional de todas las ciencias, al modo del Instituto Francés. El gran defecto de este plan estuvo no solo en su espíritu afrancesado y centralizador, sino en no haber contado sus autores con los pocos recursos económicos de que podían disponer. Por lo cual vino a ser una de tantas brillantes improvisaciones administrativos que se quedan en el papel y solo sirven para acreditar el talento y el buen celo de sus autores.

Como si no bastasen tantos elementos de trastorno en la enseñanza, vegetaba también, aunque oscuramente, y tenido por cosa rancia y sin uso, conforme la irreligiosidad avanzaba y se iba haciendo más franca, el antiguo jansenismo de los Villanuevas y Espigas (patrocinado en las aulas de san Isidro y en las academias de Derecho eclesiástico por el catedrático Lumbreras) y el galicanismo del arzobispo Amat.[123] Apasionado éste de las doctrinas de Bossuet en su *Declaración del clero galicano*, había estampado en 1817, con el seudónimo de Don Macario[124] Padua Melato, ciertas *Observaciones pacíficas sobre la potestad eclesiástica*, libro de apariencias moderadas, pero cuyo intento no era otro que probar la absoluta independencia de ambas potestades, o más bien el predominio de la temporal y civil, so color de combatir el sistema de la potestad indirecta de Belarmino y las doctrinas de los antiguos canonistas, que concedían a los papas el poder de deponer a los reyes y alzar a los súbditos el juramento de fidelidad.[125] La lectura del libro *Del papa*, de José de Maestre, hizo salir de

---

123 Durante la guerra de la Independencia había sido tildado de afrancesado, tanto por no haber rehusado el obispado de Osma, para el cual le nombró el rey José, como por el libro que en 1813 publicó en Madrid con el título de *Deberes del cristiano en tiempo de revolución hacia la potestad pública; o principios propios para dirigir a los hombres de bien en su modo de pensar, y en su conducta en medio de las revoluciones que agitan los imperios*; libro que conspira por lo religioso al mismo fin que el *Examen*, de Reinoso, por lo político. En el *Diario de Madrid* de 16 de junio de 1808 había hecho insertar el Gobierno intruso un edicto de Amat exhortando a sus feligreses del Real Sitio de san Ildefonso a desistir de la resistencia contra los invasores. Verdad es que las opiniones políticas del buen abad cambiaban a merced de las circunstancias. Así es que en 14 de agosto del mismo año, después de la primera retirada de los franceses, publicó una *Carta pastoral* muy patriótica, con motivo de los felices sucesos de las armas españolas y de haberse retirado del país las tropas enemigas.
124 Traducción exacta de su nombre Félix. Padua Melato es anagrama de Amat de Palou.
125 *Observaciones pacíficas* sobre la *Potestad Eclesiástica*, dadas a luz por don Macario Padua Melato. Parte primera. Con licencia, año MDCCCXVII. Barcelona: en la Imp. de Tecla Pía, viuda; 4.º, 318 páginas.
—Parte segunda. Con licencia, año MDCCCXIX (Barcelona, en la Imprenta de Pla). Este tomo se divide en cinco cuadernos, impresos en aquel año y en el de 1820; 4.º, 547 páginas.
—Parte tercera o tomo tercero, que comprende los Apéndices, las Notas y correcciones del autor; la carta séptima a Irénico y los índices de títulos y abecedario del mismo tomo (Barcelona 1822, Imprenta de Pla) (se imprimió también en forma de cuadernos; 4.º, 456 páginas + 30 de la carta a Irénico y los índices sin foliar).

quicios al arzobispo de Palmira, pequeño adversario para tan formidable atleta, y, encastillado en su Bossuet o avergonzándose de desaprender de viejo lo que de mozo le habían enseñado (*et quae didicit puer, senex perfenda fateri*), emprendió combatirle, pero no de frente, prolongando indefinidamente su obra en una serie de cuadernos sueltos, cuyo tono y sabor citramontano se iban acentuando más conforme arreciaba la tormenta política. Así se formó la enorme balumba de las *Observaciones pacíficas*, que entre 1820 y 1822 sirvieron muchas veces de texto a los reformadores de las Cortes, como que el autor entona ditirambos a la libertad de imprenta, defiende sin rebozo que la potestad civil tiene el mismo derecho para disponer de los bienes eclesiásticos que de los seculares, ataca la infalibilidad personal del papa y la transmisión inmediata de toda la jurisdicción eclesiástica al solo romano pontífice, afirmando, al modo de los doctores parisienses, que la potestad soberana de la Iglesia reside en el episcopado, puesto que la plenitud del sacerdocio cristiano reside en los obispos. De aquí que solo conceda autoridad jerárquica a los concilios generales y particulares, teniendo por delegada la del papa, lo mismo que la de cada obispo en su diócesis, sin más diferencia que la de extenderse la primera al cuerpo todo de la Iglesia. En este sistema, estrictamente galicano, viene a ser el papa, como heredero del misterio general apostólico, supremo defensor y ejecutor de los cánones de la Iglesia universal, consistiendo el principal derecho de su primacía en congregar y presidir los concilios generales. Amat llega hasta proponer ciertas variaciones en la disciplina de la Iglesia de España, pero aconseja que en ellas se proceda con gran moderación y pausa:

—*Seis cartas a Irénico*, en que se dan claras y distintas ideas de los derechos del hombre y de la sociedad civil, y se desvanecen las del contrato que se finge como origen o fundamento necesario de toda soberanía, para hacerla dependiente de la reunión de los súbditos. Por don Macario Padua. Con licencia, año 1817 (Barcelona, Imprenta de la viuda de Pla), 4.º, 260 páginas.

—*Apología católica de las Observaciones Pacíficas* del ilustrísimo señor arzobispo de Palmira, don Félix Amat, sobre la potestad eclesiástica y sus relaciones con la civil. Aumentada con algunos documentos relativos a dichas *Observaciones*, y en defensa y explicación de la Pastoral del obispo de Astorga de 6 de agosto de 1842 (Madrid 1843, Imprenta de Gómez Fuentenebro), 4.º, LXVI + 47 páginas.

—*Consideraciones sobre la apología católica...* por don Jaime Balmes, en el tomo 3 de su revista *La Sociedad* (página 277 a 348). Todos estos documentos deben tenerse en cuenta para el estudio de esta cuestión.

130

tal es el matrimonio como contrato; tal es la cuestión de las dispensas, dando siempre por supuesto que la autoridad civil puede poner impedimentos dirimentes al matrimonio; tal la confirmación de los obispos por el metropolitano, tal la abolición de ciertas reservas pontificias. No quiere atropellar las reformas, ni aun las patrocina de frente, pero se complace en guarnecer a la potestad civil con todo género de armas, amonestándole solo que las use con cautela; que no suprima de raíz el diezmo, porque su abolición sería un semillero de pleitos y escandalizaría a los pusilánimes, sino que saque de él todo el provecho posible en favor de la Real Hacienda; que quizá las Cortes no han acertado en suprimir ahora los monacales, porque tal vez las cosas no estaban maduras, y podía sacarse más provecho de sus bienes gravándolos con impuestos que vendiéndolos; pero que, una vez hecho, ya no hay más sino acatar la ley con respetuosa y confiada obediencia, porque «la nación española nunca querrá que su Iglesia sea esclava o privada del derecho de adquirir o poseer».

No conozco en el mundo moderno papel más triste que el de estos teólogos mansos y conciliadores (mucho más triste cuando autorizan y realzan su persona la mitra y el roquete) que bajan a la arena cuando más empeñada arde la lid entre el Cristo y las potestades del infierno, y, en vez de ponerse resueltamente del lado del *vexillum regis*, se colocan en medio, con la pretensión imposible de hacerse oír y entender de unos y otros, de sosegar los contrarios bandos, de casar lo blanco con lo negro y de llegar a una avenencia imposible con la revolución, que, anticristiana por su índole, acaba por mofarse siempre de tales auxiliares después de haber aprovechado y mal pagado su servicios.

La deslucida obra de Amat contristó a los católicos, sin que su afectada moderación contentase tampoco a los liberales, que no echaban en olvido que el autor de las *Cartas a Irénico*, tan constitucional ahora, había impugnado acérrimamente en 1817 el *Contrato social*, la *Soberanía del pueblo* y los derechos primitivos ilegislables.

Examinadas las *Observaciones pacíficas* por la Sagrada Congregación del *Índice romano*, la obra resulto prohibida *in totum* por decreto de su santidad León XII en 26 de marzo de 1825. Antes de llegar a este paso, el nuncio, Monseñor Giustiniani, había exigido de Amat una retractación clara y explícita, que el arzobispo se negó a firmar, insistiendo en su tema y dando largas al asunto. Esto es todo lo que se saca en claro del fárrago de documentos y correspondencias publicados por su sobrino con intención de vindicarle, sin más efecto que mostrar cuán lejano anduvo el teólogo de Sallent de la admirable docilidad de Fenelón, a quien decía haberse propuesto por modelo. Tercamente aferrado a su parecer, con esa terquedad y reconcentrado orgullo que suele ser condición, aún más que de hombres violentos, de hombres en apariencia suaves y moderados, persistió hasta la muerte en su inobediencia, encargando a sus sobrinos que desmintiesen todo rumor de retractación. En su lugar veremos cómo lo cumplieron y cómo volvió a recrudecerse esta desdichada cuestión. Por de pronto, sus albaceas imprimieron en 1830 otro libro póstumo de Amat, intitulado *Diseño de la iglesia militante*, especie de resumen de las *Observaciones*, que fue, igualmente que ellas, prohibido en Roma.[126]

En más bien abierta hostilidad con la Santa sede se colocó el tantas veces memorado don Joaquín Lorenzo Villanueva, a quien pertenecen las *Cartas* de don Roque Leal, exposición del sistema jansenístico sobre disciplina externa y apología de todas las reformas intentadas o llevadas a cabo por las Cortes. De la buena fe del libro da muestra el epígrafe, que era un trozo adulterado de una decretal del papa Gelasio.[127] A los reformadores satisfizo tanto, que no vacilaron (¡absurdo inaudito en otra tierra que no fuese la moderna España!) en enviar a Villanueva de embajador a Roma, como si la corte romana hubiera de recibir ni aceptar nunca con tan alta investidura a un clérigo díscolo, turbulento y cismático. El resultado fue como podía esperarse. Aun no había llegado Villanueva a Turín, cuando se le intimó la orden de no penetrar en los Estados pontificios. Empeñóse nuestro ministro de Estado en que pasara, y el cardenal secretario de Estado en no admitirle, y Villanueva tuvo que volverse a España, desahogando su impotente furor en un opúsculo escrito en versos muy malos, que llamó *Mi despedida de la curia romana*. Desde entonces no conoció límites ni freno, y rayando casi con los términos de la herejía, escribió, uno tras otro,

---

126 Se imprimió primero en latín con este título: *Ecclesiae Iesuchristi Iconographia sive militantis Ecclesiae a Filio Dei homine facto institutae adumbratio: quae Ecclesia super Divi Petri confessionem constructa, aedificium ese divinum, supernaturale, semper visible, et umquam tempore destruendum ostendilur.* Auctore ilustrísimo Don Felice Amat, Archyepiscopo Palmyrensi. Barcinone, typis Ioaquim Verdaguer, 1830; 8.º Hizo esta traducción don Agustín Torres, catedrático de letras humanas en la Universidad de Cervera y después canónico de Vich.
127 Véase *Colección eclesiástica española*, tomo 7, páginas 21 y tomo 13, página 142.

diversos folletos, que habrían sido incendiarios si alguien le hubieran interesado entonces, ya próxima a caer la Constitución, los negocios canónicos. Tales fueron su *Dictamen sobre reforma de casas religiosas*, otro sobre celebración de un concilio nacional, sus *Discursos sobre las libertades de la iglesia española*, su *Incompatibilidad de la monarquía universal y de las reservas de la curia romana con los derechos y libertades políticas de las naciones*,[128] muchos de los cuales no llegaron a imprimirse, porque antes cayó aquel efímero desgobierno, hundido más bien por sus propios delirios que por las bayonetas de los cien mil hijos de san Luis.

Olvidábaseme advertir, aunque por sabido o fácil de adivinarse se pudiera callar tratándose de un Gobierno de aquellas calendas, que, poco antes de aquella catástrofe, el ministro español que había cometido el primer dislate de enviar a Villanueva de plenipotenciario a Roma no dejó de cometer el segundo, dando, como en desquite, los pasaportes al nuncio y cortando las relaciones con Roma en 23 de enero de 1823.[129]

III. Reacción de 1823. Suplicio del maestro deísta Cayetano Ripoll en Valencia. Heterodoxos emigrados en Inglaterra: Puigblanch, Villanueva. Literatura apologética durante el reinado de Fernando VII (Amat, Ajo Solórzano, Vélez, Hermosilla, Vidal, traducciones de apologistas extranjeros, etc.)

En los diez años de monarquía absoluta, llamados por los liberales década ominosa, la reacción política, con todo su fúnebre y obligado cortejo de venganzas y furores, comisiones militares, delaciones y purificaciones, suplicios y palizas, predominó en mucho sobre la reacción religiosa, por más que las dos parecieran en un principio darse estrechamente la mano. Comenzóse por anular todos los actos de las pasadas Cortes, restituyendo sus diócesis a los obispos expulsos, sus conventos a los religiosos proscritos, sus diezmo a la Iglesia. Cuando

---

128 Véase *Colección eclesiástica española*, tomo 2, página 137 y el apéndice del tomo 14 de la misma Colección.

129 Ya por decreto de las Cortes de 17 de abril de 1821 se había mandado cesar toda prestación de dinero a Roma con motivo de bulas de arzobispados y obispados, dispensas matrimoniales y cualesquiera otros rescriptos, indultos o gracias apostólicas, si bien en el art. 2.º se ofrecía, como ofrenda voluntaria a la santa sede, la cantidad anual de 9.000 duros sobre las señaladas en anteriores concordatos.

Fernando VII entró en Madrid, ya toda esta obra de reparación había sido cumplida por la Junta de Regencia que establecieron el duque de Angulema y los guerrilleros realistas.[130] Lo que ellos dejaron por hacer, lo llevó a término el primer ministro universal del rey, su confesor don Víctor Sáez, que trocó luego su alto puesto por el de obispo de Tortosa.

Desde entonces, la tarea de Fernando VII consistió más bien en refrenar que en alentar el entusiasmo popular. Los voluntarios realistas habían llegado a infundirle pavor, y aquella malicia democrática, y aun demagógica, del absolutismo le quitaba el sueño no menos que la malicia nacional de los liberales. Comenzó a mirar con desconfianza y tedio a sus más acrisolados servidores, a los más fieles adalides del altar y del trono, y, divorciado cada vez más del sentimiento público, no acertó a restaurar la tradicional y venerada monarquía española,[131] sino a entronizar cierto absolutismo feroz, degradante, personal y sombrío, de que fue víctima la Iglesia misma, ofendida con sacrílegas simonías y con alardes de regalismo y retenciones de bulas. Con esto y con dar favor a banderas desplegadas y entrada o intervención manifiesta en sus consejos a los afrancesados y a sus afines, los amigos del despotismo ilustrado, tan discípulos de la Enciclopedia como los legisladores de Cádiz, acabó por sublevar los

---

130 Formaron esta junta, que tomó posesión en 26 de marzo de 1823, el duque del Infantado, el de Montemar, el barón de Eroles, el obispo de Osma y don Antonio González Calderón, haciendo de secretario don Francisco Tadeo Calomarde.

131 Tan lejos estuvo de respetar lo poco que restaba de las antiguas libertades patrias, que, antes al contrario, hizo alarde de conculcar sus reliquias en el decreto de 17 de octubre de 1824, aboliendo el sistema electivo para cargos municipales. Este decreto empieza con las siguientes incalificables palabras: «Con el fin de que desaparezca del suelo español hasta la más remota idea de que la soberanía resida en otro que en mi real persona, con el justo fin de que mis pueblos conozcan que jamás entraré en la más pequeña alteración de las leyes fundamentales de esta monarquía, encargué al Consejo me consultase lo conveniente a evitar la popularidad en las elecciones de justicia y de ayuntamiento, teniendo presentes las diversas costumbres autorizadas por su largo uso y ordenanzas particulares. Y el Consejo, considerando que no era necesario ver ni examinar estos usos, costumbres y ordenanzas, ni conveniente el hacerlo por el tiempo que se perdía en adquirir semejantes noticias...», etc.

134

ánimos del partido tradicionalista neto, lanzándole a la segunda guerra civil, la de 1827 en Cataluña, llamada guerra *dels mal contents* o de los agraviados.[132] [133] Había sido empeño del monarca no restablecer la Inquisición, a pesar de los numerosos memoriales que pidiéndola se le dirigieron, y corren impresos,

---

132 Tengo por fábula risible la Sociedad del Ángel Exterminador, que se supone presidida por el obispo de Osma.

133 A modo de programa de este partido, se había impreso a fines de 1826 un *Manifiesto* que dirige al pueblo español una Federación de realistas puros sobre el estado de la nación y sobre la necesidad de relevar al trono al Infante don Carlos.

El Gobierno, por órgano del ministro Calomarde, prohibió en 26 de febrero de 1827 la circulación de este escrito, atribuyéndole a tramas de los liberales emigrados.

La historia de esta sublevación está todavía envuelta en muchas oscuridades. Hubo empeño en que lo estuviese todavía más, ahogándola brutalmente en sangre, como se ahogaban las conspiraciones de los liberales. Ni la complicidad del infante don Carlos ni la del ministro Calomarde resultan hasta ahora probadas con evidencia. El primero pudo consentir en que se pusiese su nombre como bandera, aunque de un modo vergonzante; pero de ahí no hubo de pasar por sus loables escrúpulos de conciencia. El segundo hizo el mismo papel tornadizo y sospechoso de falsía que en otros momentos de su carrera política; pero su interés estriba en no comprometerse mucho.

La insurrección del 27 tuvo carácter evidentemente clerical o, como malamente suele decirse, teocrático. Para explicarla no hay que soñar con misteriosas conspiraciones y sociedades secretas, siendo tan popular el impulso que le dio vida y tan notoria la falta de dirección y concierto que en ella hubo, y que esterilizó los poderosos elementos con que contaba.

Como sucede no rara vez, en tales casos, muchos de los que empuñaron entonces las armas en nombre de la reacción más exaltada estaban muy lejos de distinguirse por su fervor religioso ni loor la austeridad de sus costumbres; y tomaron parte en la empresa más como malcontentos, es decir, como antiguos guerrilleros realistas agraviados o morti- ficados por la exigua recompensa que a sus servicios había dado Fernando VII, que como confesores de la fe. Baste decir que el más famoso de estos cabecillas, José Bussons (más conocido por Jep dels Estanys), fusilado en Olot el 13 de febrero de 1828, se resistió hasta última hora a recibir los auxilios espirituales y recibió a bofetadas al primer sacerdote que se le acercó, acusándole a él y a los demás clérigos de haberle arrastrado a aquel trance. Era Bussons un antiguo contrabandista, que se jactaba de haber estado durante el trans- curso de su vida en dieciocho cárceles distintas.

Otro cabecilla llamado Llobet murió impenitente y sin querer recibir los auxilios espirituales

a sí de cabildos, universidades y monasterios como de ciudades[134] y concejos, y aun de generales, como el vencedor de Bailén. Quizá temía el prestigio de la Inquisición entre las masas; quizá se consideró obligado con las potencias extranjeras, con la misma Santa alianza, que exigían el acabamiento del Santo oficio como galardón del apoyo que a Fernando habían prestado.[135] No obstante, en algunas diócesis se restableció anárquicamente, con título de Juntas de Fe, y la de Valencia ejerció por última vez la prerrogativa inquisitoria de relajar un reo al brazo seglar. Era el tal reo un catalán maestro de escuela, llamada Cayetano Ripoll, a quien su desgracia había llevado preso a Francia en la guerra de la Independencia y puéstole en ocasión de escuchar malas conversaciones y leer peores libros, de donde resultó perder la fe, cayendo en el deísmo rusoyano, al cual se sentían inclinado más que al volterianismo por ser hombre de sentimientos humanitarios y filantrópicos, tanto que en la misma cárcel repartía su vestido y su alimento con los demás presos. A los niños de su escuela no les inculcaba más doctrina religiosa que la existencia de Dios, ni más doctrina moral que el decálogo, única parte del catecismo que explicaba. Se hicieron esfuerzos increíbles para convertirle, pero nada venció el indomable, aunque mal aprovechado tesón de su alma, y murió impenitente en la horca el 31 de julio de 1826; último suplicio en España por causa de religión. El Gobierno

---

134 Entre ellas la de Barcelona, en cuya representación se leen frases tan feroces como éstas: «Los liberales han hecho alarde de blasfemar del nombre del Eterno con una impiedad que tal vez no tiene ejemplo... Para ellos no queda más arbitrio que la severidad y el suplicio. Los delitos de que están cubiertos los han puesto fuera de la ley social y el bien común clama por su exterminio. El excesivo odio que los sectarios han manifestado siempre al Tribunal de la Inquisición y su empeño un desacreditarle son indicios que patentizaban lo mucho que estorba sus planes la existencia del Tribunal de la Fe; por esto cree el Ayuntamiento que sería necesario su restablecimiento».
135 Chateaubriand, en un despacho de 17 de enero de 1824 al marqués de Falarn, embajador de Francia en España, decía: «No permitiremos que las proscripciones deshonren nuestras victorias ni que las hogueras de la Inquisición sean altares levantados a nuestros triunfos».

de Fernando VII reprobó todo lo hecho mandando cesar en sus funciones a la llamada Junta de Fe.[136]

---

[136] Don Salustiano Olózaga, en sus *Estudios de elocuencia, política, jurisprudencia, historia y moral* (Madrid, san Martín y Jubera, 1964), trae un largo artículo sobre el suplicio de Ripoll, con el título de *Un ahorcado en tiempo de Fernando VII por sus opiniones religiosas* (páginas 349 a 373).

Ripoll ejercía su magisterio en la huerta de Ruzafa; había sido miliciano nacional en Valencia y estudiado cuando mozo algunos años de teología. Dicen que le delató una beata porque él no llevaba los muchachos a misa ni los hacía arrodillarse cuando pasaba el viático y porque había desterrado de su escuela el Ave María purísima, sustituyéndole con el Alabado sea Dios. De la causa resulta que daba en ojos a la gente de la huerta por no asistir a misa ni aun en días de precepto y que huía del santísimo cuando le encontraba por la calle. Trece testigos declararon contra Ripoll, el cual fue encarcelado por autor del gobernador de la mitra, don Miguel Toranzo y Ceballos, en 29 de septiembre de 1824. El fiscal propuso que un teólogo docto le instruyese en los fundamentos de la religión, y el teólogo nombrado, después de un coloquio con el reo, declaró que «la ignorancia del Ripoll en materias religiosas era crasísima y acompañada de gran soberbia de entendi- miento y apego al propio dictamen».

Declarado Ripoll hereje contumaz en virtud de sus propias confesiones, aun así dilató dos años la Junta de Fe el relajarle al brazo seglar, con la esperanza de que alguien le convirtiera entre tanto; pero, frustrados todos los medios de catequesis, hubo de pasar los autores en 30 de marzo de 1826 a la Sala del Crimen de la Audiencia de Valencia.

La Audiencia revisó el proceso, pidió a Solsona la fe de bautismo de Ripoll, examinó diez nuevos testigos, y el 29 de junio dictó sentencia, conforme en todo con la petición del fiscal y con la letra de la ley de Partida, condenando a Ripoll a pena de horca, como hereje dogmatizante y pervertidor de la tierna niñez.

Los términos literales del fallo son éstos: «Que debe condenar a Cayetano Ripoll en la pena de horca, y en la de ser quemado como hereje pertinaz y acabado, y en la confis- cación de todos los bienes; que la quema podrá figurarse pintando varias llamas en un cubo, que podrá colocarse por manos del ejecutor bajo del patíbulo ínterin permanezca en él el cuerpo del reo, y colocarlo después de sofocado en el mismo, conduciéndose de

La enseñanza[137] se reformó en virtud del plan de 1824 llamado vulgarmente de Calomarde, por más que su verdadero autor fuese el padre Martínez, de la Orden de la Merced, obispo de Málaga. Ni es ciertamente obra que deshonre

---

este modo y enterrándose en un lugar profano; y por cuanto se halla (el reo) fuera de la comunión de la Iglesia católica, no es necesario se le den los tres días de preparación acostumbrados, sino bastará se ejecute dentro de las veinticuatro horas, y menos los auxilios religiosos y demás diligencias que se acostumbran entre cristianos».

Por lo visto, la Sala del Crimen de la Audiencia de Valencia excedía en bárbaro rigor a la llamada Junta de la Fe, a pesar de ser la Audiencia un tribunal laico y que juzgaba conforme a leyes civiles.

Ripoll murió con estoica entereza; sus últimas palabras fueron: «Muero reconciliado con Dios y con los hombres».

Caso de impenitencia semejante al de Ripoll fue el del masón Antonio Caro, ahorcado en Murcia el 7 de marzo de 1826, de quien refiere la *Gaceta de Madrid* del jueves 23 de marzo de 1826 que «salió de la cárcel blasfemando y diciendo tales palabras, que no se pueden referir sin vergüenza; y, a pesar de haberle puesto una mordaza, repetía como podía: "¡Viva mi secta, viva la Constitución masónica!...". Así fue arrastrado a la cola de un caballo hasta el patíbulo... Por más diligencias que han hecho los sacerdotes de todas clases, no han podido conseguir que siquiera pronuncie los nombres de Jesús y María... Después de muerto se le cortó la mano derecha», etc., etc.

Los que conocieron a Ripoll en Valencia le pintan como hombre de gallarda figura y de pelo largo y tendido, lo cual entonces se juzgaba distintivo de los francmasones.

Después de escrito lo que antecede he leído otra relación de testigo presencial en la *Miscelánea religiosa, política y literaria*, de don Gaspar Bono Serrano (Madrid, Aguado, 1870), páginas 379 a 393. El señor Bono Serrano, que estuvo al pie mismo del patíbulo, desmiente muchos pormenores del relato de Olózaga. Ni las últimas palabras de Ripoll fueron las que éste dice ni hubo empeño en condenarle, sino en salvarle a todo trance con pocas muestras de arrepentimiento que hubiera dado. Para ello agotaron sus esfuerzos el padre Lorenzo Ramos, rector de los Escolapios, y fray Félix Guillén de san José, carmelita descalzo del convento de san Felipe. Ripoll no había sido miliciano, sino oficial del ejército; pero la reacción del 23 le dejó en situación de indefinido o impurificado. Su religión era un puro deísmo. Reducía su moral al principio Alteri ne feceris quod tibi non vis, que continuamente traía en los labios. Tenía, a su modo, gran confianza en Dios y acostumbraba repetir con quietismo oriental esta frase: La voluntad de Dios se cumplirá. Creo en Dios fueron sus últimas palabras. Murió a los cuarenta y ocho años.

137 Por real cédula fechada en 21 de julio de 1824, se había declarado sujetos a purificación a todos los catedráticos y demás individuos de los establecimientos literarios del reino, quedando, desde luego, separados los que hubiesen pertenecido a la milicia nacional voluntaria.

a su autor, aunque peque de raquítico, como todo lo que entonces hacían los españoles de una y otra cuerda. La enseñanza teológica se organizó bien, pero con excesivo rigor tomista en la cuestión de la gracia.[138] Del derecho canónico se excluyeron el *Van-Espen*, el Lackis y el Cavallario, sustituyéndolos con el Devoti y el Berardi. Pero ni todo esto ni las prácticas religiosas a que por el mismo plan se sujetaba a los estudiantes bastaron a impedir la depravación creciente de la juventud universitaria, ya por espíritu de resistencia, ya por dejos y resabios del pasado, desorden, ya porque heredasen fe padres y maestros, a pesar del diligente cuidado que se puso en expugnar las cátedras, la infección moral del siglo XVIII, ya por la abundancia de malos libros que, bajo el manteo sigilosamente, circulaban. A punto llegaron las cosas en 1830 (cuando el viento de la revolución de julio en Francia vino a alentar las marchitas esperanzas de nuestros liberales, que se arrojaron a entrar por el Pirineo, aunque con ningún éxito, comandados por Mina y Chapalangarra) de conspirarse casi públicamente en las universidades, a cuya sombra florecían las logias,[139] viéndose obligado el Gobierno de Calomarde a la desatentada providencia de cerrar las aulas por dos enteros cursos académicos; muestra de flaqueza más que de intolerancia,

---

138 El art. 47 del plan dice textualmente: «En las explicaciones no se desviarán los catedráticos un solo ápice de la doctrina de la Iglesia, y señaladamente en las célebres controversias de la gracia..., las explicarán conforme a los principios de san Agustín, a quien siguió fielmente santo Tomás».

139 Del estado de nuestras aulas en 1830 habla así un testigo presencial y fidedigno: «Las universidades mayores eran ya en 1830 focos de infección moral a pesar de los esfuerzos de los rectores. La masonería hacía estragos entre los estudiantes. La mayor parte de los legistas eran liberales y fueron los adalides de la revolución desde 1833. Apenas leían libro bueno, y circulaban entre ellos con profusión y clandestinamente los libros malos. El de *Las ruinas de Palmira* era uno de los menos malos que circulaban entre los de Alcalá... Las comuniones en los días de la Concepción y de san Fernando eran un semillero de sacrilegios escandalosos. La severidad de los catedráticos y la asistencia de todos los cursantes de quinto año a la cátedra de religión hacían hipócritas, pero no católicos. De libros obscenos y de inmoralidad, no se hable...» (don Vicente de la Fuente, *De la enseñanza tomística en España*, Madrid, imprenta a cargo de don reverendo padre Infante, 1874, página 15).

de la cual se aprovecharon grandemente los emigrados para cargarle con los dicterios de oscurantista y enemigo de las luces.[140]

---

140 Las sociedades secretas continuaron en actividad, o, como en la jerga masónica se dice, no abatieron sus columnas aun después de 1823, a despecho de la formidable oposición de los voluntarios realistas. En 14 de agosto de 1824 fueron detenidos en Palma de Mallorca dos agentes enviados de Gibraltar para entenderse con las logias de la isla. Prendióse de resultas a varias personas, y uno de ellos, llamado Valdés, que había intentado suicidarse en la prisión, entregó a las autoridades de Palma un cajón lleno de instrumentos, insignias, listas, diplomas, fórmulas de juramento y planes de la hermandad masónica.•

Las logias más importantes y trabajadoras y las que sostenían más relaciones con los emigrados parecen haber sido las de Cádiz, Barcelona y Cartagena.

El ridículo *Calendario civil para el año 1827*, de que a su tiempo hablaremos, da noticia de dos ahorcados por delito de masonería: don Gregorio Iglesias, en Madrid el 24 de septiembre de 1825, y don Antonio Caro, en Murcia, en 1826.

En 1825 fue descubierta en Granada una logia de siete adeptos, que se reunían en un carmen no lejano de la Alhambra. El jardinero los delató, y fueron sorprendidos por el juez Pedrosa en ocasión en que recibían a un adepto. Sin darles tiempo ni para quitarse los mandiles fueron conducidos a la cárcel en medio de la rechifla popular y ahorcados a los pocos días.

Dos años después, en junio de 1827, fue descubierta otra logia, y en ella el marqués de Cabriñana con otros afiliados. Pero esta vez el rey los indultó, y desde entonces nadie subió al patíbulo por delito de masonería. Los mismos alcaldes de casa y corte solían avisar con tiempo a los hermanos para que se pusiesen en salvo y no se dejaran coger in fraganti. Pocas veces se les aplicaron los decretos de 17 y 21 de agosto de 1825 con tanto rigor como a los conspiradores políticos, de que no incumbe tratar aquí.•• En Gibraltar había un Gran Oriente masónico y una hermandad comunera, muy frecuentada por los contrabandistas andaluces, que servían de intermediarios con las logias de Alicante, Málaga, Almería y Cádiz.

Uno de los puntos del programa de la sublevación de los apostólicos en Cataluña el año 27 era «la extinción de las sectas» y «el restablecimiento del santo tribunal de la Inquisición, con exclusión de los jansenistas que en él había».

De las sociedades secretas de los realistas no he encontrado ningún documento serio, y sigo considerándolas como un mito.

• Calendario del obispado de Málaga para el año de 1827, por don Francisco Martínez Aguilar.

•• Véase la Fuente, *Sociedades secretas*, páginas 463 a 476.

Si quitamos a Blanco White y a Calderón, cuyas vicisitudes se narrarán en capítulos siguientes, los españoles refugiados en Inglaterra no publicaron libro alguno religioso o irreligioso que de contar sea. Escribieron, sí, de amena literatura y de política palpitante, y, sobre todo, se destrozaron unos a otros en recias invectivas y folletos. El canónigo Villanueva, que por algún tiempo pareció estar a dos dedos del protestantismo, si es que no penetró en él aquejado por la miseria, tradujo la *Teología moral*, de Palay[141] y los *Ensayos*, de Gurney[142] y se puso a sueldo de la Sociedad Bíblica para trasladar al catalán, o, como él decía, al valenciano, el *Nuevo Testamento*.[143] Después imprimió su *Vida literaria*,[144] libro de infantil vanidad y a la par verdadero libelo contra el papa y la curia romana. Pero hízole tropezar su mala suerte con otro emigrado más heterodoxo que él y más maldiciente, pedante indigesto, pero bueno, aunque caprichoso gramático, comunero y liberal exaltadísimo en las Cortes del 1822, hombre de extraña catadura y avinagrado genio, estudiantón petulante, algo orientalista y envuelto siempre en gran matalotaje de apuntamientos; única hacienda suya, puesto que llegaba su pobreza y su extravagancia hasta tener que componer él mismo, a guisa de cajista, las feroces diatribas con que cada día molestaba a sus compañeros de emigración, especialmente a Villanueva y a su editor Salvá. Contra ellos disparó el libro de los *Opúsculos gramático, satíricos*,[145] inverosímil

---

141 Cita esta versión Blanco White en su *Despedida a los americanos* (*Variedades o Mensajero de Londres*), tomo 2, página 299; 1 de octubre de 1825.

142 *Ensayos sobre las pruebas, doctrinas y operación práctica del Cristianismo*. Josef Juan Gurney. Traducidos al español por el doctor J., lib. Villanueva... Londres: Imprenta de John Hill... 1830; XVI + 461 páginas (libro cristiano, pero de ninguna comunión determinada).

143 Véase Puigblanch, *Opúsculos*..., tomo 1 (páginas CI y CII).

144 *Vida literaria de don Joaquín Lorenzo Villanueva, o Memoria de sus escritos y de sus opiniones eclesiásticas y políticas, y de algunos sucesos notables de su tiempo, con un apéndice de documentos relativos al Concilio de Trento*, Londres, J. Masintosh), 1825; dos vols. 8.º

145 *Opúsculos gramático-satíricos del doctor don Antonio Puigblancb contra el doctor don Joaquín Villanueva, escritos en defensa propia, en los que también se tratan materias de interés común...* Londres, Imprenta de Guillermo Guthrie, dos tomos 8.º El primero, de CLX + 212 + 38 + 5 hojas sin foliar; el segundo, de XLV + 334 (continúa la segunda foliatura del tomo 1), desde la 216 a la 550, + 27 sin foliar. (Las señas bibliográficas de estos dos volúmenes son tan estrafalarias como todo lo demás; su contenido es el siguiente: *Prólogo con morrión*.
    —Visita del dómine Gafas al dómine Lucas.

en el siglo XIX, verdadero libro de gladiador literario, que, más que en los anales de la literatura, debe figurar en los del pugilato, al lado de los de Fidelfo, Poggio, Lorenzo Valla, Scalígero y Gaspar Scioppio, o de aquellos yambos de Arquíloco y de Hiponacte que hacían ahorcarse a los hombres. Porque allí no solo quedan por los suelos la reputación literaria y moral de Villanueva, entenebrecidas con imputaciones atroces y quizá calumniosas, tales algunas, que fuera osado y punible intento transcribirlas, sino que, poseído Puigblanch de cierto linaje de hidrofobia, o más bien de antropofágica demencia, muerde y destroza cuanto ve a su alcance: el honor literario de España, el crédito de sus compañeros de emigración, la púrpura regia, la estola sacerdotal, lo máximo y lo mínimo, encarnizándose lo mismo con los capitanes generales comedores de pueblos que con el más inocente transgresor de las leyes gramaticales y pecador en un vocablo. Llega uno a dudar de la sanidad de cabeza de quien tales cosas y tan contradictorias escribió, tropezando en sus propias huellas, infamando a los que pensaban como él y dejándonos hoy, por la misericordia de Dios, datos bastantes para reducir a su talla justa y legítimo nivel muchas reputaciones de aquella época miserable. En cuestiones filológicas suele acertar Puigblanch, y aun ahondar bastante y adivinar cosas que pocos alcanzaban en su tiempo; así, tiene el mérito de haber impugnado, ya en 1828, la tesis de Raynouard, que hace derivar de una lengua románica y común, y no del bajo latín y por distintas formaciones, las lenguas neolatinas. Pero todo lo demás es

---

—*Prospecto de la obra filológica-filosófica intitulada «Observaciones sobre el origen y genio de la lengua castellana».*
—*Catálogo de las obras preparadas del autor.* Parchazo de parcemiqui y tibi-quoque.
—*Falsedades y renuncios del doctor Villanueva en su crítica del prospecto del doctor Puigblanch.* Carta con pretensiones de sátira, que escribió el autor a don José Calatrava.
—*Dos notas volanderas.*
—*Índices.*
—*Correcciones y adiciones.*)
Villanueva estampó contra Puigblanch los siguientes librillos:
Don Termópilo, o defensa del prospecto del doctor Puigblanch. Por Perico de los Palotes. Londres, Carlos Wood e hijo, 1829; 18.º mayor.
—*Carta de don J. L. Villanueva al señor don Antonio Puigblanch.* Londres, Carlos Wood e hijo, 1829; 18.º mayor.
—*Juicio de los opúsculos gramático-satíricos de don Antonio Puigblanch*, por don Joaquín Lorenzo Villanueva, Dublín, Guillermo Powel, 1836; 8.º marquilla.

un atajo de desvergüenzas estrafalarias y de especies desparejadas, sin ilación ni método, tal que parece escrito en un manicomio o al salir de una taberna, y eso que el autor era por extremo sobrio; obra, en suma, rabelesiana y pantagruélica, especie de Satyricón, de olla podrida o de almodrote con mil hierbajos, producidor de indigestión grosera y soñolienta. De religión habla poco, pero se muestra inclinado al «famoso filósofo holandés, ajeno de toda ambición que no fuese el estudio y la enseñanza de la verdad, Benedicto Espinosa; coco de clérigos y frailes, inclusos en los primeros los ministros protestantes» (página 27).[146] De tales doctrinas había hecho, sin duda, amplia explanación en ciertas obras suyas que se quedaron inéditas, o quizá en la mente del filosofante, v. gr., en una titulada El ateísmo refutado por la necesidad de un Dios y por el estado desesperado del ateo.[147] Él no llegaría a escribir la obra, ni de ella hay rastro entre sus papeles, pero a lo menos no quiso privar a la posteridad de la noticia de que «formaría un tomo igual a las Rutinas de Palmira, de Volney», y que en la portada llevaría a modo de emblema, «un globo aerostático en el momento de elevarse, con un barquichuelo pendiente de él, y con un hombre y una mujer, tremolando cada uno una bandera en ademán de saludar a los espectadores». ¡Lástima que la Parca envidiosa nos haya privado del embolismo teológico, pan-

---

146 Además se declara partidario de la absoluta libertad religiosa (página 139 del prólogo), y dice haber escrito sobre este punto a su amigo el mexicano don Pablo Lavalle, exhortándole a que se plantease en las repúblicas americanas. «Es cosa accidental —dice— la religión del Estado..., y la católica presenta obstáculos que no presentan otras.»

147 Además de este libro y de otros muchos que aquí no vienen a cuento, anuncia Puigblanch, como próximos a imprimirse, los siguientes:
La Inquisición sin máscara... Segunda edición, mejorada, en dos tomos en 4.º, a los cuales debían seguir muchos apéndices, conteniendo, entre otras cosas, el edicto en que don Bernardo Sandoval y Rojas y consejeros de la Suprema dieron por nulo todo lo actuado por el Tribunal de Logroño en 1610 contra brujos; documento honrosísimo para el Santo oficio, diga lo que quiera Puigblanch, y monumento de libertad de ánimo, que no tiene igual en la Europa de entonces.
—*Historia crítica de la Orden de los jesuitas, desde su fundación hasta el tiempo presente.* Material como para cuatro tomos, de 500 páginas cada uno.
—*Damnables ficciones, que en materia de escritos y documentos de otras clases ha usado en varios tiempos el clero de España para sorprender al pueblo con título de piedad, precedidas de una breve reseña de otras ficciones semejantes, desde el principio del cristianismo, en varias partes de la cristiandad,* tres tomos 8.º (Versaba, en especial, sobre los libros plúmbeos de Granada, de cuya traducción tenía copia Puigblanch.)

teístico que con tales carteles de charlatán se anunciaban! Compartiría sin duda, con las lucubraciones políticas del doctor Puigblanch sobre la regeneración de España por medio de una confederación de tres repúblicas, que habían de llamarse Celtiberia, Hesperia Occidental y Hesperia Oriental, «poseyendo todas de mancomún la plaza de Ceuta (!!!) e inutilizando el puerto de Barcelona en obsequio a la navegación del Ebro. ¡Cuán injustos son los modernos federales sinalagmáticos con este tan eximio predecesor suyo, cuyo nombre jamás debiera dejar caer de los labios Pi Margall por lo de catalán, por lo de federal y por lo de panteísta!

Fuera de estas aberraciones individuales[148] los refugiados en Somers-town, indiferentes casi todos en materia de religión y dignos algunos de remar en una galera bajo el látigo del cómitre, pensaban más en conspiraciones y en remediar su lacería y penuria que en teologías. Las sociedades bíblicas perdieron el tiempo en catequizarlos repartiéndoles con larga mano nuevos testamentos en lengua castellana y aun en catalán. Algunos emigrados se prestaron a tales farándulas, pero solo como un *modus vivendi*. De la traducción catalana da las siguientes noticias Puigblanch: «Ocurrióle a un emigrado (tengo entendido que se llamaba Plans, aunque Puigblanch no lo dice) proponer a la Bible Society una traducción del *Nuevo Testamento* en aquel dialecto, y para muestra presentó traducido el Evangelio de san Mateo. No sé cómo fue que la Sociedad lo pasó a informe de Salvá... En fin, se le dijo, que se andaba en aquel proyecto —tú que tal dijiste—; y se le puso en la mano la traducción; tú que tal pusiste. Vamos a hacerle la zancadilla al traductor, no en favor del mismo Salvá, sino para el doctor Villanueva, quien a toda prisa borrajeó y metió en hilera una traducción del mismo evangelio... El informe salió cual en aquella materia y en aquellas circunstancias se debía esperar de Salvá, poco teórico y muy especulativo, como escrito por inspiración de Mercurio más que de Minerva; y, habiendo respondido a él el interesado, a quien se pasó junto con la traducción del doctor Villanueva, se pidió por la Sociedad mi parecer, y se me envió el expediente

---

148 Villanueva murió, reconciliado con la Iglesia católica, en Dublín el 25 de marzo de 1837, a la edad de ochenta años. Dejó gran número de obras inéditas, entre ellas un diálogo *De la divina Providencia* (imitación de Los nombres de Cristo), que se conserva manuscrito en la Biblioteca Nacional, y acerca del cual puede verse un informe en el tomo 1, página 2.ª de las *Memorias de la Academia de Ciencias Morales y Políticas* (Madrid, 1861), páginas 329 a 393.

original... Puse mi dictamen, en el que después de hacer patente a la Sociedad la avilantez de Salvá..., pasé a la crítica de ambas traducciones, e hice ver que el doctor Villanueva no sabe si no mal su dialecto nativo» (páginas 101 y 102). A la postre, la traducción del catalán, séase quien fuere, y no la de Villanueva es la que se imprimió.[149]

La literatura apologética de aquellos diez años es casi tan flaca y desmendrada como la revolucionaria, arroyuelos una y otra de las corrientes del siglo XVIII, pero muy empobrecidas así en el color como en la calidad de las aguas. Nada que se parezca al padre Ceballos. Ni siquiera el padre Alvarado encuentra rivales. Con todo eso, algunos libros y autores requieren mención honrosa, si bien rapidísima. Dos impugnaciones principales del *Contrato social* se publicaron. Obra la una del benedicto montañés fray Atilano de Ajo Solórzano,[150] titúlase *El hombre en su estado natural*, y es su intento probar con buena y no trivial lógica, aunque en estilo declamatorio, que no es el salvajismo el estado natural y primitivo de la humanidad, como fantasearen Hobbes y Rousseau, sino que nació el hombre para la sociedad conyugal, patriarcal y civil, como persuaden de consuno la observación psicológica, la tradición y la historia. De paso explana el autor el verdadero y fundamental concepto de la libertad, propugna la indisolubilidad del matrimonio y defiende las excelencias de la forma monárquica sobre todas las de gobierno conocidas. El método es bueno, y la erudición no vulgar, mostrándose el padre Solórzano bastante leído en filósofos, poetas moralistas de la antigüedad, y aun en los dos escritos de Voltaire y otros modernos que con chanza y veras habían impugnado la fantasmagoría del *Contrato social.*[151]

---

149 Libro heterodoxo de este tiempo es también, aunque no se imprimió sino mucho después, el rotulado *España bajo el poder arbitrario de la Congregación apostólica*, tercera edición, por don Pedro de Urquinaona y Pardo. Madrid, 1835. (Imprenta de don E. Fernández Angulo), 4.º, 244 páginas, desaseado conjunto de triviales invectivas contra Roma, revueltas con algunos datos curiosos para la historia de aquellos años.

150 Tales creo que son sus verdaderos apellidos, aunque él se firmaba Debaxo. Era natural de Hazas en Cesto.

151 *El hombre en su estado natural.* Cartas filosófico-políticas en que se discuten y rectifican los principales sistemas, opiniones y doctrinas exóticas de los más célebres filósofos y publicistas modernos acerca del Estado natural y civil, y se demuestra que el verdadero estado natural del hombre es la sociedad, primero, conyugal; segundo, patriarcal; tercero, civil, bajo la paternal autoridad del gobierno monárquico. Con una postdata importante

El padre Ajo juzgó bien su propio libro en dos palabras: «La tela es buena; falta el bordado».[152]

De casi todos los de entonces puede decirse lo mismo; pero falta algo más que el bordado, falta novedad y espíritu propio. El arzobispo Amat, que tenía más de galicano que de liberal, impugnó en las *Seis cartas a Irénico* el libro de los *Derechos del hombre*, de Spedalieri, mitigado expositor de la doctrina del *Contrato*; pero erró casi siempre en los puntos de ataque; empeñado en no reconocer que en caso alguno penda de la libre voluntad de los asociados el conferir de un modo o de otro la autoridad suprema, como si el origen divino de ésta, absolutamente considerada, el *non est enim potestas nisi a Deo*, contradijera en algún modo a la profunda sentencia de nuestros antiguos teólogos: *non quod respublica non creaverit reges, sed quod id fecerit «divinitus» erudita*. El mismo Amat publicó una impugnación de *Las ruinas de Palmira*, de Volney,[153] y otra muy erudita del *Origen de los cultos*, de Dupuis, el agustino cordobés, padre Muñoz Capilla, consumado en el cultivo de muchas disciplinas, especialmente de las ciencias naturales, y maestro, para lo que entonces se acostumbraba, en el manejo de la lengua castellana con cierto estilo manso, apacible y grave; varón, en suma, de buena literatura y que conservaba las tradiciones de

---

sobre la mejor forma de gobierno. Obra útil, especialmente a la Juventud española, a quien la dedica su Autor el padre maestro fray Atilano Debaxo Solórzano, Benedictino, Lector de Sagrada Teología. Con licencia. Valladolid: en la Imprenta de Fernando Santarén. Año de 1819; 4.º XXVI + 392 paginas.

152 Merece recordarse un opúsculo del padre Miro D. José Basa, monje de Santas Creus y vicario general de la Congregación cisterciense de Aragón y Navarra, publicado en Lérida en 1815 con el título de *Soberanía del pueblo*, carta con honores de discurso; por haber sido el primero, que yo sepa, que combatió la falsa tradición histórica del juramento político de los reyes de Aragón (*Nos que valemos tanto como Vos*, etc.). El fondo del escrito se reduce a impugnar el *Contrato social*, de Rousseau, y algunas proposiciones de la *Teoría de las Cortes*, de Martínez Marina. El padre Balsa había impreso en 1814 otro opúsculo sobre las reformas de regulares proyectadas por las Cortes.

153 Felicis Amat Archiepiscopi Palmyreni, ad civilium el religiosarum omnium societatum procuratores intra Palmyrae ruinas congregatos «Meditationes»: quibus impium Volnei super illis commentum funditus evertitur, atque ad cristianae religionis veritatem aditus aperitur. Opus posthumum latine redditum... et ex testamento ipsius evulgatum a Felice Torres Amat. Barcinone, typis, lib. Verdaquer, 1833, superiorum permissu.

su Orden, una de las más doctas y literarias en España, realzada con el diamante de fray Luis de León.[154]

Si nos admira que el padre Muñoz permaneciera tan fervoroso católico y ejemplar religioso, encastillándose al mismo tiempo en el sensualismo cerrado, que rebosa en *La Florida*, donde más que otra cosa asombra el candor con que se afana por concertar con los postulados de espiritualidad e inmortalidad del alma, una doctrina sobre los medios de conocer, tan resbaladiza y anti espiritualista, aun es motivo de mayor admiración ver suscrita una obra contra *El jacobinismo* por el egregio humanista don José Gómez Hermosilla, afrancesado en política, empírico lindante con el materialismo en filosofía y utilitario o benthamista en ciencias morales.[155] De la sinceridad del propósito de Hermosilla, Dios habrá juzgado; de la letra de *El jacobinismo* podemos juzgar todos, ya juzgó el padre Vidal. A él y a todos los realistas de buena ley, el libro les pareció una añagaza: melle sub dulci venena latent. Aunque la conversión del autor, que Quintana llama risible palinodia, hubiera sido de toda sinceridad y no un anzuelo para pescar favores de la corte, muy propicia ya a los servidores de José, el sabor del libro denunciaba a leguas la mala leche filosófica con que había nutrido su organismo literario el autor del *Arte de hablar*.[156] Además, *El jacobinismo* claudicaba por la base y era tan inmoral en el fondo como los comentos

---

154 *Tratado del verdadero origen de la religión y sus principales épocas, en que le impugna la obra de Dupuis, titulada «Origen de todos los cultos».* Precede una disertación sobre la antigüedad del Zodíaco, por el maestro fray José Muñoz, agustiniano, Madrid, 1828, Imprenta de Espinosa, dos tomos 4.º

El padre Muñoz nació en Córdoba en 29 de junio de 1771 y murió en 29 de febrero de 1840. Publicó un *Tratado de la organización de las sociedades*, que no he visto. Léanse noticias de él en Lanteri, *Saecula Augustiniana* (tomo 3, página 293), y en la excelente *Revista Agustiniana*, que se publica en Valladolid (vol. II, n.º 5, 5 de noviembre de 1881). Pronto saldrán a luz obras inéditas del padre Muñoz; su exposición del *Eclesiastés* se ha impreso ya y es una joya.

155 La filosofía práctica de los afrancesados puede decirse que se resume en este párrafo que Hermosilla tuvo la frescura de escribir en 1824: «La aversión a vivir bajo la dominación del populacho... fue lo que... me obligó a preferir un Gobierno de hecho, fuerte y sostenido por bayonetas, al desgobierno de las juntas... Y, aun cuando hubiera sabido que debían ser vencidas las armas francesas, no por eso hubiera salido del país ocupado por ellas» (*El jacobinismo*, tomos 1 a 9).

156 *El jacobinismo*, por don José Gómez Hermosilla (Imprenta de don León Amarita, 1823), tres tomos en 8.º

147

de Salas o el *Examen de los delitos*, de Reinoso. El autor no abomina de los principios del siglo XVIII, al contrario, los acepta, pero no quiere que se atropellen las cosas, ni que las muchedumbres ebrias, desarrapadas e indoctas usurpen el lugar debido a los varones prudentes y de muchas letras. La revolución no es mala porque se oponga a la justicia, sino porque se opone a la utilidad; ésta dicta que las reformas sean prudentes, parciales, graduadas, progresivas y emanadas de la autoridad legítima; el interés mismo de los gobernantes pide que no se obtengan por conmociones populares. Lo que le aterra es la asonada, el mal olor, la sangre, el ruido, el oleaje de las masas hambrientas, no el dogma de la revolución, no el espíritu del mal encarnado en ella, permitiéndolo Dios para cumplimiento de justicias providenciales. Lo único que aparta a Hermosilla de los doceañistas, llamados por él cabezas delirantes y soñadores, es el desprecio que altamente profesa de las teorías de las abstracciones, su horror a los universales, su nominalismo intransigente, su no ver en la ley más que un instrumento de utilidad relativa y precaria, con menoscabo del valor ontológico, sustancial y absoluto del derecho y de la moral.

Por sus fueros volvió gallardamente el padre M. Vidal, dominico de Valencia, en un libro menos conocido que el de Hermosilla, pero más digno de serlo, que tituló *Origen de los errores revolucionarios de Europa y su remedio*.[157] Su doctrina de las leyes es, lo mismo que la del padre Alvarado, doctrina tomista pura, y de ese raudal no enturbiado e irrestañable, saca cuanto dice de los caracteres, de la ley eterna, primera norma o regla de las acciones humanas, suprema razón de la sabiduría divina, en cuanto es directiva de las acciones y moniciones del hombre; rectitud esencial, fija e indefectible. «Sobre la razón humana —dice hermosamente el padre Vidal—, como sobre una hermosísima tabla, esculpió el Hacedor, con caracteres indelebles, unos primeros elementos, un ejemplar, una participación de aquella, su eterna ley y razón.» El padre Vidal es pensador de fuerza y escritor enérgico y preciso, muy superior a su tiempo; ilástima que por odio a la soberanía nacional se aparte tanto del sentir de nuestros Sotos y

---

157 *Origen de los errores revolucionarios de Europa y su remedio*, por el padre fray José Vidal, religioso dominico y catedrático de Teología de la Universidad de Valencia. Con superior permiso (Valencia, Imprenta de Benito Montfort y de Laborda, 1827 y 1829), dos tomos; el primero, de 378 páginas; el segundo, de VIII + 289.

Suárez en la manera de entender el parecer de santo Tomás sobre la trasmisión mediata o inmediata de la potestad civil!

Un curso íntegro de Derecho natural y de gentes que atajase a la vez el progreso de las teorías utilitarias y el de las ya anticuadas del pacto social, nadie pensó en hacerle sino el padre Pedro Texeiro[158] y aun éste dio a la polémica personal y virulenta la mayor parte, con menoscabo de la serena claridad que pide el exponer la verdad, y aun de los fueros majestuosos e imperatorios de la lengua latina, en que, conforme al uso de las escuelas, le plugo escribir, aunque con hartos solecismos. Discípulo en algún modo de Bonald y de Lamennais más que de santo Tomás, cae en los extremos tradicionalistas, y sin atenuaciones defiende que «todo conocimiento y ciencia, así sobrenatural como natural se derivó a los hombres de Adán, instruido por Dios».[159]

Nacían tales novedades, antes rara vez oídas en España, por más que el tradicionalismo filosófico no careciera entre nosotros de precedentes, comenzando por Arias Montano, no de que hubiese invadido súbitamente a nuestros filósofos el menosprecio de las fuerzas naturales de la razón, tendencia que hubiera sido de todo en todo contraria a los generales caracteres de la ciencia española en las pasadas edades, sino el influjo de los libros franceses de la Restauración, que comenzaban a ser traducidos y correr con aplauso gracias a la mediocridad de los últimos apologistas nacionales. De Bonald corría impreso en castellano, desde 1823,[160] el *Ensayo analítico acerca de las leyes naturales del orden social*, y de Lamennais se imprimió en Valladolid, en 1826, el libro de *La religión considerada en sus relaciones con el orden político y civil*. Más adelante, la *Biblioteca de Religión*, protegida por el cardenal Inguanzo, recogió, en veinticinco volúmenes, compilados con exquisito esmero, lo más selecto y reciente que en materias religiosas se había estampado hasta 1825, sin excluir el libro *Del papa*, de José de Maistre, ni las *Conferencias*, de Frayssinous, ni el

---

158 *Instituciones iuris naturae et gentium*, vel sit, Ius naturae et gentium vindicatum a grossissimis erroribus, rusticissimis calumniis, putridissimis contradictionibus, quibus illud heterodoxi homines a saeculo sexiodecimo ad praesens usque deturparunt. Auctore Petro Texeiro don O. A.

—*Superiorem permissu*. Matriti: typis E. Aguado, 1830; 8.º, XIV + 344 páginas.

159 Véase, cap. 7, página 60, *Scientiam atque cognitionem omnem, tam supernaturalem quam naturalem per Adamum a Deo instructum ad cateros derivaris.*

160 Imprenta Real.

Ensayo sobre la indiferencia, de Lamennais, cuyas extremosidades en la doctrina del consenso común se templaron con algunas notas.[161]

Libros originales españoles de aquel tiempo, pocos son acreedores a conmemoración, fuera de los citados. Por la inmensa popularidad que alcanzó y por el cúmulo de noticias históricas que encierra, más que por el estilo, que es vulgar y desaseado, puede traerse a cuento la *Apología del Altar y el Trono*, del capuchino padre Vélez, obispo de Ceuta y arzobispo de Santiago; *Historia de las Cortes de Cádiz*, escrita con mejor intención que literatura, lo mismo que su *Preservativo contra la irreligión*, al cual puso escolios el infortunado cura Vinuesa.[162] Algo más valen la *Filosofía de la religión*, del santoñés Rentería y Reyes, y las dos obras de Cortiñas: *Demostración física de la espiritualidad e inmortalidad del alma* y *El triunfo de la verdad y refutación del materialismo*, a los cuales puede agregarse en último lugar, y usando de mucha indulgencia, *El filósofo cristiano impugnando al libertino*, especie de apología popular, en que su autor, don Francisco Sánchez y Soto, cura párroco del Castañar de Ibor (arzobispado de Toledo), se propuso, imitando y aun plagiando las *Recreaciones*, del padre Almeida, y las *Reflexiones*, de Sturm, elevar los ánimos a Dios por el espectáculo de las criaturas, demostrar la espiritualidad e inmortalidad del alma, fijar en breve compendio la tabla de los deberes humanos,

---

161 Sirve de complemento a esta Biblioteca la *Colección eclesiástica española* (14 tomos 8.º), que dirigieron fray Juan Merino y el señor Carrasco Hernando, obispo de Ibiza.

162 *Apología del Altar y del Trono, o historia de las reformas hechas en España en tiempo de las llamadas Cortes, e impugnación de algunas doctrinas publicadas en la Constitución, diarios y otros escritos contra la Religión y el Estado*. Por el excelentísimo señor don fray Rafael de Vélez, arzobispo de Santiago, caballero gran cruz de la real y distinguida Orden de Carlos III, del Orden de Capuchinos, etc., tomo primero. *Apología del Altar*. Madrid, en la Imprenta de Repullés, año de 1825; 4.º, 480 páginas.

—Tomo 2, *Apología del Trono*, XXVI + 348 páginas. Quiso impugnarle el padre Villanueva, de la Orden de santo Domingo (hermano de don Joaquín Lorenzo), en unas *Observaciones del C., Vern...* sobre la *Apología del Altar y del Trono*, que escribió el ilustrísimo señor don fray Rafael Vélez, obispo de Ceuta (Valencia 1820).

explicar el origen de las sociedades e impugnar diversas supersticiones[163] tan nocivas como la misma incredulidad.

Todo esto no constituye, a decir verdad, una gran literatura católica, y el no ver en tanto tiempo aparecer un solo libro de teología pura ni de filosofía fundamental, es, a la verdad, grave síntoma de decadencia en los estudios. ¿Y cómo no? El viento mortífero del siglo XVIII había ido agostando todos los renuevos de cultura indígena y seguíamos embobados tras de las huellas de los franceses, renegando los unos y olvidando los otros nuestro pasado, ansiosos de modelarnos por el ejemplo ajeno con no menor fidelidad que sigue el niño los renglones de la pauta que le presenta el maestro. Si algo quedaba de los antiguos métodos, había que buscarlos en universidades de segundo orden o en ignorados conventos. De aquí la medianía, la esterilidad, el aislamiento, la ineficacia. Moral y materialmente, estábamos hundidos y anonadados por el convencimiento en que habíamos caído de nuestra propia ignorancia, flaqueza y miseria, tras de lo cual había de venir forzosamente una asimilación indigesta de cultura extraña, quizá de tan ruin efecto como la decadencia propia. En esto no diferían mucho realistas y liberales, y es mero antojo y garrulidad periodística y oratoria poner de un lado la luz y de otro las sombras y llamar a boca llena ominosas a las dos temporadas de gobierno absoluto de Fernando VII, no ciertamente gloriosas ni apetecibles ni muy para lloradas, pero que de fijo nada perderán puestas en cotejo con las «insensateces de entremés del año 20 ni con la misma regencia de Cristina. Ante todo, justicia obliga, y bueno será recordar que a esos gobiernos absolutos del 14 al 20 y del 24 al 33, malos y todo, y no seré yo quien los defienda, debimos nuestro Código de Comercio, y el Museo del Prado, y la Escuela de Farmacia, y el Conservatorio de Artes y

---

163 *El filósofo cristiano impugnando al libertino*. Obra muy útil a toda clase de personas: escrita y dada a luz por don Francisco de los Reyes Sánchez y Soto... Tomo primero, que trata de la Física en compendio o Historia Natural (Madrid, Repullés, 1826), 8.º, LXIV + 261 páginas.
Tomo 2, que trata del hombre material, de su esencia física de cuerpo y alma.
Tomo 3, que trata del hombre moral y religioso, o de las obligaciones de éste para con su Dios y Criador (1827), 396 páginas.
Tomo 4. Tomo cuarto, que trata del hombre político-moral, o de los oficios de éste para consigo y los demás ciudadanos o miembros de la sociedad (1829), 432 páginas.
Tomo 5, que sirve de apéndice y corolario a dicha obra (1829), 211 páginas.

la primera Exposición de la Industria española; y que en materia de libros de sólida y clásica erudición produjéronse algunos de tanto precio como la edición del *Fuero juzgo*, de Lardizábal; la colección canónica de González, el *Elogio de Isabel la Católica* y los *Comentarios al Quijote*, de Clemencín; las adiciones de Ceán a las *Memorias de los arquitectos*, de Llaguno; la colección de *Viajes y descubrimientos*, de Navarrete; los *Condes de Barcelona, vindicados*, de Bofarull; los tomos de documentos de Simancas, que compiló el archivero don Tomás González, la Biblioteca Valenciana, de Fúster; la Biblia de Torres Amat, los *Libros poéticos*, de Carvajal..., todo lo cual, unido a los trabajos helenísticos de Ranz Romanillos (Plutarco), Castillo y Ayensa (Anacreonte, Safo y Tirteo), a la magistral *Ilíada*, de Hermosilla (más fiel si menos poética que la de Monti), al Horacio, de Burgos, y a los versos de perfecta hermosura clásica del catalán Cabanyes, bastan para tejer un ramillete no indigno de entrar en parangón con los dramas y las leyendas de los románticos del 35, época de absoluta estirilidad para toda disciplina seria. Hora es ya de que la historia se rehaga, fiel solo a la incorrupta verdad, cuyos derechos jamás prescriben, ni siquiera por el testimonio de apasionados ancianos, que aun rinden parias a todos los prejuicios y ceguedades de su mocedad.[164]

IV. Influencia de las sociedades secretas en la pérdida de América

No resultaría completo el cuadro de los desastres y miserias de aquel reinado tristísimo si no dijéramos algo de evidente y sabido influjo de la heterodoxia

---

164 La Justicia en la historia se debe a todos, y es muy difícil dejar de faltar a ella cuando se formulan fallos demasiado absolutos. El reinado de Fernando VII está todavía demasiado cerca de nosotros para que sobre él haya podido recaer una sentencia firme y ejecutiva. Tomado en conjunto, es uno de los más tristes y abominables períodos de nuestra historia, pero hay que establecer algunas distinciones. Fernando VII, mal hijo, príncipe débil, monarca perjuro, conspirador contra su padre y contra sus súbditos, autor o factor de dos reacciones estúpidas y sanguinarias, merece la execración de la posteridad, aunque parezca demasiado enfático y desproporcionado, en bien y en mal, el paralelo que los liberales solían hacer de él con Tiberio. Pero, en cambio, Fernando VII, nivelando el presupuesto en 1829 y en 1830, reorganizando la Hacienda y el Ejército en los términos en que quedaron a su muerte, promulgando el Código de Comercio y fundando el Museo del Prado, hizo actos dignos de buena memoria y propios de un monarca culto, y por los cuales merece la gratitud de la posteridad, aunque no basten a contrapesar sus enormes culpas.

enciclopedista, representada por las logias francmasónicas de uno y otro lado de los mares, en la desmembración de nuestro poderoso imperio colonial. Fue ésta la mayor hazaña de aquellas filantrópicas asociaciones, y, aunque todavía permanezcan envueltos en densas nieblas muchos pormenores, bastan los que sabemos y los que los mismos americanos y los liberales de por acá han querido revelar para que trasluzcamos o sospechemos lo demás que callan.

Afirma el excelente escritor mexicano don José María Roa Bárcena en su biografía de Pesado[165] que la masonería fue llevada a México por la oficialidad de las tropas expedicionarias españolas que fueron a sofocar la insurrección y que hasta el año 1820 apenas contó entre sus adictos a ningún mexicano, siendo españoles y del rito escocés todos sus miembros.

Refieren, no obstante, Clavel y otros historiadores francmasónicos, en quienes la poca verdad que cuentan está ahogada en un fárrago de anacronismos y de invenciones, que ya antes las logias de franceses y de afrancesados habían pretendido hacer algunos prosélitos en América. Así se explica, quizá, la abortada expedición del ex fraile Gutiérrez y de Echevarría, a quienes ahorcó en Sevilla la Junta Central como propagandistas josefinos. Lo cierto es que hacia 1811 se instaló en París un Supremo Consejo de América, especie de sucursal del Gran Oriente madrileño, que había fundado el conde de Grasse, Tilly.[166] Pero los esfuerzos de estas logias afrancesadas parecen haber sido de poca o ninguna consecuencia en la revolución americana. Algunos aventureros oscuros trataron de probar fortuna, ora por cuenta del rey José, ora por la suya propia y como especuladores. Así, un cierto José Cerneau, que en la isla de Santo Domingo había recibido del judío Esteban Morín la iniciación hasta el grado 25, y que luego recorrió las Antillas españolas y una parte de la América del Sur vendiendo mandiles y cordones. Sus trabajos traían larga fecha. Ya en 1806 había fundado en Nueva York un Supremo Consejo del grado 33 e impreso en castellano un *Manual masónico*, que circuló profusamente en México y en Venezuela. Al cabo, los mismos hermanos del consistorio francés, sabedores del escandaloso tráfico que Cerneau hacía con la masonería, le excomulgaron, le retiraron los poderes y mandaron instalar otro Consejo bajo la presidencia del hermano Lamotte. Prodújose con esto un verdadero cisma entre los filibusteros

---

165 *Biografía de don José Joaquín Pesado...* México, Imprenta de Escalante, 1878.
166 La Fuente, *Sociedades secretas*, tomo 1, página 217.

refugiados en Nueva York, y, amenguándose por días el crédito de Cerneau, tuvo por bien acudir a la estratagema de la fuga en 1831, con gran cantidad de dinero que en las cavernas de Adoniram había recogido.[167] Tampoco duró mucho el predominio de Lamotte, que tuvo que lidiar con otra especie de Cagliostro portugués, que se hacía llamar marqués de santa Rosa y conde de san Lorenzo, jefe supremo de la antigua y moderna masonería en Tierra Firme, América meridional, islas Canarias y Puerto Rico.

Es absolutamente gratuito y aun desatinado suponer influencia masónica en los primeros movimientos revolucionarios de México, en el grito de Dolores dado por el cura Hidalgo y en la intentona de Morelos. Al contrario, parece que estos sanguinarios clérigos tenían a gala el mezclar la causa de la religión con la de sus feroces enconos contra gachupines. La sangre criolla, enardecida por ambiciones febriles y no satisfechas bajo el gobierno colonial, dio el primer impulso, de que luego se aprovecharon hábilmente ingleses y norteamericanos.

Pero quizá no hubiera bastado todo ello, o a lo menos la emancipación se hubiera retrasado en muchos años, sin la desmoralización producida en nuestro ejército por el espíritu revolucionario y sin la connivencia, cuando no el franco y decidido apoyo, de los liberales españoles. A ojos vistas conspiraban los diputados americanos en Cádiz, alquilando sus servicios a aquel de los dos bandos del Congreso que por de pronto les ofrecía mayores seguridades de triunfo. Conveníales al principio el disimulo y la cautela, derrotados Hidalgo y Morelos, preso el singular aventurero Miranda,[168] antiguo terrorista y antiguo amante de Catalina de Rusia, que había establecido la república en Caracas, pudo considerarse ahogada la primera revolución, y para que una segunda retoñase y triunfara fue precisa toda la vergonzosa aquiescencia de los conspiradores españoles desde el 14 al 20. Alguno, como el sobrino de Mina, llegó a tomar las armas por los americanos en 1816 y murió peleando contra su patria. Otros, sin llegar a tanto, se dejaron comprar por el oro de los insurrectos o la prespectiva del viaje y de la inhospitalaria acogida, y tuvieron más cómodo salvar la patria con el grito regenerador de las Cabezas.

---

167 Clavel, página 639.

168 Peruano le llama repetidas veces M. Thiers en su *Historia de la Revolución francesa*, pero es bien notorio que era hijo de Caracas (Capitanía General de Venezuela). Como el libro de Thiers ha pasado en Francia y en España por un oráculo, no está demás notar este error, que ciertamente no es de los más graves en que incurre.

Los pocos militares españoles que habían pasado a México llevaron allá el plantel de las logias, como para acelerar la emancipación. Dicen que el mismo virrey las protegía[169] y que la primera se estableció en México en 1817 o 18 con el título de *Arquitectura moral*. El venerable era don Fausto de Elhuyar; entre los afilados se contaban algunos frailes.

La llegada de Odonojú en 1821, preparada por los diputados americanos,[170] puso el sello a tanta iniquidad y torpeza. El convenio de 24 de agosto con Itúrbide, la junta de Tacubaya, el desarme de las milicias realistas... todo fue elaborado en las logias del rito escocés, que se extendieron por Nueva España como red inmensa, descollando entre ellas la titulada *El Sol*, a la cabeza de la cual figuraron don José Mariano de Michelena y don Miguel Ramos Arispe. Enojadas a poco tiempo estas logias con la coronación de Itúrbide y con sus tendencias reaccionarias, trabajaron contra él hasta desposeerle y matarle, aspirando a constituir una república central regida por leyes semejantes a la de Cádiz en 1812.

Pronto se dividieron entre sí los del rito escocés, y, atizando el fuego los yankees con su eterno y declarado propósito de enflaquecer y desorganizar a México, fuéronse los disidentes, acaudillados por Ramos Arispe, Zavala y Alpuche, a matricularse en el rito de York, bajo los auspicios del ministro norteamericano Poinsett, con lo cual una parte de la francmasonería mexicana quedó enteramente desligada de la española. Como logias llegaron a contar los de York, teniendo por primer venerable a Ramos Arispe, y por gran maestre, a don José Ignacio Esteva, ministro entrambos. Entronizáronse en el poder cuando la elección de presidente de la república recayó en don Guadalupe Victoria, adicto suyo; y, volando los escoceses como mariposas en torno de la nueva luz, fueron quedando desiertas las logias del antiguo rito, cuya anulación quedó consumada en 1828 con la derrota de su gran maestre el general Bravo, que por cuenta de ellas se había pronunciado en Tulacingo, y que fue deshecho por el general Guerrero, gran maestre de las logias del rito de York. Los vencedores se dividieron en la elección de presidente, pero triunfaron en el motín de la Acordada los más exaltados, y decretaron la total expulsión de los españoles. Algo se trocó el aspecto de las cosas en 1831 y 32, bajo la administración de

---

169 Roa Bárcena, página 29.
170 Ramos Arispe se jactó de ello en un folleto.

Bustamante, pareciendo recobrar los escoceses alguna parte de su perdida intervención en los negocios públicos; pero el pronunciamiento de Veracruz en 1835, acaudillado por Santana y Gómez Farías, volvió a dar el triunfo a los yorkinos, que arrojaron del país a los principales escoceses y dieron rienda suelta al más desatado radicalismo antiespañol y antieclesiástico.[171] «De grado o por fuerza —escribe el doctor Mora—, sometieron todos los poderes públicos a la acción e influjo de asociaciones no reconocidas por las leyes y anularon la federación por la violencia que hicieron a los estados y la necesidad imperiosa en que los pusieron de reconocerlos por centro único y exclusivo de la autoridad pública. Los poderes supremos y el clero y la milicia fueron todos, más o menos, sometidos al imperio de uno y otro de estos partidos.» Ni más ni menos que en España en 1820, y aun peor, por tratarse de una sociedad nueva y con menos elementos de conservación y resistencia. Toda la posterior historia de México, sellada con la sangre de Maximiliano, está contenida en estas premisas. Donde triunfa el espíritu faccioso, nutridor y fomentador de toda ambición desbocada, puede esperarse la revolución artificial que consume y enerva, aunque tumultuariamente excite al modo de los licores espirituosos, nunca la evolución, interna y fecunda.

De dos maneras contribuyó el liberalismo de la Península a la pérdida de las Américas, diremos con el señor Roa Bárcena, nada adversario ciertamente de la independencia de su país, aunque católico y amigo de los españoles: «difundiéndose en las masas los gérmenes de filosofismo y anarquía que encerraban las leyes de las Cortes de Cádiz... y haciendo al mismo tiempo que los elementos conservadores se agrupasen en torno del estandarte de la independencia para guardar las instituciones y costumbres, cuya desaparición se creía segura si se prolongaba nuestra dependencia de la metrópoli». Así se consumó la independencia, mezclados en ella revolucionarios y realistas, con inmediato escarmiento de los segundos, que creyeron ver continuada en la vana pompa de la corte de Itúrbide la austera tradición de los antiguos virreyes. En vano, al despertar de su pesado sueño, quisieron levantar, por boca de Arista y de Durán, el grito de «religión y fuero», porque semejante intentona, tan pronto ahogada como

---

171 Estas noticias, esparcidas en diversos lugares de la *Historia de México*, de don Lucas Alamán, han sido diestramente agrupadas por el señor Roa Bárcena en el cap. 6 de su biografía de Pesado (páginas 20 a 23).

nacida, solo sirvió para precipitar a los yorkinos en el sendero de agresiones contra la Iglesia, anulando las provisiones de prebendas canónicamente hechas, suprimiendo el diezmo, secularizando la enseñanza e incautándose en 1833 y 34 y de los bienes de comunidades religiosas, no obstante la enérgica resistencia del obispo de Puela.

El ulterior desarrollo de esta historia nos llevará como por la mano a tratar de las más recientes vicisitudes de la Iglesia en aquellas regiones, de los esfuerzos de la propaganda protestante en México y de las obras cismáticas de Vigil, último eco del jansenismo regalista en el Perú.[172]

V. De la revolución en Portugal durante este período

En Portugal habían ido pasando las mismas cosas y al mismo tiempo que en Castilla, como pasarán siempre, mal que les pese a los portugueses. Una ley providencial y oculta, pero tan evidente como inviolable, lleva por el mismo camino los hados de entrambos pueblos peninsulares, los alza o los abate y los visita simultáneamente con las mismas calamidades en pena de los mismos desaciertos. Juntos habíamos hecho la guerra de la Independencia, juntos nos empeñamos con la misma infantil temeridad en la persecución de la libertad política abstracta. ¿Y cómo no, si a un tiempo nos habíamos bañado en las tur-

---

172 Los libros impíos e inmorales no empezaron a circular en Chile hasta el año 20, a muy alto precio. *Las ruinas de Palmira*, un tomo en 4.º, se vendía al principio a 30 pesos. Vivo está un condiscípulo nuestro que lo vendía en su tienda más tarde, con una gran rebaja, a onza de oro. *El contrato social*, diminuto volumen en 8.º, lo compramos y vendimos, después de leerlo, en 4 pesos. Con un oficial de ese tiempo que ahora es general nos arreglamos a comprar *El origen de los cultos* (compendio) en 12 pesos, dando cada uno la mitad. Las obras inmundas de Rigault-Lebrun, Parny, etc., no eran más baratas.

Rousseau dice: «Plutarco es mi nombre». Nosotros podíamos decir entonces: «Rousseau es el nuestro». La profesión de fe del vicario de Saboya, tan extensa como es, la sabíamos en gran parte de memoria.

La lectura de estos libros y de otros más o menos impíos y abominables dieron cuenta de nuestras creencias; pero Dios quiso más tarde alejarnos, mediante otras lecturas, de la senda que conduce fatalmente al chiquero de Epicuro.

«Ya se acercaba la época en que un presidente de la república, liberal por supuesto, regalaría a un niño de dieciocho años, alumno del Instituto, por sus buenas disposiciones, las obras completas de Voltaire, como libros de estudio y recreo.»

Zapiola (José), *Recuerdos de treinta años* (1810-1840), 5.ª edición (Santiago de Chile 1902), páginas 35-37 (Biblioteca de Autores Chilenos, del editor Guillermo Miranda).

bias corrientes del enciclopedismo, riendo a una con los donaires de Voltaire y extasiándonos en Rousseau con la apoteosis de la vida salvaje?

Quien conoce la España central en aquella época, conoce también a Portugal y puede adivinar su historia, aunque no lo sepa. La misma inexperiencia legislativa y el mismo delirio patriótico, las mismas logias elaborando los mismos motines, las mismas Cámaras dictando los mismos decretos, y la masa del pueblo tan indiferente allí como aquí, sin entender palabra de aquella baraúnda y tan dispuesta a recibir con palmas la reacción absolutista, como a sostenerla flojamente y a rendir el cuello a una tumba facciosa, más fuerte por la audacia y por los secretos lazos que por el número.

La dictadura anticlerical del famoso ministro de José I, la ruptura con Roma, la extinción de los jesuitas, la secularización de la enseñanza, el libre curso de las ideas francesas, la difusión de las logias (de cuya existencia en tiempo de Bocage hay ya irrecusables testimonios), el ejemplo de la revolución de Francia, el contagio de los soldados imperiales, la continua presencia de los ingleses y, sobre todo, la vecindad de los legisladores de Cádiz, habían acumulado, no en la masa del pueblo portugués, sino en el ejército, en la Universidad y entre los jurisconsultos y literatos, en una parte del clero secular y aun del regular y en otra mayor de la aristocracia, todo género de materias revolucionarias. En pos del golpe frustrado de Gomes Freire de Andrade en 1817, semejante a los de Porlier y Lacy, vino la revolución triunfadora de 24 de agosto de 1820, trayendo por bandera, como la de Nápoles y la del Piamonte, la Constitución de España. Una junta provisional de gobierno supremo instalada en Oporto hizo la convocatoria de Cortes, e, instaladas éstas a fin de enero de 1821; declarándose soberanas, como las de Cádiz, nombrando una Regencia de cinco miembros que ejerciese el poder supremo en nombre del rey don Juan VI, ausente en el Brasil. El benedictino fray Francisco de san Luis, luego cardenal patriarca de Lisboa, cuya presencia entre los innovadores significaba, según su biógrafo Latino Coelho, «que las órdenes religiosas habían cumplido su destino en Portugal», fue el encargado de redactar las bases del nuevo código, que, con ser de espíritu moderado y doctrinario, razón bastante para que sus colegas no las aprobasen, empezaba por sancionar en el artículo 3.º la tolerancia religiosa, considerando solo el catolicismo como religión dominante y no como exclusiva y única verdadera, al modo que lo reconocía el código de Cádiz.

Lo que fue aquel Congreso y la ley fundamental que salió de él, va a decírnoslo el más ingenioso y literato de los demócratas y positivistas portugueses de hoy, Latino Coelho.[173]

Mezclaba el Congreso a sus incontestables cualidades una cierta dosis de parvenu. Componíase de hombres casi todos graves y beneméritos, distinguidos ora por su ciencia e ilustración, ora por su clase y jerarquía. Casi todos pertenecían a las clases privilegiadas, las que parece que debían ser más celosas en amparar y fortalecer la vieja monarquía: magistrados, profesores, oficiales generales superiores, inquisidores, prelados, grandes propietarios, miembros de la nobleza de provincia. Y hecho paradójico y digno de notarse: la exageración de las ideas democráticas era casi siempre proporcionada a la eminencia de la categoría social... El Congreso respondió a las esperanzas y a los votos de la opinión redactando y aprobando la primera Constitución libre y democrática. En ella se formulaban osadamente los más espinosos problemas de Derecho público y se resolvían sin la menor vacilación. Proclamábase la democracia como principio fundamental y como derecho primitivo e innegable... La monarquía venía a perder su carácter tradicional, convirtiéndose en una estipulación consensual entre el rey y los ciudadanos. El rey tenía solo veto suspensivo. Era, en suma, la *Constitución de Cádiz*, aún más democratizada, y extendidas las atribuciones de la diputación permanente hasta reducir a la nulidad el poder real. Mas, si el Congreso era osado y resuelto en afirmar los principios de una radical democracia, olvidábase de que por sí sola la revolución de las instituciones políticas altera poco profundamente la vida moral de una nación... Las constituciones pueden modificar la superficie, pero es infecundo su trabajo cuando los principios tradicionales han echado sus raíces en lo más profundo del subsuelo social. Aquella Constitución no pasó del papel. Era como un árbol transplantado a inhospitalarias regiones y circundado de una flora parásita que le ha de absorber la escasa savia.

Estas sabias palabras de Latino Coelho, aplicables por igual a la revolución portuguesa que a la nuestra, dan la clave de la efímera duración y de la falta de consistencia de una y otra. El viento de un motín alza esos códigos abstractos y

---

173 *Elogios académicos*, tomo 1 (Lisboa, A. M. Pereira, 1873). Contiene una biografía del cardenal don fray Francisco de san Luis. Véase, páginas 119 a 133.

el viento de otro motín los derriba. En Portugal ni siquiera fue menester la intervención de la Santa alianza; bastó el amago. Unos cuantos regimientos de línea
sublevados en Villafranca restituyeron a don Juan VI, siempre tímido e indeciso,
la plenitud de su soberanía.

El carácter personal del rey, manso y pacífico, fue causa de que la primera
reacción no degenerase en sangrienta y feroz como en Castilla. Solo hubo una
sombra de proscripción, dice Latino Coelho, algo más dura para los religiosos
que habían formado parte del Congreso, y que fueron reclusos en diversos
monasterios.[174] Quedaron sin efecto las decretadas por el Congreso, pero no
volvió a funcionar el Santo oficio. Restablecióse la disciplina académica, harto
relajada en la Universidad de Coímbra durante el rectorado de fray Francisco
de san Luis,[175] aunque no enteramente por culpa suya, y tratóse de atajar la
circulación de libros impíos.

La muerte de don Juan VI en 1825 y el advenimiento de su hijo don Pedro
IV, emperador del Brasil, que comenzó por enviar desde allí una Constitución
moderada, especie de estatuto real, hizo florecer de nuevo las esperanzas
de los liberales, que se agruparon en torno del monarca y de la nueva Carta,
tomándola por bandera mientras no venían días más felices y libertades más
amplias.

La infanta gobernadora recibió de mala gana la Carta; pero un pronunciamiento militar promovido en Oporto por Juan Carlos de Saldanha, que inauguró
entonces su ruidosa carrera de revoluciones y contrarrevoluciones, no termi-
nada hasta nuestros días, le obligó a convocar sin demora las Cortes ordinarias
de 1826, que presidió el cardenal san Luis.

La *Carta* no fue popular porque «era entonces el pueblo (es un demócrata
quien habla) rudo y aferrado a los antiguos usos y a la servidumbre de largos
siglos». Así es que duró no más que tres años escasos, derribándola con leve
esfuerzo el infante don Miguel, en quien desde el año 23 tenían puestas todas

---

174 Así, v. gr., fray Francisco de san Luis en el de Batalha, donde se dedicó a investigaciones
     eruditas.

175 Los estudiantes de aquella venerable Universidad, tan estragada como la de Salamanca
     a principios de este siglo, habían sido de los más ardientes peroradores en los clubs
     patrióticos del 20, distinguiéndose entre ellos Almeida Garrett, que publicó entonces
     varios folletos políticos y un poema licencioso, *El retrato de Venus*, que fue prohibido en
     una pastoral por el patriarca de Lisboa.

sus esperanzas los partidarios del régimen antiguo, y que con nombre de lugar-teniente comenzó a gobernar el reino, negando de hecho la obediencia a su hermano. Vencida la revolución en 1828 y abandonada por sus propios jefes, el ejército constitucional emigró por Galicia, para volver a los cuatro años como aventureros conquistadores de su propia tierra.

La venganza del regente don Miguel fue terrible y feroz, siquiera rebajemos mucho de las apasionadas relaciones de los proscritos. Disueltas las Cortes: restablecido en su plenitud el Gobierno absoluto; galardonados con mano liberal los delatores; toleradas e impunes las venganzas particulares; henchidas las cárceles, los pontones del Tajo y los presidios de África de gente sospechosa de inconfidencia y castigada, al modo de Pombal, sin forma de juicio; frecuentes las confiscaciones y goteando sangre los cadalsos, nunca −dice Latino Coelho− fueron tan literalmente aplicables en una sociedad cristiana aquellas palabras de Tácito: *Cunctos necari iubet... Iacuit inmensa strages; omnis sexus, omnis aetas, inlustres, ignobilis, dispersi aut aggerati: neque propinquis aut amicis adsistere, inlachrymare ne visere quidem diutius dabatur... Interciderat sortis humanae commercium vi metus: quantumque saevitia glisceret, miseratio arcebatur.*[176]

Necesario fue todo este lujo de extemporánea y ciega tiranía para hacer odiosa a gran parte de los portugueses una causa antes tan universalmente popular. Solo así se explica que en la cuestión dinástica brotasen como por encanto tantos partidarios de doña María de la Gloria y que los refugiados de la isla Tercera, con el emperador don Pedro a la cabeza y con el declarado apoyo de Inglaterra, conquistasen en el breve espacio de dos años, pero no sin sangrientos y épicos combates, en que ambos partidos rivalizaron en bizarría, el trono de la reina niña, asentado definitivamente en 1834 a la sombra de la *Carta* y de las instituciones representativas.[177]

---

176 *Elogio del cardenal san Luis*, página 207. Una de las víctimas de don Miguel fue nuestro Muñoz Torrero, que murió poco menos que a manos de sus carceleros, y atormentado indignamente por ellos, en el castillo de san Julián de la Barra, en 1829.

177 Fue uno de los primeros actos de su Gobierno decretar don Pedro (28 de mayo de 1834) la supresión de las órdenes militares y religiosas y la confiscación de sus bienes, habiendo declarado ya antes vacantes las prebendas cuyos titulares habían sido nombrados por Roma a presentación de don Miguel. Suprimió el diezmo y redujo a la última miseria a los curas, a quienes no pagaba el Gobierno la pensión señalada, y que habían de vivir a costa de los Ayuntamientos. En la alocución del 1 de agosto de 1834 deploró el papa la triste

Las publicaciones heterodoxas fueron nulas o de poca importancia en el largo período que hemos recorrido. Extinguida la originalidad de los pueblo peninsulares, cumpliase su depravación por medio de viles traducciones de los libros de Dupuis y de Volney, y aun de otros de ralea más baja, como *El Citador*, de Pigault-Lebrum, literatura de burdel y de taberna. De vez en cuando aparecía alguna rapsodia atea con título y pretensiones de original, como la *Superstición desenmascarada*, del antiguo inquisidor Abreu. Otros aún más oscuros pueden omitirse, sin que padezca la integridad de la historia.

Apologías católicas, si las hubo, o no han llegado a mis manos o su insignificancia las ha borrado de mi memoria. Y no ciertamente porque el partido miguelista dejara de contar en su seno hombres insignes y aun verdaderos sabios, como el doctísimo paleógrafo e historiador de Alcobaza, fray Fortunato de san Buenaventura, o el correcto humanista don Francisco Alejandro Lobo, obispo de Visco, biógrafo de fray Luis de Sousa, o el vizconde de Santarem, que tanta luz dio a la historia de la geografía y de las expediciones de los portugueses. Pero ninguno de ellos, excepto alguna vez fray Fortunato, descendió a la controversia palpitante, que quedó, por decirlo así, en manos de José Agustín de Macedo, ingenio desaliñado y robusto, verdadero dictador literario en tiempo de don Miguel. Era Macedo un ex fraile agustino (de Nuestra señora

---

condición a que se había reducido a la Iglesia católica en Portugal y amenazó con las censuras fulminadas por el concilio de Trento contra los expoliadores de la Iglesia y los enemigos de la libertad y del poder espiritual; lo cual no impidió que el patriarca de Lisboa se mostrara dispuesto a consagrar a los obispos nombrados por don Pedro. Después de la muerte de este príncipe (24 de septiembre de 1834). Portugal, gobernado por su hija doña María, cayó casi enteramente bajo la dependencia de Inglaterra... Había un gran partido que no quería reconocer a los obispos nombrados por don Pedro y no confirmados por el sumo pontífice... Al fin llegaron a ponerse de acuerdo con la santa sede, después de las negociaciones abiertas (1841) en Lisboa por el internuncio Cappacini, que, a consecuencia de las primeras proposiciones hechas por el Gabinete portugués, reconoció formalmente a la reina en nombre del papa enviándole, según costumbre, la rosa de oro (marzo de 1842). Las concesiones acordadas por el internuncio, especialmente en lo relativo a los bienes de las órdenes religiosas, dieron lugar a entenderse acerca de las bases de un futuro concordato. El día 3 de abril de 1843 confirmó el papa los nombramientos de patriarca de Lisboa, arzobispo de Braga y obispo de Leiría. Cappacini declaró suspensa la causa de los demás prelados, y esto retardó las negociaciones del concordato (Alzog, IV, página 365).

de Gracia), notable por la prodigiosa variedad de sus conocimientos y por lo díscolo y tormentoso de su índole; polígrafo incansable, poeta, orador, crítico y, sobre todo, furibundo libelista. Sus obras bastarían a llenar una biblioteca, porque tuvo todas las ambiciones literarias y lo recorrió todo, desde el sermón hasta la priapeya. Apasionado, iracundo, vindicativo y grosero, derramó contra sus enemigos literarios y políticos más hiel que tinta en la *Besta Esfollada* y en otros mil folletos de gladiador, que viven y merecen ser leídos todos, porque éste era el género propio y el elemento nativo del autor, no ciertamente consumado en la ironía ática, pero sí abundante y originalísimo en el uso del vocabulario callejero y de la hampa de Lisboa. Fuera de que la pasión enciende y da calor a todas las páginas que toca.[178]

Capítulo IV. Protestantes españoles en el primer tercio del siglo XIX. Don José María Blanco (White). Muñoz de Sotomayor

I. Cristiana educación y primeros estudios de Blanco. Su vida literaria en Sevilla. Sus poesías. «La Academia de Letras Humanas.» Incredulidad de Blanco. II. Viaje de Blanco a Madrid. Sus vicisitudes durante la guerra de la Independencia. Emigra a Londres y publica allí *El español*. Abraza el protestantismo y se adhiere a la iglesia oficial anglicana. III. Vicisitudes, escritos y transformaciones religiosas de Blanco desde que se afilió a la iglesia anglicana hasta «su conversión» al unitarismo. IV. Blanco, «unitario» (1833). Sus escritos y opiniones. Su muerte (1841). V. Muñoz de Sotomayor.

I. Cristiana educación y primeros estudios de blanco. Su vida literaria en Sevilla. Sus poesías. La academia de letras humanas. Incredulidad de blanco

El personaje de quien voy a escribir ahora es el único español del siglo XIX que, habiendo salido de las vías católicas, ha alcanzado notoriedad y fama fuera de su tierra; el único que ha influido, si bien desastrosamente, en el movimiento reli-

---

178 Dicen algunos que José Agustín de Macedo tuvo al principio veleidades liberales, y que, desairado en unas elecciones a Cortes, se pasó al bando miguelista. El hinchado y ditirámbico Lopes de Mendosa (*Memorias de literatura contemporánea*) llega a apellidarle renegado de la masonería. Otros le defienden, y la verdad es que fue indignamente calumniado por sus enemigos, que todavía dura el odio antiguo contra él y que ha de pasar mucho antes que se diga sobre este fiero batallador la verdad entera.

gioso de Europa; el único que logra en las sectas disidentes renombre de teólogo y exegeta; el único que, escribiendo en una lengua extraña, ha demostrado cualidades de prosista original y nervioso. Toda creencia, todo capricho de la mente o del deseo se convirtió en él en pasión; y como su fantasía era tan móvil como arrebatado y violento su carácter, fue espejo lastimosísimo de la desorganización moral a que arrastra el predominio de las facultades imaginativas sueltas a todo galope en medio de una época turbulenta. Católico primero, enciclopedista después, luego partidario de la iglesia anglicana y a la postre unitario y apenas cristiano..., tal fue la vida teológica de Blanco, nunca regida sino por el ídolo del momento y el amor desenfrenado del propio pensar, que, con ser adverso a toda solución dogmática, tampoco en el escepticismo se aquietaba nunca, sino que cabalgaba afanosamente y por sendas torcidas en busca de la unidad. De igual manera, su vida política fue agitada por los más contrapuestos vientos y deshechas tempestades, ya partidario de la independencia española, ya filibustero y abogado oficioso de los insurrectos caraqueños y mexicanos, ya tory y enemigo jurado de la emancipación de los católicos, ya whig radicalísimo y defensor de la más íntegra libertad religiosa, ya amigo, ya enemigo de la causa de los irlandeses, ya servidor de la iglesia anglicana, ya autor de las más vehementes diatribas contra ella; ora al servicio de Channing, ora protegido por lord Holland, ora aliado con el arzobispo Whatel y ora en intimidad con Newmann y los puseístas, ora ayudando al doctor Channing en la reorganización de unitarismo o protestantismo liberal moderno.

Así pasó sus trabajos e infelices días, como nave sin piloto en ruda tempestad, entre continuas apostasías y cambios de frente, dudando cada día de lo que el anterior afirmaba, renegando hasta de su propio entendimiento, levantándose cada mañana con nuevos apasionamientos, que él tomaba por convicciones, y que venían a tierra con la misma facilidad que sus hermanas de la víspera; sincero quizá en el momento de exponerlas, dado que a ellas sacrificaba hasta su propio interés; alma débil en suma, que vanamente pedía a la ciencia lo que la ciencia no podía darle, la serenidad y templanza de espíritu, que perdió definitivamente desde que el orgullo y la lujuria le hicieron abandonar la benéfica sombra de santuario.

Cómo, bajo la pesada atmósfera moral del siglo XVIII, se educó esta genialidad contradictoria y atormentadora de sí misma, bien claro nos lo han dicho las mismas confesiones o revelaciones íntimas que Blanco escribió en varios períodos de su vida, como ansioso de descargarse del grave peso que le agobiaba la conciencia.[179]

La familia de Blanco (apellido con que en España se tradujo literalmente el de White) era irlandesa y muy católica. Desde el tiempo de Fernando VI se había establecido en Sevilla, dedicándose al comercio; no con gran fortuna, pero sí con reputación inmaculada de nobleza y honradez. La casa de don Guillermo White, más que escritorio de comerciante, parecía un monasterio de rígida y primitiva observancia, como si en el alma de aquel virtuoso varón viviese todo el fervor acumulado en los pechos irlandeses por tantos siglos de persecución religiosa. Del cruzamiento de aquella sangre hibérnica con la andaluza había resultado una generación no solo devota, sino mística y nacida para el claustro, ya que no podía coger las sangrientas rosas del martirio. Dos hermanas tuvo Blanco, y las dos se hicieron monjas.

La madre de Blanco no era mujer vulgar y sin cultura; su hijo habló siempre de ella con extraordinaria y simpática admiración: «Trajo a su marido —escribe en las *Letters from Spain*— un verdadero tesoro de amor y de virtud, que fue sin cesar acrecentándose con los años... Sus talentos naturales eran de la especie

---

179   La principal fuente para este capítulo, además de los escritos de Blanco, todos los cuales tengo a la vista, es la excelente biografía publicada en inglés por Hamilton Thom con el título de:
The life of the Rev. Joseph Blanco White, written by himself with portions of his correspondence. Edited by John Hamilton Thom. In three volumes. Vol, lib. Londres: John Chapman, 121, Newgate Street. 1845; tres tomos: el 1.º, de XII + 501 páginas; el 2.º, de IX + 362; el 3.º, de X + 480. Con un retrato en acero de Blanco White.
La parte primera, que comprende los sucesos de Blanco White en España, está formada con cartas del mismo Blanco al doctor Whately, arzobispo protestante de Dublín.
En las *Letters from Spain* insertó Blanco una especie de memoria autobiográfica, con el título de *A few facts connected with the formation of the intellectual and moral character of a Spanish Clergyman* (páginas 66 a 134).
Otra noticia autobiográfica publicó en las *Variedades o Mensajero de Londres* (tomo 2, página 299), con el título de *Despedida a los americanos.*
Véanse además:
Gallardo (don Bartolomé), *Apuntes biográficos de Blanco* (en el tomo 3 de los *Poetas líricos del siglo XVIII*, de don Leopoldo A. de Cueto, página 649 a 651),
—Gladstone (W. E.), «Blanco White» (artículo del *Quaterly Review*, junio de 1845, reproducido en sus *Clearings*) (Nueva York 1879).

más singular. Era viva, animada y graciosísima; un exquisito grado de sensibilidad animaba sus palabras y sus acciones, de tal suerte que hubiera logrado aplauso aun en los círculos más elegantes y refinados».

De tales padres nació Blanco en Sevilla el 11 de julio de 1775. Aprendió a deletrear en las historias del *Antiguo Testamento*, en las vidas de los santos y en los milagros de la Virgen. Los días de fiesta llevábale su padre a visitar los hospitales y a consolar y asistir a los pobres vergonzantes, curando sus llagas y tanteando su laceria.

Aunque tan severa, la educación de Blanco fue esmerada. Le destinaban al comercio; pero su madre le hizo aprender latín además del inglés, que usaba como segunda lengua nativa. Enojada la vivísima imaginación del muchacho con la monótona prosa del libro mayor y de las facturas, antojósele un día ser fraile o clérigo, al modo de los que veía festejados en casa de su padre, y esta irreflexiva veleidad de un muchacho de trece años fue tomada por el buen deseo de sus padres como signo de vocación verdadera. Le enviaron, pues, al colegio de los dominicos, donde aprendió muy mal y de muy mala gana la filosofía escolástica por el Goudin, autor no ciertamente bárbaro, como él dice, sino uno de los mejores expositores de santo Tomás entonces y ahora.

Pero si en la doctrina tomística adelantaba poco (y bien se le conoció en adelante), su vivo y despierto ingenio encontró fácil ocupación en los estudios amenos, a que le encaminaron varios condiscípulos suyos. Aprendió el italiano sin más fatiga que la de cotejar la *Poética*, de Luzán, con el libro *Della perfetta poesia*, de Muratori. Perfeccionóse en el francés, y el Telémaco encantó sus horas, dándole a gustar, aunque de segunda mano, las risueñas ficciones de la Grecia. Trabó amistad con don Manuel María del Mármol, estudiante de teología entonces y luego maestro de humanidades por medio siglo largo, mediano poeta y aun más mediano tratadista de filosofía, autor de un *Succus logicae*, extractado del Genuense. Mármol inició a Blanco en el mecanismo de la poesía castellana y aun en los arcanos de la filosofía experimental poniéndole en las manos el *Novum organum*, de Bacon. Otro de sus íntimos fue Arjona, el luego famoso penitenciario de Córdoba, mucho más poeta y literato que Mármol y aun que todos los sevillanos de aquella era, incansable propagador del gusto clásico y fundador de la Academia Horaciana y de la del Sile. «Arjona fue quien desarrolló mis facultades intelectuales, dice Blanco...; la amistad que entablamos, él como maestro y yo como uno de los tres o cuatro jóvenes que por afición instruía casi diariamente, fue de las más íntimas y sinceras que he disfrutado en el mundo.»

La lectura de las obras de Feijoo, que le prestó una amiga de su madre, abrieron a sus ojos un mundo nuevo.[180] «Como si por influjo de la misteriosa lámpara de Aladino hubiera yo penetrado de repente en los ricos palacios subterráneos descritos en *Las mil y una noches*, tal arrobamiento experimenté a vista de los tesoros intelectuales de que ya me creía poseedor. Por primera vez me encontré en plena posesión de mi facultad de pensar, y apenas puedo concebir que el alma, subiendo después de la muerte a un grado más alto de existencia, pueda disfrutar de sus nuevas facultades con más deleite. Es verdad que mi conocimiento estaba reducido a unos pocos hechos físicos e históricos; pero había yo aprendido a razonar, a argüir, a dudar. Con sorpresa y alarma de mis allegados, halléme convertido en un escéptico, que, fuera de las cuestiones religiosas, no dejaba pasar ninguna de las opiniones corrientes sin reducirlas a su justo valor.»

No nos engañemos, sin embargo, sobre el alcance de este escepticismo, por más que Blanco White exagere sus efectos a posteriori. Ni Feijoo ha hecho escéptico a nadie ni Blanco dejaba de ser a aquellas fechas un muy fiel y sencillo creyente. ¿Y cómo no, si él mismo, en otra parte y con más sinceridad, confiesa que «fue el primero y más ansioso cuidado de sus padres derramar abundantemente en su ánimo infantil las semillas de la virtud cristiana»..., y que «la instrucción religiosa penetró en su mente con los primeros rudimentos del lenguaje», y que «las primeras impresiones que formaron su carácter de niño fueron la música y las espléndidas ceremonias de la catedral de Sevilla»?[181]

No fueron ciertamente estas semillas escépticas las que hicieron apostatar a Blanco. Ningún espíritu más dogmático que el suyo hasta cuando en sus últimos años renegaba de todo dogmatismo. Esta misma negación se trocaba, al pasar por sus labios, en afirmación fanática. Siempre le aquejó la necesidad de creer en algo, siquiera fuese por veinticuatro horas; pero en tan breve plazo creía con pasión, con ardoroso fanatismo; sincero en cada momento de su vida, aunque veleidoso en el total de ella.

---

180 Véase *Letters from Spain*, página 99.
181 Véase *Letters from Spain*, página 74.

El mismo, que tan chistosamente nos habla del escepticismo de su mocedad (como si en un irlandés injerto en andaluz tuviera tal palabra significación alguna), seguía por entonces con íntima devoción los ejercicios de san Ignacio bajo la disciplina del padre Teodomiro Díaz de la Vega, prepósito del oratorio de san Felipe Neri de Sevilla, y ahogaba hasta su única inclinación amorosa juvenil en aras del amor divino.

Así recibió las primeras órdenes, continuando sus estudios de teología no en la Universidad de Sevilla, sino en el colegio de maese Rodrigo, que estaba en mejor opinión entre la gente devota, y recibiendo sus grados en la Universidad de Osuna. Su misticismo era entonces fervoroso; leía sin cesar libros de piedad y devoción y veíasele a toda hora consultando a su confesor en san Felipe Neri.

Ordenado ya de presbítero Blanco (1800) y rector del Colegio de santa María de Jesús, hizo oposiciones a una canonjía de Cádiz, de las cuales salió con mucho lucimiento, y a los pocos meses obtuvo (1801), también por oposición, la magistral de la Capilla Real de san Fernando, de Sevilla, puesto de los más altos a que podía aspirar en aquella metropolitana un mancebo de veintiséis años.

Hallábase entonces en su apogeo la moderna escuela poética sevillana. Unos cuantos estudiantes alentados y de esperanzas habían tenido la osadía de sobreponerse a la cenagosa corriente del mal gusto, a la vez conceptuoso y chabacano, que predominaba allí desde el siglo anterior. De esta noble y bien encaminada resistencia nació la famosa Academia de Letras Humanas, excelente invernadero de poesía académica y refinada, que tuvo a lo menos la ventaja de la nobleza en los asuntos y de la selección en el lenguaje, por más que, como todo grupo que empieza por proclamarse escuela, hiciera correr la neohispalense, que vanamente aspiraba a ser prolongación de la antigua de los Herreros y Riojas, su aspiración por cauce muy estrecho, cayendo a los pocos pasos en la manera y en el formalismo vacío, de que no se libraron ni aun los que de ellos tenían condiciones poéticas más nativas y sinceras, Arjona y Lista por ejemplo.

Entre ellos figuró Blanco como estrella menor y de luz más dudosa, pues, aunque fuera notoria injusticia negar que en su alma ardentísima llegó a germinar con el tiempo el estro lírico, que le inspiró en sus últimos años algunos versos delicados y exquisitos, así ingleses como castellanos, libres enteramente del fárrago convencional de la escuela sevillana, también es cierto que sus primeros versos impresos hacia 1797, ya en un cuaderno suelto (con otros de Lista y Reinoso), ya en el *Correo Literario de Sevilla*,**182** por ninguna cualidad superior ni por rasgo alguno de estilo propio se distinguen de las demás odas palabreras y pomposas que hacían Roldán, Castro, Núñez y los demás poetas secundarios de la escuela. Ni Blanco ni ellos pasan nunca de expresar, con medianía elegante, pensamientos comunísimos. Quintana admiraba mucho la oda de Blanco *Al triunfo de la beneficiencia*, recitada en la Sociedad Económica de Sevilla el 23 de noviembre de 1803. Leída hoy, nos parece una declamación ampulosa, inferior en mucho a los tersos y cándidos versos que el mismo asunto inspiró a Lista. Lista al cabo, en su espera de luz sosegada y apacible, era poeta, y Blanco en aquella fecha aun no pasaba de retórico altisonante y versificador fácil. La segunda parte de la oda es mejor que la primera, y la factura de algunas estrofas, intachable.

> ....Tú rompiste
> los lazos de la nada y de otros seres
> la muchedumbre densa
> por ti nació a la luz y a los placeres.
> En el Ser soberano,
> la fuente de la vida abrió tu mano.
>
> ....
>
> ¿Quién sino tú, consoladora diosa,
> fecundó de la tierra el seno rudo?
> ¿Quién sino tú, del piélago insondable,
> de montes con fortísima cadena
> la furia enfrenar pudo?
> ¿Quién sino tú vistió la faz amena
> del prado con verdura
> y dio a la opaca selva su espesura?

---

182 *Poesías de una Academia de Letras Humanas de Sevilla*. Antecede una vindicación de aquella junta por Eduardo Adrián Vacquer. Sevilla, Vázquez, 1797; XXII + 142 páginas en 4.º Así éstos como los restantes versos de Blanco han sido recogidos con mucho esmero por el señor marqués de Valmar en el tomo 3 de sus *Poetas líricos del siglo XVIII*.

Del hombre eternamente enamorada,
tú fuiste quien de pompa y de riqueza
cubrió su felicísima morada.

....

Aun no giraba el Sol sobre el eje de oro,
ni de su ardiente rostro derramaba
la hermosa luz del día,
y ya al mortal tu amor le preparaba,
de su autor en el seno,
de riqueza y placer un mundo lleno.

Versos tan elegantes y felizmente construidos como éstos se hallarán asimismo en las correctas odas de Blanco *A la Inmaculada Concepción de Nuestra Señora, A Carlos III, restablecedor de las ciencias en España, A Licio y a las musas.* Pero la obra de Blanco más celebrada por sus compañeros de Academia fue un poema didáctico sobre la Belleza, de que hoy no resta más que la memoria.[183] Quizá se encuentre alguna reminiscencia de él en la oda sobre *Los placeres del entusiasmo*, una de la mejores composiciones de la primera manera de Blanco.

Mejores que sus versos originales son los traducidos. El conocimiento que Blanco tenía de la lengua inglesa y su familiaridad con los poetas del tiempo de la reina Ana, clásicos a la latina o a la francesa, puso de moda el nombre y los escritos de Pope entre los poetas sevillanos. Lista imitó la *Dunciada* en el *Imperio de la estupidez*; Blanco tradujo en versos sueltos de gran hermosura la égloga de *El Mesías*:

Tiempo dichoso en que, a la fresca sombra
del álamo, sentado el pastor
mire cubrirse el yermo prado de azucenas
y, convidado del murmullo grato
de las sonoras fuentes, sus cristales
mire brotar del árido desierto.

---

183 Han sido inútiles todos los esfuerzos del señor De Cueto para haber a las manos esta obra inédita e insertarla en su colección.

El tigre, de su furia ya olvidado,
será, entre alegres tropas de garzones,
con lanzadas de flores conducido;
y el pequeñuelo infante, acariciando
la víbora y la sierpe, sus colores
celebrará con inocente risa.
Jerusalén, Jerusalén divina,
levanta la cabeza coronada
de esplendor celestial. Mira cubierto,
tu suelo en derredor, y de tus hijos
admira la gloriosa muchedumbre;
mira cuál de los últimos confines
a ti vienen los pueblos prosternados,
de tu serena lumbre conducidos.
El incienso quemado en tus altares
sube en ondosas nubes. Por ti sola
llora el arbusto en la floresta umbría
sus perfumes; por ti el Ofir luciente
esconde el oro en sus entrañas ricas.

Con igual acierto, pero no directamente del original alemán, sino de una traducción francesa, puso en castellano Blanco la *Canción de la alborada*, de Gesnner. Ya entonces despuntaban en él las condiciones de traductor eximio, que luego brillaron tanto en su insuperable versión del monólogo de *Hamlet* y de otros trozos de Shakespeare.[184]

Fieles los poetas sevillanos a la ridícula costumbre arcádica, eligieron cada cual un nombre poético. Blanco se llamó Albino, y así se le encuentra designado en las numerosas odas *Ad sodales*, que mutuamente se dirigían él y Lista y Reinoso. El segundo, sobre todo, sintió por Blanco amistad tiernísima, que no amenguaron ni los años, ni los errores de su amigo, ni la variedad de sus fortunas. Todavía en 1837 dedicaba a Albino la colección de sus versos con este soneto, reproducido en todas las ediciones:

---

184 Además de las poesías ya citadas, merecen elogio, entre los juvenilia de Blanco, su epístola en verso suelto a Forner y su égloga *Corila*.

La ilusión dulce de mi edad primera,
del crudo desengaño la amargura,
la sagrada amistad, la virtud pura,
canté con voz ya blanda, ya severa.
No de Helicón la rama lisonjera
mi humilde genio conquistar procura;
memorias de mi mal y desventura
robar al triste olvido solo espera.
A nadie sino a ti, querido Albino,
debe mi tierno pecho y amoroso
de sus afectos consagrar la historia.
Tú a sentir me enseñaste, tú el divino
canto y el pensamiento generoso;
tuyos mis versos son y ésa es mi gloria.[185]

Ninguna escuela o grupo literario abusó tanto y tan cándidamente del elogio mutuo como la escuela sevillana. Tiene algo de simpático, por lo infantil, este afán de enguirnaldarse unos a otros aquellos escogidos de Apolo con las marchitas o contrahechas flores del Parnaso, que, si fueron olorosas y lozanas en el siglo del Renacimiento, habían perdido ya toda frescura y aroma a fuerza de ser rústicamente ajadas por todas manos. Era un verdadero diluvio de frases hechas, azote de toda poesía:

Tú del sacro Helicón, mi dulce Albino,
ascendiste a la cumbre soberana,
y fuiste en ella honor del almo coro;
para ti su divino
mirto, Venus ufana
cultivó entre los nácares y el oro.

---

185 A Blanco están dirigidas una epístola, una elegía y una oda de Reinoso y tres odas de Lista.

Así exclamaba Lista en loor de su amigo; y aun con más afectación en otra oda, cuyas retumbancias, alusiones y perífrasis no serían indignas del mismo Martín Scriblero:

Tú de Minerva las sagradas aras
pisas insomne, y de Cupido y Baco
la dulce llama que al mortal recrea
pródigo huyes.
Y de Sileno la pampínea enseña
y de Acidalia los nevados cisnes
dejas, y al ave de la noche augusta
sigues callado.
Ya en negra tabla los certeros signos
copias de Hipatia, del divino Euclides,
ya las figuras que la inmensa tierra
miden y el orbe.
Nuevo Keplero, a los etéreos astros
dictarás leyes, mientras yo modesto
y más felice, las de Filis bella
tierno recibo.

Toda esta fraseología quiere decir que Blanco se dedicaba entonces al estudio de las matemáticas. Pero otras lecturas no tan inocentes le preocupaban más, y el mismo Blanco lo ha confesado sin rebozo en su despedida a los americanos: «Al año de haber obtenido la magistralía, me ocurrieron las dudas más vehementes sobre la religión católica... Mi fe vino a tierra...; hasta el nombre de religión se me hizo odioso... Leía sin cesar cuantos libros ha producido Francia en defensa del deísmo y del ateísmo».[186]

El *Sistema de la naturaleza*, del barón de Holbach, publicado con nombre de Mirabeaud, fue de los que le hicieron más impresión. La muerte de una hermana

---

186 La madre de Blanco, mujer de grande entendimiento, sospechó, antes que otra persona ninguna, el cambio de ideas de su hijo: «Tomó el partido de evitar mi presencia (dice el mismo Blanco en su *Preservativo contra Roma*) y de encerrarse en su cuarto a llorar por mí» (página 4).

suya y el haberse encerrado la otra en un convento[187] acabó de quitarle todo freno. Prosiguió sin descanso en sus insanas lecturas, se hizo materialista y ateo y pensó formalmente emigrar a los Estados Unidos en busca de libertad religiosa.

II. Viaje de Blanco a Madrid. Sus vicisitudes durante la guerra de la independencia. Emigra a Londres y publica allí El español. Abraza el protestantismo y se adhiere a la iglesia oficial anglicana

En tal situación de espíritu no podía ser muy del agrado de Blanco la estancia en Sevilla, ciudad tenida en todos tiempos por muy levítica. Y como ya la fama de sus versos y de sus sermones (algunos de los cuales anda impreso) había llegado a la corte, no le fue difícil conseguir una licencia del rey para vivir en Madrid un año, la cual fue prorrogando luego con varios pretextos. El Príncipe de la Paz le nombró catequista (*risum teneatis!*), o séase maestro de doctrina cristiana, en la escuela Pestalozziana, que dirigía otro volteriano, el abate Alea.

Me avergonzaba de ser clérigo —dice Blanco en la *Despedida a los ameri-canos*—, y por no entrar en ninguna iglesia, no vi las excelentes pinturas que hay en las de aquella corte. ¡Tan enconado me había puesto la tiranía!

¡La tiranía! No estaba ahí el misterio, y el mismo Blanco, en uno de sus accesos de sinceridad, lo confesó en Londres,[188] pensando herir con ello al sacerdocio católico, cuando solo se afrentaba a sí propio: «Viví en la inmoralidad mientras fui clérigo, como tantos otros que son polilla de la virtud femenina». Prescinda mi lector de la insolente bufonada con que esta cínica confesión termina y aprenda a qué atenerse sobre las teologías y liberalismos de Blanco. ¡Que siempre han de andar faldas de por medio en este negocio de herejías!

Este influjo mujeriego, por un lado, y la tertulia de Quintana, por otro, acabaron de dar al traste con los últimos restos de la fe de Blanco. Así le encontró la guerra de la Independencia, y, abrazando él por de pronto la causa del alza-

---

187 Para su profesión compuso Lista sus dos hermosas odas. *El sacrificio de la esposa* y *El canto del esposo*.
188 *Variedades o Mensajero de Londres*, páginas 307 y 309.

miento español, siguió a Sevilla la retirada de la Junta Central, dijo en su instalación la primera misa, como capellán de ella, y prosiguió, son palabras suyas, en su odioso oficio de engañar a las gentes. De este tiempo es su oda A la Junta Central, declamatoria y mediana, de estilo quintanesco:

Mas ¡ah!, tronando el cielo
la blasfemia escuchó, y al punto alzado
en medio de los campos de Castilla,
No, exclamó el numen del ibero suelo,
No, resuenan los plácidos vergeles
que el sacro Tajo baña,
No, dicen de su orilla los laureles,
y allá en eco lejano,
No, repiten los montes de la España,
No, responde bramando el Océano.

Ya queda dicho en otra parte de estos estudios que Blanco y Lista colaboraron en el *Semanario Patriótico* con Antillón y los amigos de Quintana, y ahora debe añadirse que a Blanco se atribuyó en 1809 la consulta de la Universidad de Sevilla sobre convocatoria de Cortes.

La invasión de las Andalucías por los franceses en 1810 obligó a Blanco a salir precipitadamente de Sevilla en la noche del 29 de enero, en compañía del embajador de Portugal. A los pocos meses, con universal sorpresa de sus amigos, se embarcaba en Cádiz para Falmouth.

¿Qué motivos pudieron forzarle a tan extraña resolución? Hasta entonces, la vida de Blanco nada de singular había tenido, pareciéndose en suma a la de muchos clérigos literatos de su tiempo, alegres y volterianos, de cuya especie han llegado casi a nuestros días ejemplares ilustres y muy bien conservados. Como ellos, habría proseguido Blanco en su oficio de engañar a las gentes, si cierta honradez nativa no le hubiera hecho avergonzarse de su propia degradación y miseria y si un motivo mundano, que nos reveló la áspera pluma de Gallardo, no hubiera resuelto aquella afrentosa crisis. Blanco tenía varios hijos, y, amando entrañablemente a aquellos frutos de sus pecados, quería a toda costa darles nombre y consideración social. De aquí su resolución de emigrar y hacerse protestante; para él, incrédulo en aquella fecha, lo mismo pesaba una religión que otra, ni había más ley que la inmediata conveniencia.

Ásperos fueron sus años de aprendizaje en Londres. Por más que le fuera casi doméstica desde sus primeros años la lengua inglesa, tardó en adquirir facilidad de escribirla, y el atraso de nuestra cultura respecto de la británica le llenó de temeroso respeto: «Persuadíme que, en comparación de las gentes de letras de este país, yo me hallaba en profunda ignorancia». De aquí una labor tenaz e incesante. Durante cuatro años estudió cada día diez horas de las veinticuatro, dominó el inglés, se hizo consumado en el griego y se aplicó a la lectura de los antiguos padres, estudio predilecto de los teólogos anglicanos.

Entre tanto y antes de lanzarse a la controversia dogmática, escribió mucho de política en lengua castellana. Protegido y aun subvencionado por lord Holland (el sobrino de Fox), por M. John Jorge Children y por M. Ricardo Wellesley, fundó un periódico titulado *El español.*[189] Empresa más abominable y antipatriótica no podía darse en medio de la guerra de la Independencia. En los primeros números pareció limitarse a recomendar la alianza inglesa y las doctrinas constitucionales; luego atizó el fuego entre el duque de Alburquerque y la Regencia, y maltrató horriblemente a la Junta Central, como queriendo vengarse del silencio que le habían impuesto en Sevilla cuando redactaba el *Semanario Patriótico.* Y, finalmente, desde el número tercero comenzó a defender sin rebozo la causa de los insurrectos americanos contra la metrópoli. De Caracas y Buenos Aires empezaron a llover suscripciones y dinero; el Gobierno inglés subvencionó, bajo capa, al apóstata canónigo, y Blanco desaforándose cada vez más, estampó en su periódico las siguientes enormidades: «El pueblo de América ha estado trescientos años en completa esclavitud... La razón, la filosofía, claman por la independencia de América». Y al mismo tiempo y en el mismo tomo, y, no reparando en la contradicción, escribía: «jamás ha sido mi intención aconsejar a los americanos que se separen de la Corona de España. Pero protesto que aborrezco la opresión con que se quiere confundir la unión de los americanos».

---

189 *El español.* Por don J. Blanco White. At trahere, atque muras lantis licet addere rebus, Virg. Aen. VII, 315. Londres. Impreso para el autor. (En la Imprenta de C. Wood... 1812); ocho tomos. El último se publicó en 1814.

Blanco, en quien la enemiga a todas las cosas de España había llegado a verdadero delirio, no solo se convirtió en campeón del filibusterismo, sino que tomó partido por Inglaterra en todas las cuestiones que surgían con sus aliados españoles, y, abiertas ya las Cortes de Cádiz, vituperó todo sus actos, discusiones y leyes mostrándose, como buen anglómano, aunque en esta parte acertaba, muy enemigo de la política *a priori*, del *Contrato social*, de los principios abstractos y de la cándida ideología de los legisladores de Cádiz, si bien tampoco era parcial de las antiguas Cortes, sino de un sistema representativo, de dos Cámaras a la inglesa.

Era tal el daño que en España, y sobre todo en América, hacía la venenosa pluma de Blanco, que la Regencia prohibió, so graves penas, la introducción de los números de *El español* por decreto de 15 de noviembre de 1810, en que llega a proscribir a Blanco como reo de lesa nación y aun a denigrarle con el feo, sí merecido, epíteto de eterno adulador de don Manuel Godoy, lenguaje impropio de un documento oficial, y que acabó de exasperar a Blanco, lanzándoles a nuevas y estrepitosas violencias. Arriaza, que se hallaba entonces en Londres con una comisión oficial u oficiosa, publicó contra Blanco *El Antiespañol* y otros folletos, que fueron contestados con no menor mordacidad.

Duró *El español* hasta la vuelta de Fernando VII, y el ministro Channing premió a su autor con una pensión vitalicia de 200 libras esterlinas anuales. Desde entonces, rara vez escribió en castellano. Hay, sin embargo, toda de su pluma (menos los últimos números, en que se le asoció otro emigrado, don Pablo Mendíbil), una revista trimestral para los americanos, con título de *Variedades o Mensajero de Londres*,[190] que duró desde 1822 a 1825. Del patriotismo de los editores júzguese por este dato: empieza con la biografía y el retrato de Simón Bolívar. Allí es donde Blanco se declaró clérigo inmoral y enemigo fervoroso del cristianismo, allí donde afirmó que España es incurable y que se avergonzaba de escribir en castellano, porque nuestra lengua había llevado consigo la superstición y esclavitud religiosa dondequiera que había ido. Allí, por último, llamó agradable noticia a la batalla de Ayacucho.

La parte literaria de la revista es buena, mereciendo particular elogio un artículo sobre *La Celestina*, en que se sostiene que es toda paño de la misma tela.

---

190 *Variedades o Mensajero de Londres*. Periódico trimestral. Por el Rev. Josep Blanco White... Londres, Acherman, 1824; con grabados.

Tiene Blanco el mérito de haber sido uno de los primeros iniciadores de la crítica moderna en España. Sus ideas artísticas se habían modificado profundamente por el estudio de la literatura inglesa, sacándole del estrecho y trillado círculo de la escuela sevillana. Había aprendido que «la norma de las ideas bellas es la naturaleza, no desfigurada por el capricho y gusto pasajero de los pueblos y de las academias, sino tal cual domina en el corazón, y dicta los afectos de toda la especie humana»..., y que (dos modelos antiguos deben estudiarse para aprender en ellos a estudiar la naturaleza). De aquí su admiración por *La Celestina*, dechado eterno de arte naturalista; de aquí su entusiasmo shakesperiano, que se mostró no solo en delicado análisis, sino en traducciones nunca hasta hoy aventajadas. ¿Quién ha puesto en castellano con tan áspera energía (prescíndase de algún verso infeliz) el famoso monólogo *To be, or no to be*?

Ser o no ser: he aquí la grande duda.
¿Cuál es más noble? ¿Presentar el pecho
de la airada fortuna a las saetas,
o tomar armas contra un mar de azares
y acabar de una vez?... Morir... Dormirse...
Nada más, y escapar en solo un sueño
a este dolor del alma, al choque eterno
que es la herencia del alma en esta vida.
¿Hay más que apetecer?... Morir... Dormirse...
¡Dormir!... Tal vez soñar... Ahí está el daño,
porque ¿quién sabe los horribles sueños
que pueden azorar en el sepulcro
al infelice que se abrió camino
de entre el tumulto y confusión del mundo?
A este recelo solo, a este ¿quién sabe?,
debe su larga vida la desgracia;
si no, ¿quién tolerara los reveses
y las burlas del tiempo? ¿La injusticia
del opresor y el ceño del soberbio?
¿Las ansias de un amor menospreciado?
¿La dilación de la justicia?... ¿El tono

e insolente desdén de los validos?
¿Los desaires que el mérito paciente
tiene que devorar... cuando una daga,
siempre a su alcance, libertarle puede
y sacarlo del afán?... ¿Quién sufriría
sobre su cuello el peso que le agobia,
gimiendo y jadeando hora tras hora,
sin ver el fin, a no ser que el recelo
de hallar que no concluye en el sepulcro
la penosa jornada... que aún se extiende
a límites incógnitos, de donde
nadie volvió jamás... confunde al alma
y hace que sufra conocidos males
por no arrojarse a los que no conoce?
Esa voz interior, esa conciencia,
nos hace ser cobardes: ella roba
a la resolución el sonrosado
color nativo, haciéndola que cobre
la enferma palidez del miramiento;
y las empresas de más gloria y lustre,
al encontrarla, tuercen la corriente
y se evaporan en proyectos vanos.[191]

La ruda naturalidad de Shakespeare hizo a Blanco renegar del arte relamido y peinado de sus antiguos modelos franceses. Él mismo en un artículo sobre Lamartine y Casimiro Delavigne (adviértase que ni aún los semirrománticos de aquella nación le agradaban) ha indicado clarísimamente la diferencia. «El arte de los ingleses —dice— se esfuerza por corregirse, imitando a la naturaleza, mientras que el de los franceses se dedica enteramente a querer sobrepujar corregir la misma naturaleza.» Las simpatías de Blanco, como las de Trueba y Cossío, el duque de Rivas y otros emigrados, estaban por el romanticismo histórico. Tradujo superiormente algunos retazos del Ivanhoe, y, persuadido de que

---

191 Página 75 de las *Variedades*. Tradujo, además, Blanco (y están en la misma revista) otros pedazos del *Hamlet* y algunos del *Ricardo III*.

podría brotar rico venero de poesía de nuestros libros de la Edad media, llenó las *Variedades* de retazos de las antiguas crónicas, del conde Lucanor y del Itinerario de Clavijo, y reprodujo el discurso de Quintana sobre los romances, cosa ligera y escrita en francés, pero atrevida y notable para su tiempo.

III. Vicisitudes, escritos y transformaciones religiosas de Blanco desde que se afilió a la iglesia anglicana hasta su «conversión» al unitarismo

Contra lo que pudiera creerse, Blanco no se hizo protestante inmediatamente después de su llegada a Inglaterra, sino que lo fue dilatando, ya por el rubor que acompaña a toda apostasía aun en ánimo incrédulo, ya porque no estuviera convencido, ni mucho ni poco, de los fundamentos razones dogmáticas de la iglesia en que iba a alistarse. ¡Singular ocurrencia en un impío, como él lo era por aquellas calendas, buscar entre todas las sectas protestantes, la más jerárquica, la menos lejana de la ortodoxia y la que en liturgia, ceremonias y ritos se acerca más a la romana! Blanco podía ser todo, menos anglicano, en el fondo de su alma, y, aunque él indique en sus escritos autobiográficos que le movieron a abrazar la nueva fe y a tornar a convencerse de la evidencia del cristianismo sus coloquios con los teólogos de Oxford, es estudio que hizo de la Escritura en sus originales: hebreo y griego, la lección de los antiguos padres, y la de algunos ingleses apologistas como el doctor Paley, autor de la *Teología natural*, y, finalmente, sus visitas a la iglesia de St. James, donde le encantaron la modestia y sencillez del culto protestante, también es cierto, y no lo negará quien conozca la índole de Blanco, que, aun estimados en su justo valor estos motivos,[192] y

---

192 «Cuando en el curso de los oficios observé la hermosa sencillez y el sentimiento caluroso (si es lícito decirlo así) que dominaban en aquella solemnidad, mi corazón, que por espacio de diez años había parecido muerto a todo impulso religioso, no pudo menos de mostrarse dispuesto a revivir, como un árbol deshojado cuando lo orean las primeras brisas de la lorimavera. Dios evitó que quedase convertido en un tronco muerto. No daba aún señales de vida, pero la savia estaba subiendo de la raíz. Así lo noté en mí al considerar la impresión que me hizo el himno que se cantaba aquella mañana:

Cuando de tus bondades, ¡oh Dios mío!
la inmensa multitud contempla el alma,
atónito a su vista me confundo
en amor, en respeto y alabanza.

tenida muy en cuenta la movilidad de impresiones del canónigo sevillano, no hubieran bastado ellos sin el concurso de otros mucho más mundanos; v. gr., la esperanza de honores y estimación social, para él y para sus hijos, a hacer entrar en aquel empedernido incrédulo en el gremio de ninguna iglesia cristiana. Pero, ya entrado, como la educación teológica que la iglesia anglicana proporciona a sus ministros es, aunque estrecha y en parte falsa, sólida y robusta en otras, como reliquia al cabo de aquellas antiguas y católicas escuelas de Inglaterra, Blanco se encarnizó en el estudio de la exegesis y de la controversia, y ahondó bastante en él, y, convencido su entendimiento por el esplendor de las pruebas de la revelación,[193] fue durante algunos años supernaturalista acérrimo, y llegó a creer bastantes cosas, que luego descreyó con su inconstancia habitual.

Aun en el breve período de 1814 a 1826, en que sirvió oficialmente a la iglesia anglicana, pudo tenérsele por díscolo y revoltoso. Hecha su profesión de anglicanismo ante el obispo de Londres, doctor Howley, pasó inmediatamente a la Universidad de Oxford para perfeccionarse en la teología y en las lenguas orientales. Dábale fácil y decorosa posición su cargo de ayo del honorable Enrique Fox, hijo de lord Holland, el biógrafo de Lope, y amigo de Jovellanos y Quintana, y presunto heredero de los títulos y grandezas del insigne orador émulo de Pitt.

Ya por este tiempo manejaba Blanco con extraordinaria perfección la lengua inglesa. Entonces comenzó a escribir para el *New Monthly Magazine* aquellas *Cartas sobre España*,[194] que luego reunió en un volumen, y que Ticknor ha

---

Los sentimientos expresados en este hermoso himno penetraron mi corazón como la primera lluvia que refresca una tierra sedienta... Cuando salí de la iglesia era ya otro hombre, mas no tenía verdadera fe en Cristo... Quiso Dios curarme de mi ceguedad al cabo de dos años» (*Preservativo contra Roma*, página 10).

193 Parecen sinceras las siguientes palabras del *Preservativo* (página 12): «Las pruebas del cristianismo son tan irrebatibles, que cualquiera que se tome el trabajo de examinarlas, si realmente confiesa que hay un Dios vivo, un ser que rige el mundo moral, jamás gozará un momento de reposo hasta que haya creído en Cristo... En vano busqué un punto de descanso fuera de la roca de los siglos... En las angustias de mi alma, exclamé con el apóstol Pedro: "¿A quién acudiré?", y me estreché con la cruz de Cristo» (página 12).

194 *Letters from Spain.* By don Leucadio Doblado. Londres: impreso por Henry Colburn and Co, 1822; 8.º, XII + 484 páginas.
(Leucadio Doblado es seudónimo de Blanco [en griego leucos]; el Doblado alude a la repetición de su apellido en inglés y en castellano: Blanco White.)

calificado de admirables. Lo son sin duda, con tal que prescindamos del furor antiespañol y anticatólico, que estropea aquella elegantes páginas, y del fárrago teológico con que Blanco, a guisa de recién convertido, quiso lisonjear a sus patronos, analizando con dudosa verdad moral, ni siquiera autobiográfica, las transformaciones religiosas de un clérigo español y describiendo nuestra tierra como el nido de la más grosera superstición y barbarie. Pero, si las *Cartas de Doblado* se toman en el concepto de pintura de costumbres españolas, y sobre todo andaluzas, del siglo XVIII, no hay elogio digno de ellas. Para el historiador, tal documento es de oro; con Goya y don Ramón de la Cruz completa Blanco el archivo único en que puede buscarse la historia moral de aquella infeliz centuria. Libre Blanco de temor y de responsabilidad, lo ha dicho todo sobre la corte de Carlos IV, y aun no han sido explotadas todas sus revelaciones. Pero aun es mayor la importancia literaria de las *Letters from Spain*. Nunca, antes de las novelas de Fernán Caballero, han sido pintadas las costumbres andaluzas con tanta frescura y tanto color, con tal mezcla de inguenuidad popular y de delicadeza aristocrática, necesaria para que el libro penetrase en el severo hogar inglés, cerrado a las imitaciones de nuestra desgarrada novela picaresca. Sin perder Blanco su lozana fantasía meridional, había adquirido algo más profundo y sesudo y una finísima y penetrante observación de costumbres y caracteres, que se juzgó digna del *Spectator*, de Addison, al paso de que la gracia señoril y no afectada del lenguaje hizo recordar a muchos las *Cartas de lady Montague*. Todo favoreció al nuevo libro, hasta la general afición que, por influjo del romanticismo literario y de los recuerdos de la guerra de la Península, se había desarrollado hacia las cosas españolas en las altas clases de la sociedad británica. La escuela lakista cooperaba a ello, difundiendo Southey sus poemas de asunto español y sus arreglos de crónicas y libros de caballerías. De tal disposición, avivada por los novelistas walterscothianos, se aprovechó Blanco, y con menos talento que él, pero con igual pureza de lengua, Trueba y Cossío en libros hoy olvidados, pero que hace menos de treinta años eran populares hasta en Rusia en Holanda. No pesa tal olvido sobre las *Cartas* de Blanco, y hoy mismo pasan por cuadros magistrales el de la corrida de toros, que no ha superado Estébanez Calderón ni nadie; el de una representación de *El diablo predicador* en un cortijo andaluz, el de la profesión de una monja y el de la fiesta de Semana santa en Sevilla; cuadros todos de opulenta luz, de discreta composición y agrupamiento de figuras y de severo y clásico dibujo.

Libro tan acabado puso de un golpe a Blanco en la categoría de los primeros prosistas ingleses e hizo que se leyesen con interés hasta sus libros de teología. Comenzó en 1817 con unas *Observaciones preparatorias al estudio de la religión*[195] y prosiguió con su *Preservativo de un pobre hombre contra Roma*, folleto sañudo vulgar, que él, con desacierto crítico, nada infrecuente en los autores, tenía por la mejor de sus obras.[196] Consta de cuatro diálogos breves, donde Blanco, cayendo en trivialidades indignas de su talento, y propias de cualquier colporteur o agente de sociedades bíblicas, que, a guisa de charlatán, pregona sobre un carro en la plaza pública su mercancía evangélica, declama largamente contra la tiranía religiosa, cuenta su propia vida, ataca, sin gran novedad de argumentos, la autoridad espiritual del papa y las que llama innovaciones del romanismo (transustanciación, purgatorio, confesión auricular, indulgencias, reliquias y veneración de las imágenes) y sostiene con estricto rigor luterano la doctrina de la justificación sin las obras, pasada ya de moda entre los protestantes mismos.

Enemigo de la tiranía religiosa se decía a todas horas Blanco, y, sin embargo, cuando en 1826 emprendió, a ruegos de su amigo Mr. Looker (de Greenwich) la refutación del *Book of the Roman Catholic Church*, del irlandés Mr. Carlos Butler, y la publicó con título de *Evidencia práctica e interna contra el catolicismo*,[197] no dudó en solicitar, desde las primeras páginas de la obra, la

---

195 *Preparatory observations on the study of Religion*, by a Clergyman (1817), 12.º

196 *The Poor Man's Preservative against Popery* (2.ª edición, 1834; 3.ª, 1845).
Fue traducido al castellano (pienso que por Usoz) y hay dos ediciones, si ya no es una sola con portadas diversas.
A) *Preservativo contra Roma...* Edimburgo. Imprenta de Tomás Constable, Impresor de Cámara de su majestad la reina, 1856; 8.º, 78 páginas.
b) *La verdad descubierta por un español*, 78 páginas. (Los protestantes la repartieron profusamente en 1868; parece idéntica a la anterior, aunque se le mudó el título para no asustar.)

197 *Practical and Internal Evidence against Catholicism, with occasional strictures on Mi. Butler's Book of the Roman Catholic Church*: in six letters, addressed to the impartial among the Roman Catholics of Great Britain and Ireland. By the Rev. Joseph Blanco White, M. A. B. D. In the University of Seville. Licenciate of Divinity inthbe University of Osuna, formerly Chaplain Magistral (Preacher) to the King of Spain, in the Royal Chapel

intolerancia, no ya dogmática, sino civil, contra los infelices católicos de Irlanda, asentando con singular franqueza que la «única seguridad de la tolerancia ha de ser un cierto grado de intolerancia con sus enemigos, así como, en los gobiernos más libres, las prisiones son necesarias como remedio preventivo para defender la libertad». Después de esto, ¿qué fuerza tiene su carta sobre la intolerancia del poder papal? ¿Y no es absurdo invocar argumentos de unidad, autoridad y tradición dogmática en favor de la iglesia anglicana, es decir, de una iglesia nacida ayer, rebelde y cismática, y desestimar la misma unidad y la misma tradición aplicadas a la Iglesia de Roma, la más antigua y robusta institución del mundo moderno, fundada sobre la roca incontrastable de los siglos? Si la iglesia de Inglaterra busca en alguna parte sus tradiciones, ¿dónde las ha de encontrar sino en el monje Agustín y en los misioneros que Roma la envió? ¿De dónde procedió la ordenación sacerdotal? ¿De dónde la jerarquía de aquella iglesia? Peor y más absurda y odiosa situación que la que Blanco tomaba dentro del protestantismo, no es posible imaginarla. Constituirse en campeón de la intolerancia aristocrática de los obispos ingleses, otorgar a la hija rebelde lo que negaba a la madre..., para eso no valía la pena de haber mudado de religión ni de haber salido de Sevilla. Después de todo, ¿qué diferencia esencial hay entre la doctrina que Blanco inculcó con tanto fervor contra Butler y Tomás Moore y la que se deduce del tratado *De iusta haereticorum punitione*, de fray Alfonso de Castro? Al uno le parece bien que se queme a los herejes; al otro, como los tiempos han amansado las costumbres, le entusiasma la idea de convertir a los católicos con destierros, prisiones y embargos, con la privación de los derechos políticos y con cargarlos de pesadísimas gabelas y cánones usurarios para

---

at Seville; Fellow, and once Rector of the College of S. Maria a Jesu of the same town, Synodal Examiner of the Diocesis of Córdoba and Cádiz; Member of the Royal-Academy of «Bellas Letras» of Seville, etc., etc. Now a Clergyman of the Church of England: Author of «Doblado's *Letters from Spain*» and «*The Poor Man's Preservative against Popery*». Second edition, revised, correcled and entarged London: John Murray, Albermale Street: 1826, 4.º, XX + 351 páginas.
(Al fin dice: London: printed by Thomas Davidson Whitefriars.)
Está dedicado al R. Eduardo Copleston. Blanco firma la dedicatoria en Chelsea, el 30 de abril de 1825.
Consta el libro de seis cartas: 1.ª Biografía del autor. 2.ª Autoridad e intolerancia del papa. 3.ª Infalibilidad. 4.ª Unidad y tradición. 5.ª Moral (es contra el celibato y los conventos). 6.ª Progreso intelectual.

que sostengan un culto y unos ministros que detestan y para que arzobispos de farándula, no obedecidos en territorio alguno, cobren y repartan con sus evangélicas ladies rentas de 10 y 20.000 libras esterlinas por razón de diezmos. Fácil triunfo dio a Butler la actitud de Blanco, que así y todo replicó con poca gracia a sus argumentos en una *Carta* impresa en 1826,[198] gran parte de la cual versa sobre el dogma de la exclusiva salvación de los católicos y sobre la catolicidad o universalidad atribuida a la Iglesia romana. ¡Aun no se había enterado del verdadero sentido de la palabra católico en nuestra Iglesia, o afectaba no entenderle, tomándole en su acepción materialísima! ¿Y en nombre de qué Iglesia venía a combatirnos? De una iglesia que *non semper nec ubique nec ab omnibus* vio recibidos, transmitidos y acatados, enteros y sin mancha, sus dogmas, sino que, nacida ayer de mañana por torpe contubernio de la lujuria de un rey, de la codicia de una aristocracia y del servilismo de un clero opulento y degradado, cambió de dogma tres veces por lo menos en un siglo, creyó y dejó de creer en la presencia real, abolió y restableció las ceremonias y acabó por doblar la cerviz a la Constitución de los 39 artículos de la papisa Isabel solo porque así quedaban las rentas y desaparecía el celibato. ¿Es cosa seria en pleno siglo XIX que un clérigo de esta Iglesia, sometida a una decla-ración dogmática tan inflexible como la nuestra, venga a decirnos, como dice Blanco, que «la obediencia espiritual de los católicos vale tanto como renunciar al derecho de usar de las facultades de nuestra mente en materias de fe y de moral?» (página 5). Porque una de dos: o Blanco era un hipócrita o admitía en aquella fecha la Constitución de los 39 artículos, y las leyes posteriores, y el libro de la liturgia que ordenó el rey Jacobo, y las decisiones sinodales del arzobispo de Cantorbery...; y por tanto, había renunciado generosamente al derecho de discurrir contra todas las cosas que allí se contenían, ni más ni menos que esos papistas tan odiados por él. De suerte que el único triunfo de su razón había sido cambiar la autoridad del papa por la autoridad laica de la reina Isabel. Por lo demás, seguía rezando las mismas oraciones que en Sevilla, sino que en inglés y no en latín sometido a la autoridad de un arzobispo que solía alarmarse de la

---

198 *A Letter to Charles Butler.* Esq., on his notice of the «Practical and international Evidence against Catholicism» by the Rev. Blanco White, M. A. Of the University of Oxford. Londres: Murray... 1826. 4.º, 131 páginas.

indisciplina de Blanco y de su tendencia a volver al monte de la impiedad por el camino del unitarismo.

Porque es de saber que Blanco fue, muy desde el principio, sospechoso entre los clérigos anglicanos, y ya el doctor Whately, luego arzobispo de Dublín y autor de una *Lógica* excelente, anunció de él casi proféticamente que pararía en unitario. Pero ¿qué más testimonio que el del mismo Blanco en su *Preservativo contra Roma* (página 10), libro de la más exaltada ortodoxia cantorberiense? «Os confesaré —dice— que, algunos años después de abrazar el protestantismo (en 1818), tuve algunas tentaciones en mi fe, no en favor del catolicismo, sino con respeto a la doctrina de los que se llaman unitarios, esto es, los que creen que Jesucristo no es más que un hombre hijo de José y María. Para mí esta fue una solemne crisis, porque como había estado tanto tiempo sin religión, necesitaba un socorro extraordinario de la gracia divina para no caer otra vez en aquel abismo. En este estado de duda volví a examinar con el mayor cuidado las Escrituras, sin cesar de pedir a Dios que me pusiese en el camino de la verdad. Anublaron por largo tiempo mi alma las dudas, y la oscuridad se espesaba de cuando en cuando con tanta intensidad, que llegué a temer de la fe cristiana en mi espíritu... Pero la gracia de Dios obraba secretamente en mí..., y, después de pasar casi todo un año sin asistir a los divinos oficios, la misericordia divina condujo mis pasos al templo. Me arrojé en brazos de Cristo, y no fue vana mi confianza.»

Sí que lo fue, y vanísima, porque él era todo menos cristiano siempre llevó consigo el germen unitario. En vano quiso combatirle con el ascetismo protestante, a que se entregó en casa de lord Holland los dos años que en ella vivió como ayo de Fox, desde septiembre de 1815. En vano se enfrascaba en todo género de lecturas supernaturalistas; y se le unían cada vez más a la iglesia anglicana sus amistades, y especialmente la del reverendo William Bishop, vicario de santa María de Oxford. Dos puntos le preocupaban siempre, la divinidad de Cristo y la inspiración divina de las Sagradas Escrituras. De ellas hacía materia continua de conversación con los teólogos oxfordienses, que ya le habían incorporado en su gremio con el título de maestro en Artes, dándole además una cátedra en el Colegio Oriel. Hasta 15 de julio de 1815 no había renunciado solemnemente Blanco a su magistralía de san Fernando, ni puéstose en condiciones de aceptar beneficios de la iglesia anglicana. Vivía de las

pensiones con que el Gobierno inglés premió su apostasía política y de la protección de lord Holland, que le admiraba tanto, que quiso dejarle encomendada
la tutoría de su hijo.

Blanco la aceptó primero y la renunció después, porque a cada hora se iba
enfrascando más en su teología; tanto que para dedicarse con más sosiego a
ella, buscó en Brighton el retirado asilo de la casa de su amigo Mr. Bishop, que
no pudo curarle de sus dudas acerca de la sagrada cena.

Desde 1828 a 1834 se dedicó con ardor increíble al hebreo; pero, lejos de
disiparse, crecieron sus tendencias al unitarismo, y, encontrando nuevas dificul-
tades en el *Antiguo Testamento*, acabó por rechazar la inspiración divina de las
Escrituras.

Muy raros ocios literarios interrumpían estas meditaciones religiosas o anti-
rreligiosas. Aun lo poco que entonces escribió (fuera del artículo «Spain» para
la *Enciclopedia Británica*) no sale del círculo de sus estudios predilectos, puesto
que se limitó a corregir la Biblia castellana de Scío por encargo de la Sociedad
Bíblica de Londres, que se proponía difundirla copiosamente en España; a tra-
ducir la obra apologética de Páley, que cedió luego a Muñoz de Sotomayor, y a
corregir la versión de las *Evidencias*, del obispo Porteus. Aun el mismo estudio
que entonces hizo de los *pamphletaires* ingleses (Addison, Steele, Swift) más
que para otra cosa, sirvió para adiestrarle en el estilo incisivo y polémico, que
aplicó luego a la controversia religiosa.

De las cosas de España, Blanco se cuidaba poco; solo de vez en cuando, a
ruegos de su grande amigo el poeta Roberto Southey y de Thomas Campbell,
director de *New Monthly Magazine*, publicaba allí algún artículo sobre nuestras
costumbres o sobre la fracasada reforma constitucional. En 1824 había impreso,
traducido al castellano, pero sin su nombre, el libro de Cotta sobre la ley criminal
de los ingleses.

Por más que el unitarismo de Blanco se estuviese incubando desde el año
de 1818, la conveniencia mundana le inducía a observar escrupulosamente las
prácticas de la iglesia anglicana y a tomar con gran calor su defensa, si alguien
la atacaba. Cuando predicó en Upton su primer sermón en inglés, la resonancia
fue grandísima, y el doctor Pusey y Newman, hoy columna fortísima de la Iglesia
católica, buscaron su amistad, al mismo tiempo que el doctor Mhately y Mr.
Hemans y el delicado y profundo poeta lakista Coleridge. Dios, que del bien saca

el mar, permitió que los últimos escritos de Blanco, que tan acerbamente ponen de manifiesto las llagas de la iglesia oficial de Inglaterra y sus contradicciones interiores, fuesen acicate y despertador para la conversión de Newman, según él mismo ha declarado. La Iglesia ganó en el cambio.

Todavía en 1829 escribía Blanco:[199] «Estoy sinceramente adicto a la iglesia de Inglaterra por ser la mejor iglesia cristiana que existe». Pero se engañaba a sí mismo o quería engañarse. Fluctuando entre el más absoluto racionalismo y el tradicionalismo más exaltado, unas veces afirmaba que «el cristianismo ha de dirigirse a la razón sola, como la luz a los ojos», y otras veces rechazaba las nociones metafísicas de los atributos divinos, como «falsas, contradictorias y engendradoras del ateísmo». En tal tormenta de encontrados efectos se hallaba cuando riñó su última batalla en pro de la iglesia oficial y en contra de la emancipación de los católicos a instancias del arzobispo de Dublín Whateley, de cuya compañía y amistad disfrutó algún tiempo.

Y ciertamente que la ocasión era solemnísima. El poeta más grande del Reino Unido después de Byron y de Shelly, el divino cantor de las *Melodías irlandesas* y de *Los amores de los ángeles*, el Anacreon-Moore, que Byron eternizó en las estrofas del *Don Juan*; aquel ingenio maravilloso todo color, brillantez y halago mundano que transportó a las tinieblas del Norte todas las pompas, aromas y misterios del Oriente, como si en él hubiese retoñado el espíritu de Hafiz, de Firdussi o de Sadi, Tomás Moore, en fin, por quien logran eterna vida los oradores del fuego y el velado profeta del Khorasán, bajaba a la arena en pro de la religión de san Patricio y de los siervos irlandeses atados al terruño del señor feudal y del obispo cismático. ¡Dichoso país Inglaterra, donde el ser poeta de salón no excluye el ser consumado en la noticia de los padres griegos y de los gnósticos! El libro de Tomás Moore, *Viaje de un irlandés en busca de religión* queda en pie como uno de los más hermosos monumentos de la literatura católica del siglo pasado. «Vosotros —parece decir a los obispos anglicanos—, si de alguna parte deriváis vuestra creencia, si a alguna fuente acudís para certificaros de la tradición dogmática, si no os resignáis a ser de ayer y a que vuestra iglesia naciera en medio del motín, habéis de remontaros, por la corriente de la Iglesia griega y latina, hasta los primeros apologistas, y desde éstos hasta los padres apostólicos. Esos son vuestros libros, y también lo nuestro; allí está lo que pensó

---

199 Página 457, tomo 1 de su biografía.

y creyó la primitiva Iglesia, y ellos vendrán en este pleito a dar testimonio contra vosotros. San Ignacio, san Policarpo, san Clemente, san Irineo, el Pastor, de Hermas; san Justino, Atenágoras, Taciano, Clemente Alejandrino, Orígenes..., os mostrarán desde los primeros siglos la unidad sacerdotal, la Cátedra de Pedro, la presencia real eucarística, la misa, la oración por los muertos, las imágenes, la veneración de las reliquias; en cambio, de la doctrina de la fe justificante sin obras no hallaréis rastro. Ponéis por juez a la tradición, y la tradición sentencia contra vosotros. Lo admitís os condena lo mismo que lo rechazáis. Confesad que sois un puñado de rebeldes, y no os llaméis herederos de la primitiva Iglesia, que os hubiera arrojado de su seno como a los marcionistas o a los valentinianos.»

Imagínese este argumento desarrollado con toda la erudición patrística que el caso requería, y en la cual Tomás Moore, según confesión de Byron, era aventajadísimo más que casi todos los teólogos ingleses; póngase sobre la erudición y el razonamiento la más espléndida vestidura literaria, digna del autor de *Lalla Rookh*, que esta vez añadía a sus antiguos timbres de poeta galante y descriptivo el de satírico vengador y profundo, rompiendo todos los cendales de la mojigatería anglicana, y solo así se tendrá idea del pavor que infundió al alto clero inglés aquella máquina de guerra, que llevaba juntos el empuje de la ciencia, el del estilo y el del sarcasmo.

Para contestar fue elegido Blanco, a pesar de las sospechas que ya infundía. Blanco leyó la obra, y le pareció escrita con gran habilidad. «Su objeto —dice— es acrecentar el odio de los católicos irlandeses contra los protestantes. ¡Extraña cosa que los partidarios más declarados de la libertad empleen sus poderosos talentos en servicio de los clérigos irlandeses! Ostenta Moore inmensa lectura de autores eclesiásticos y controversistas, tirando a demostrar en forma popular que el papismo y el cristianismo son cosa idéntica, puesto que los principales dogmas del romanismo se hallan en los padres de los cuatro primeros siglos.»

¿Y qué podía oponer Blanco a esto? Nada; y sin duda por eso y por no verse precisado a defender a la iglesia oficial, de que ya en su corazón estaba apartado, prefirió continuar el libro de Moore en la misma forma de novela, tomando al *gentleman* irlandés, héroe del libro de su adversario, en el momento de su conversión al catolicismo y haciendo de los católicos la misma sañuda irrisión que había hecho en las *Letters from Spain* y en el *Preservativo*, pero con menos gracia.

Nunca segundas partes fueron buenas, y por eso y por los resabios de unitarismo, que no faltan en el libro, aunque embozados, el *Segundo viaje de un caballero irlandés en busca de religión*[200] no contentó a nadie. Ni a los católicos ni a los anglicanos les pareció contestación, ni lo era en efecto; ni Tomás Moore descendió a refutarla, satisfaciéndose con clavar al apóstata canónigo en la picota de la sátira con dos o tres rasgos dignos de Arquíloco.

El mal éxito de esta polémica acabó de poner mal a Blanco con sus antiguos amigos los torys, y como al mismo tiempo, sin mudar sustancialmente de parecer acerca de la emancipación de los católicos, diera muestras de inclinarse a mayor tolerancia, y abrazara la defensa, y propusiera la reelección por la Universidad de Oxford del ministro Peel, que había consentido, en 1829, en conceder a los católicos algunos derechos, volviéronse encarnizados contra él los reverendos de la iglesia anglicana, y le exasperaron en términos que, roto todo disimulo, hizo pública su defección, ya mentalmente consumada mucho había; renunció la cátedra de Oxford y los beneficios o prebendas e hizo en Liverpool, en 1835, profesión solemne de fe unitaria ante el doctor Jorge Amstrong.

Desde entonces, los anglicanos huyeron de él como de un apestado, los puseístas también, y en sus últimos años se vio reducido al trato y correspondencia de los unitarios y de los positivistas, de Channing y de Stuart-Mill; lo más radical que en teología y en filosofía podía ofrecerle la raza inglesa.

IV. Blanco, «unitario» (1833). Sus escritos y opiniones. Su muerte (1841)

El unitarismo moderno, que otros llaman protestantismo liberal, si bien convenga con la antigua secta sociniana en negar la Trinidad y la divinidad de Cristo, va más adelante, y apenas puede llamarse secta cristiana, por cuanto extiende esta negación a todo lo sobrenatural contenido en los *Evangelios*, y acepta solo su parte moral, tomando a Cristo como dechado y ejemplar de perfección, en lo cual dicen que consiste la originalidad del doctor Channing. Como una de tantas formas de impiedad y deísmo, esta secta, si tal puede llamarse la que absolu-

---

200 *Second Travels of an Irish Gentleman in search of a Religion.* With Notes and Illustration, not by the Editor of «Captaine Rock's Memoirs» (seudónimo que había adoptado Tomás Moore). In two volumes... Dublin: Richard Milliken and son... 1833. Dos tomos 8.º El I de XVII + 249 páginas; el 2 de 245 páginas.

tamente carece de dogmas y de ceremonias, tiene en Europa muchos adeptos, que quizá ignoren que se llaman unitarios, pero no iglesias o congregaciones, a lo menos conspicuas y numerosas. No así en los Estados Unidos, donde la extendió mucho y le dio cierta organización el doctor Channing, famoso por su celo filantrópico y por la elocuencia de sus escritos. Blanco leyó sus sermones y su libro de la *Evidencia del cristianismo*, que luego tradujo al español un tal Zulueta, heterodoxo oscuro; le entusiasmaron mucho, decidieron en gran parte su evolución unitaria, y entró desde luego en correspondencia con el autor por mediación de Amstrong.

Esta correspondencia es muy curiosa por el odio que Blanco, mal curadas aún las heridas que había recibido de la iglesia anglicana, manifiesta a todo dogmatismo. «Todo sistema de ortodoxia —escribe— es necesariamente injurioso a la causa de la verdad religiosa..., todos los nombres dogmáticos son una injuria para el cristianismo.» Entiéndase que este cristianismo de Blanco es «un cristianismo espiritual, libre de teorías y de la doctrina de la interpretación verbal». Lo que más le irrita es la bibliolatría o idolatría práctica y materialista de los ingleses por el texto de la Biblia, la mojigatería de Oxford (Oxford Bigotry), el metodismo y las coteries de los pietistas, la tiranía religiosa de aquellos doctores que miden la verdad con el termómetro del «confort», el fetichismo de la iglesia oficial, establecimiento político de religión.

Aprendió el alemán, entró en correspondencia con Neander y se dio con encarnizamiento a la lectura de Paulus, de Strauss y de los exegetas de Tubinga. Declaró en carta a Stuart-Mill que «la deificación de Cristo era una vuelta a la concepción primitiva de la causa suprema en la infancia del entendimiento humano». De los exegetas pasó a los filósofos; Kant le enseñó que «la virtud era independiente del temor y de la esperanza, y aun de toda creencia en la inmortalidad». Fichte, interpretado a su modo, le sugirió la fórmula de *God within us* (*Deus intra nos*) y una teoría del Espíritu santo, que compendió en estas palabras de Séneca: *Sacer intra nos Spiritus sedet, malorum bonorumque nostrorum observator et custos. Hic prout a nobis tractatus est, ita et nos ipse tractat.* Acorde con todas las opiniones de Strauss sobre la autenticidad de los *Evangelios*, rechazaba toda la parte histórica como *greatly corrupted*, y solo daba cuartel a la parte moral, y aun ésta reformada (*risum teneatis*), esto es, «restaurada, a la manera que un artista de genio restaura una antigua estatua por medio de sus incompletos fragmentos... cuidando solo de que el amor a lo maravilloso no extravíe el sentido moral».

Tan apasionado en sus amores de un día como en sus odios, sostuvo, después de estudiar la filosofía alemana, que «dominaba en Inglaterra la más profunda ignorancia en materias de metafísica»,[201] a la manera, y no con menos violencia, que en otros días había defendido en las *Letters from Spain* que nunca había existido verdadera poesía española, ni aun era posible que la hubiese.

Las últimas obras de Blanco, *Nuevas consideraciones sobre la ley de libelo antirreligioso*[202] y *Cartas sobre herejía y ortodoxia*[203] más que exposiciones dogmáticas del unitarismo, son ardientes alegatos en pro de la tolerancia para todas las sectas. Sus verdaderas convicciones de entonces, o más bien la ruina y naufragio de sus convicciones, han de buscarse en las cartas que escribía a Channing, a Stuart-Mill, a Neander, notando día por día las variaciones de su conciencia. Todo principio de autoridad, ora fuese sobrenatural, ora racional, había llegado a serle antipático. «La causa de todos los males que oprimen al verdadero cristianismo —escribía a Channing en 9 de mayo de 1837— es la idea de algún género de infabilidad que resida entre los hombres...; ésta es la causa de los progresos que el catolicismo va haciendo cada día. Los protestantes no son más que una rama desgajada del sino. Si la religión se funda en alguna especie de infabilidad, justa y necesaria e incuestionable cosa es que todos debemos caminar a Roma en demanda de la salvación.»

Así el doctor Channing como su amigo Blanco vieron con terror acercarse la avenida puseísta, la explosión papista de Oxford (*popish explosion*), y, en pos de ella, el triunfo del catolicismo en Inglaterra, y trataron de atajarla con una

---

201 I was practically convinced of the profound ignorance of these subjects which prevails in England.

202 *The law of anti-religious libel reconsidered in a Letter to the editor of the Christian Examiner, in answer to an article against a pamphlet*, entitled. «Considerations by John Search. By the Rev. Joseph Blanco White, M. A., Of Oriel College, Oxford... Dublín, Richard Milliken and son... 1834», 4.º, 106 páginas.

203 *Observations on Heresy and Orthodoxy*, By the Rev. Joseph Blanco White, M. A... Second edition. Londres: John Mardon Farrindong Street and Charles Fox... 1839, S. XXXII + 158 páginas. Dedicado a los unitarios de Liverpool y Bristol. Esta obra mereció los plácemes de Channing en carta fecha en Boston, febrero de 1836.

forma de cristianismo naturalista: la forma unitaria, que Blanco definía «religión puramente espiritual de la conciencia, del Logos, de la luz de Dios en el hombre». ¡Vanos ensueños! Semejante religión no era más que un panteísmo recreativo, ecléctico, femenil y vago, sin virtud ni eficacia. El poder lógico de la *Etica* de Espinosa les asustaba. «Es evidente —dice Blanco— que la totalidad de este sistema se funda en el erróneo principio de que una definición subjetiva, como la de sustancia, puede tener consecuencias de valor objetivo.»[204]

¿Y no era subjetismo también, intolerante y exclusivo, reconocer a la razón como «única fuente de nuestro conocimiento respecto de Dios..., y no solo independiente del método llamado revelación (sic) sino existente por igual en todo hombre»?; con lo cual venía a darse a la razón un valor objetivo, impersonal y universal; sofisma de tránsito, semejante, si no idéntico, al que él atribuye con razón a los panteístas.

El libro del doctor Powell «sobre la conexión de la verdad natural y la revelada» concentró las meditaciones de Blanco en el problema de la inspiración y de la infalibilidad, y, declarándose desligado de toda adherencia teológica, proclamó la perenne revelación por «la interna presencia de Dios en el alma», y aun ésta no íntegra, sino excluyendo de sus facultades a la loca de la casa, a la imaginación, base de toda idolatría. «El mundo interno —repetía— es la perenne fuente de Dios.» Pero en el mundo interno la imaginación había llegado a ser objeto de sus implacables iras, por lo mismo que era de sus facultades la dominante y la que más le extraviaba. La lengua inglesa, figurativa y poética, contra la común parecía ya tan odiosa como la castellana. La encontraba pobre de lenguaje técnico y de nomenclatura abstracta. Suspiraba las orgías metafísicas de Alemania.

Al mismo Channing, moralista antes que filósofo, llegó a parecerle mal tan desmandado e intolerante racionalismo y tal desprecio de la imaginación. «¿No es empleo de esta gloriosa facultad —decía respondiendo a Blanco— contemplar en el universo el tipo de la divinidad; en el Sol, la antorcha de su gloria; en el bello y sublime espectáculo de la naturaleza, los signos de su espiritual belleza y poder? ¿No es la imaginación el principio que tiende a lo ideal, que nos

---

204 *It is evident that his wbole system is founded upon the erroneous principle, that the consequences of a subjective definition (such as that of substance) much have objective validity.* But the work is a wonderful piece of reasoning (página 362).

levanta de lo finito y existente y que concibe lo perfecto que los ojos ni aun han podido vislumbrar? Yo considero la religión como resultado de la acción unida de todas nuestras facultades, como revelada por la razón, la imaginación y los sentimientos morales... A mi juicio, la historia del cristianismo en los *Evangelios* es inestimable. La vida, espíritu y obras de Jesucristo son para mí las más altas pruebas de su verdad. Doy grande importancia a los milagros. Están vitalmente unidos a la religión y maravillosamente adaptados a ella. No son aconteci- mientos arbitrarios y anómalos. No tengo fe en los milagros aislados y sin propósito, únicos que son moralmente imposibles; pero los milagros de Cristo pertenecen a él, completan su manifestación, están en armonía con su verdad y reciben de ella su confirmación.»

¡Hermosísimas palabras viniendo de un enemigo de la divinidad de Cristo! ¡Era lo que le faltaba a Blanco-White, que los unitarios, la secta más disidente de todas las cristianas, le declarase hereje! Pero él no se dio por vencido, y replicó a Channing que la imaginación tenía poderosa y directa tendencia a la idolatría y que la verdadera religión nacía solo de las facultades racionales. La imaginación —añade— es la máscara del error; da apariencia de verdad a lo que no existe. La espiritualidad del cristianismo requiere su absoluta exclusión, pero no la del sentido moral, porque éste tiene su raíz en la conciencia, que es la razón práctica.

Yo no sé por qué Blanco persistía en llamarse cristiano, puesto que ya en 1839 había llegado a rechazar toda inspiración verbal, todo credo, artículo o catecismo, aun el de los unitarios, teniendo por único criterio la experiencia interior, sin dar más valor al *Antiguo* y *Nuevo Testamento* que a otros monu- mentos de la antigüedad, admitiendo o rechazando de ellos lo que su razón le inducía a aceptar o rechazar.[205] Tenía por auténtico el *Evangelio de san Juan*, pero no los sinópticos. Para él, la religión no era otra cosa que «la libertad en el conocimiento de Dios como nuestro Padre» o bien «una habitual aspiración a la fuente de la vida moral...», debiendo estimarse «la pintura histórica de Jesús

---

205 «The writings of the Old and the New Testament are historical documents, which I treat exactly like other remanats of antiquity... I approve in them what I find whorty of approval, and reject what I see no reason to believe or follow» (cap. 10 de la biografía). En otra parte escribe: «In this state of mind and heart I had persuaded myself lbat the New Testament afforded as much evidence for as against the Divinity of Jesus, and that in such a doubt, an honest man might remain in a Church professedly Trinitarian.»

de Nazaret como vehículo para la instrucción popular», cual si se tratase de la biografía de Sócrates o de la de Confucio. Y, aunque jamás se hizo panteísta, y defendió en toda ocasión, contra los germanófilos, «la personalidad separada de Dios», y como regla de vida moral «el conformarse a la voluntad de Dios en toda determinación, conforme al espíritu de las Sagradas Escrituras», aquí paraba su creencia, y ese espíritu de las Escrituras era para él cosa tan vaga y poco definida, que, lejos de cuadrar con ningún dogmatismo, le hacía aborrecer hasta el nombre de unitario[206] por lo que tenía de dogmático y aun de injurioso a la causa del cristianismo, estimando que las confesiones de fe que dividían al mundo cristiano eran meramente escuelas de filosofía aplicadas a la religión desde los tiempos mismos de san Pablo. De aquí el nombre de cristiano antiescolástico, antisectario o sin artículos, que quiso sustituir al de unitario o racionalista. De aquí su odio a las comuniones reformadas con pretensión de ortodoxas aún más que a la Iglesia católica. «Lo que llaman protestantismo escribía a Stuart-Mill en 1837 no es tal religión, sino un mutilado retazo del papismo lleno de incongruencias y contradicciones. Por eso no me admiro de que el número de los católicos romanos vaya creciendo cada día. Los teólogos protestantes son los más activos misioneros de Roma, y, en caso de pertenecer a alguna iglesia, no me asombra que el pueblo encuentre más atractiva y de mayor consistencia la del papa que la del arzobispo de Cantorbery.»

En suma: Blanco murió en un puro deísmo que al mismo Channing escandalizaba, unido íntimamente con J. Mill y los librepensadores de la *Revista de Westminster*, clamando a voz en cuello que «el único *Preservativo contra Roma* era la total ruina del cristianismo supernaturalista». Tal nos le muestran los últimos pensamientos que escribió en 1840 (un año antes de su muerte) con el

---

206 Página 83, tomo 3 de su *Life*: «I have no other objection to the name "Unitarian" but that it is dogmatic. That the doctrine of Trinity, and all those connected whit it... are injurious to the cause of Christianity, is a deep conviction of my mind. The true source of these corruptions is that false philosophy, which having begun to insinuate itself in to the very heart, the of the Gospel, even in the time of St. Paul... The confessions of faith which chiefly divide the Christian World are purely School Philosophy, applied to the religion of Christ... Anti-scholastic Christians might be a very good denomination for those who are now called Unitarian and Rationalist... Anti-sectarian or "Unarticuled" Christians».

odioso título de *El anti-Kempis racionalista o el escéptico religioso en presencia de Dios*.[207]

Dolorosos fueron aquellos últimos años de su vida, entre privaciones, abandonos y dolencias. Solo la amistad y los cuidados del ministro unitario de Liverpool M. Martineau, en cuya familia vivió, alcanzaron a consolarle. Cada vez más desaficionado de la controversia teológica, buscó el solaz de la música,[208] de las amenas letras, de la historia y de la filosofía, y su correspondencia está sembrada de ingeniosas observaciones sobre los muy variados libros que leía; Shakespeare, Goethe, Espinosa, Schleirmacher, Ranke, la *Simbólica*, de Creuzer, traducida o más bien refundida por Guigniaut; la historia de los sistemas filosóficos alemanes de Moritzs Chalybaus, Luciano, Aulo Gelio, Dionisio de Halicarnaso, y hasta Víctor Cousin y los eclécticos franceses distrajeron sucesivamente su soledad y ejercitaron los insaciables y móviles poderes de su alma.

Pero nada curaba su desaliento e hipocondría, acrecentados con la muerte de sus dos hijos y con la partida del único que le quedaba para el ejército de la India. Entonces formó mil planes: emigrar a Jamaica, llamar a una de sus sobrinas de Sevilla para que le acompañasen en el destierro. El trato de españoles le hubiera consolado, pero huía sistemáticamente de ellos, como temeroso de darles en cara con su doble apostasía. A veces sentía retoñar las dulces memorias de su patria y lengua y escribía versos castellanos o trazaba los primeros capítulos de una novela, *Luisa de Bustamante o La huérfana española en Inglaterra*,[209] empapada toda de amor a sus hermanos, como se complace en llamar a los católicos españoles, y de odio y menosprecio a la *pruderie* de la buena sociedad inglesa.

Y al día siguiente, con la versatilidad propia de su condición, como si el demonio de su historia pasada le atormentase y quisiera él estrangular su propia vergüenza y darse la razón a sí propio a fuerza de miso-hispanismo, revolvíase aquel infeliz contra los historiadores norteamericanos (Prescott, Irving, etc.), que habían enaltecido nuestras glorias del gran siglo católico, y manchaba el

---

207 Reproducidos por Hamilton Thom en el cap. 12 de la biografía de Blanco.
208 Cuentan que Blanco era excelente violinista.
209 Se imprimieron, muchos años después de muerto Blanco, en la *Revista de Ciencias, Literatura y Artes*, que desde 1855 se publicó en Sevilla bajo la dirección del señor Fernández Espino.

papel con las más horrendas injurias que han salido de la pluma de hombre alguno de nuestra raza: «La historia de los reyes Católicos, de Prescott —decía—, me deja en el ánimo la más melancólica impresión. El triunfo de los españoles es para mí el triunfo del mal. ¡Ay de los intereses más caros de la humanidad el día que España tenga predominio...!».

No solo negaba lo pasado; negaba hasta lo por venir. «Es imposible —decía a Channing en carta de 10 de mayo de 1840— que España produzca nunca ningún grande hombre. Y esta íntima convicción mía nace del conocimiento del país... La Iglesia y la Inquisición han consolidado un sistema de disimulo que echa a perder los mejores caracteres nacionales. No espero que llegue jamás el día en que España y sus antiguas colonias lleguen a curarse de su presente desprecio de los principios morales, de su incredulidad en cuanto a la existencia de la virtud.»

No nos indignemos con Blanco; basta compadecerle. Ni una idea robusta ni un afecto sereno habían atravesado su vida. Era el renegado de todas las sectas, el leproso de todos los partidos, y caminaba al sepulcro sin fe en su misma duda, temeroso de lo mismo que negaba, aborrecido de muerte en España, despreciado en Inglaterra, perseguido por los clamores de sus víctimas irlandesas y hasta aquejado por nocturnas visiones, en que le parecía contemplar triste y ceñuda la sombra de su muerte:

¡Oh traidores recuerdos que desecho
de paz, de amor, de maternal ventura,
no interrumpáis la cura
que el infortunio comenzó en mi pecho!
¡Imagen de la amada madre mía,
retírate de aquí, no me deshagas
el corazón que he menester de acero
en el tremendo día
de angustia y pena que azorado espero!

Entonces volvió a las manos de Blanco la descuidada lira española. Inspiróle la cercanía de la muerte los únicos versos suyos sinceros y dignos de vivir; poesía verdaderamente clásica y limpia y sin resabios de escuela; eco lejano de las apacibles y sosegadas armonías de fray Luis de León. Es un himno a la resignación, ¡rara virtud para ensalzada por Blanco!

¡Qué rápido torrente
qué proceloso mar de agitaciones
pasa de gente en gente
dentro de los humanos corazones!
....
mas se enfurece en vano
contra la roca inmoble del destino,
que con certera mano
supo contraponerle el Ser divino.
....
no así el que sometido
a la suprema voluntad, procura
el bien apetecido,
sin enojado ardor y sin presura.
¡Deseo silencioso,
fuera del corazón nunca expresado:
tú eres más generoso
que el que aparece de violencia armado,
cual incienso süave,
tú subes invisible al sacro trono,
sin que tus alas grave
la necia terquedad o el ciego encono!

A veces, una vaga aspiración a la inmortalidad alumbraba tibiamente las lobregueces de la conciencia de Blanco, y entonces exclamaba con la protagonista de su novela:

Vi un mar de luz, y en él miradme ya;
¡dichosa yo! Con alas venturosas
penetraré donde reside el bien,
coronaré con inmortales rosas

de eterno olor la enardecida sien.

Pero tales relámpagos eran pasajeros, y su confianza en Dios venía a reducirse a una especie de quietismo:

No me arredra la muerte;
mas, si viniere, ¡oh Dios!, en ti confío...
¿Por qué temer? ¿No estás en la tormenta
lo mismo que en la calma más tranquila?...
¿Y qué es morir? Volver al quieto seno
de la madre común de ti amparado,
o bien me abisme en el profundo cieno
deste mar alterado,
o yazga bajo el césped y las flores,
donde en la primavera
cantan las avecillas sus amores.[210]

La muerte de lord Holland, el más antiguo y el más fiel de sus amigos ingleses, puso el sello a las tribulaciones de espíritu de Blanco. Presintiendo próximo su fin, se retiró a Greenbarch, cerca de Liverpool donde tenía una hacienda su amigo míster Rathbone. Allí murió en 20 de mayo de 1841, a los sesenta y seis años de trabajosísima vida. Las últimas palabras suyas que la historia debe recoger son éstas, de una carta a Channing, escrita dos meses antes de rendir el alma a su juez: «En el estado actual del mundo y de la cultura popular, no tenemos seguridad alguna de triunfo contra la Iglesia de Roma».[211] Dijeron algunos que Blanco había muerto en la religión de sus padres, pero lo desmiente su amigo y biógrafo Thom, que le asistió hasta última hora, y que recogió con prolijidad inglesa y buena fe loable, los diarios y epístolas de Blanco.

La mayor parte de los escritos de éste quedan ya enumerados. Falta añadir su larga correspondencia con lord Holland, en 1809 y 1813; sobre política española y asuntos de *El Semanario Patriótico* y de *El español*; sus *Cartas del sábado*, a Hamilton Thom, sobre los antiguos cuáqueros, sobre la religión y el sacerdocio,

---

210 *Poetas líricos del siglo XVIII*, página 663.
211 Página 307, tomo 3 de la biografía de Blanco.

sobre las relaciones de la Biblia con la sociedad, sobre los caracteres de la fe y sobre el doble aspecto de la religión como verdad teológica y como sistema moral. Son suyas algunas oraciones y homilías del *The Book of common prayer*, publicado por Bagster. Por encargo de la Sociedad anti-Esclavista de Liverpool escribió un libro en castellano acerca de la trata de negros. Hay artículos suyos muy extensos y notables sobre literatura castellana y cuestiones religiosas en casi todas las revistas inglesas: en el *Quarterly Review*, en *The New Monthly Magazine*, en la *Revista de Londres*, de que solo aparecieron dos números en 1829; en *The Journal of Education*, en *The Dublin University Review* (1830), en *The London Review and London and Wetminster* (1838), en *Chyistian Teacher* y en otros que no recuerdo.[212]

Sus versos ingleses están sin coleccionar. Figura entre ellos un soneto famosísimo, que Coleridge tenía por «una de las cosas más delicadas que hay en lengua inglesa», y al cual, pasando más adelante, llegan algunos ingleses modernos a dar la palma entre todos los sonetos de su lengua, salvo siempre los inmortales y ardorosísimos de Shakespeare. La idea capital del soneto de Blanco es hermosa y poética sobre toda ponderación. Retrata el espanto de Adán al contemplar por primera vez la noche y pensar que en sus tinieblas iba a perecer el mundo. ¡Lástima que el estilo con ser delicado y exquisito, parezca, por sobra de pormenores pintorescos, más digno de una miniatura lakista que

---

212 Hay noticias y aun extractos de muchas de estas obrillas de Blanco en su biografía tantas veces citada. Merecen especial recuerdo cuatro artículos en el *Quarterly Review* sobre la revolución hispanoamericana (1812) y otro sobre las novelas españolas (1825). Otro sobre poesía y lenguaje español, en *The London Review*. Sobre el estado de la educación en España, en *The Journal of Education*. Sobre *Historia de la civilización europea*, de Guizot, en *The Dublin University Review*. Sobre la reciente literatura española, sobre la vida y obras de Crabbe, sobre las *Memorias* del Príncipe de la Paz, sobre los *Dramáticos ingleses*, de Lamb, y sobre las nuevas lecciones de Guizot, en la radical *Revista de Westminster*, etc. Los del *Christian Teacher* son casi todos teológicos.

Para completar el catálogo de las numerosas publicaciones de Blanco falta solo dar razón de un folleto que publicó respondiendo a las críticas que se hicieron de su *The law of anti-religious libel*:

—*An answer to some friendly remarks on «The law of anti-religious libel reconsidered»*, With an Appendix on the true meaning of an Epigram of Martial, supposed to relate to the Christian Martyrs (Dublín 1934), 8.º

de un vigoroso cuadro miltoriano!²¹³ Tiene sin embargo, versos de peregrina

213 Como este soneto es inseparable de la memoria de Blanco y hay muchos ingleses que solo
por él le conocen, no será excusado transcribirle aquí tal como le corrigió el autor en sus
últimos años:

Mysterious Night! When our first parent knew
thee, from report divine, and heard thy name,
did he not tremble for his lovely frame,
this glorious canopy o flight and blue?
Yet, neath a curtain of translucent dew,
bathed in the rays of the great setting flame,
hesperus with the host of heaven, came,
and lo! Creation widened in man's view.
Who could have thought such darkness lay concealed
within thy beams, o Sun! or who coul find,
whilst fly and leaf and insect stood revealedición
That to such countless orbs thou mad'st us blind!
Why to we then shun death wiht anxious strife?
If light can thus deceive, wherefore not life?

Este soneto anda traducido a varias lenguas. En castellano le puso Lista con poca felicidad.
He aquí dos versiones muy superiores; la primera (paráfrasis más bien), de mi amigo el
excelente y originalísimo poeta colombiano don Rafael Pombo; la segunda, en dístico
latinos, del eximio scholar inglés Samuel Bond, que ha puesto en latín otras poesías castellanas, entre ellas el soneto de Quevedo A Roma y la oda Al Pusa, de Ventura de la Vega:
Traducción de Pombo

Al ver la noche Adán por vez primera
que iba borrando y apagando el mundo,
creyó que, al par del astro moribundo,
la Creación agonizaba entera.
Mas luego, al ver lumbrera tras lumbrera
dulce brotar, y hervir en un segundo
universo sin fin... vuelto en profundo
pasmo de gratitud, ora y espera.
Un Sol velaba mil; fue un nuevo Oriente
su ocaso; y pronto aquella luz dormida
despertó al mismo Adán pura y fulgente.
... ¿Por qué la muerte el ánimo intimida?
Si así engaña la luz tan dulcemente,

hermosura; ninguno como el último:

If light can thus deceive, wherefore not life?
(Si la luz nos engaña, ¿cómo no ha de engañarnos
la vida?)

¡Singular poder del arte! Solo esta flor poética crece, a modo de siempreviva,
sobre el infamado sepulcro de Blanco. Cuando acabe de extinguirse el último
eco de sus polémicas y de su escandalosa vida, la musa del cantor conservará
su memoria vinculada en catorce versos de melancólica armonía, que desde

---

¿por qué no ha de engañar también la vida?

Traducción de S. Bond

Mystica Nox, cura te primum conspexit Adamus
tendere nigrantem per loca cuncta togam,
quaeque prius folia et minimarum corpora rerum
cernere erat, miris coeci lucere modis;
nonne animum dubii tentavit frigidus horror,
ne caderet fracti machina magna poli;
coerula ne ruerent proni laquearia cacli,
neve dies vitae prima, suprema foret?
Attamen haec inter, sub roscida nubila fulgens,
hesperus exurgit, sidereusque chorus;
visibus attonitis en alter nascitur orbis,
en novus aetheriis arcibus extat hono!
Mille unus soles velabat, quodque repugnat
credere, lux ipsa est quae patuisse vetat.
Cur igitur tanto fugimus molimine mortem?
lux potuit, cur non fallere vita potest?

(Véase la excelente revista de Santa Fe de Bogotá intitulada *El Repertorio Colombiano*,
vol. 1, n.º I.)

Indicaré, ya que esta nota sola me resta para hacerlo, que en la Universidad de Sevilla
se conserva una carta inédita de Blanco al rector del Colegio de santa María de Jesús o
de Maese Rodrigo (Londres, 16 de septiembre de 1826) enviando libros griegos para la
biblioteca del Colegio y recomendando el estudio de aquel idioma. Es la única prueba de
afecto que Blanco dio a su patria durante su larga ausencia.

Liverpool a Boston y desde Boston a Australia viven en la memoria de la poderosa raza anglosajona, que los ha transmitido a todas las lenguas vivas y aun ha querido darles la perennidad que comunica una lengua muerta.

V. Muñoz de Sotomayor

De este protestante español no tengo más noticia biográfica que las que resultan del siguiente párrafo de Blanco-White en uno de sus diarios publicados por Thom:

«Vino a Inglaterra por los años de 1827 un clérigo español llamado Muñoz de Septiembre que había abrazado el protestantismo en Francia. Se hallaba en gran penuria, singularmente porque el hacerse protestante había sido para casarse con una señora italiana, a la cual tenía que mantener en su destierro. Me le presentaron, y se me ocurrió que podría hacerle ganar algún dinero de la Sociedad de Traducciones por medio de mi versión del doctor Paley. Se la di a condición de que revisara el estilo, quitando todos los anglicismos que encontrase. Creo que el buen clérigo no era muy fuerte en materias de crítica. Lo cierto es que imprimió mi traducción al pie de la letra, tal como se hallaba en el manuscrito que le entregué. Septiembre la encabezó con un breve prefacio», etc., etc.

Este clérigo apóstata publicó luego otras versiones. Las que yo he visto son: *Perspectiva real del cristianismo práctico*, de Wilberforce, libro famoso de reacción cristiana y espiritualista contra el desbordamiento impío de la revolución francesa, y el *Ensayo*, de David Bogue, sobre la divina autoridad del *Nuevo Testamento*, impresas desde 1827 a 1829.[214]

214 *Perspectiva Real del Cristianismo práctico, o sistema del Cristianismo de los Mundanos, en las clases alta y mediana de este país, parangonado y contrapuesto al verdadero Cristianismo*. Por Guillermo Wilberforce, Esq. Miembro del Parlamento Británico. Traducido del Inglés al español, por el Rev. José Muñoz de Sotomayor, presbítero de la Iglesia Anglicana, doctor en Teología, y Socio de varias Academias de Europa... Londres 1827; LXV + 335 páginas + seis hojas de índice.
Tiene esta dedicatoria: «Al caballero Guillermo Wilberforce antiguo miembro del Parlamento británico y autor de esta obra inmortal, trasladando las profundas ideas del célebre Cowper, como las más adecuadas para manifestarse toda su admiración y gratitud, D. O. C., su más humilde y obediente servidor, J. M. de Sotomayor». Siguen unos versos detestables. La traducción es muy mala.

Libros a la carta

A la carta es un servicio especializado para
empresas,
librerías,
bibliotecas,
editoriales
y centros de enseñanza;
y permite confeccionar libros que, por su formato y concepción, sirven a los propósitos más específicos de estas instituciones.

Las empresas nos encargan ediciones personalizadas para marketing editorial o para regalos institucionales. Y los interesados solicitan, a título personal, ediciones antiguas, o no disponibles en el mercado; y las acompañan con notas y comentarios críticos.

Las ediciones tienen como apoyo un libro de estilo con todo tipo de referencias sobre los criterios de tratamiento tipográfico aplicados a nuestros libros que puede ser consultado en Linkgua-ediciones.com.

Linkgua edita por encargo diferentes versiones de una misma obra con distintos tratamientos ortotipográficos (actualizaciones de carácter divulgativo de un clásico, o versiones estrictamente fieles a la edición original de referencia).

Este servicio de ediciones a la carta le permitirá, si usted se dedica a la enseñanza, tener una forma de hacer pública su interpretación de un texto y, sobre una versión digitalizada «base», usted podrá introducir interpretaciones del texto fuente. Es un tópico que los profesores denuncien en clase los desmanes de una edición, o vayan comentando errores de interpretación de un texto y esta es una solución útil a esa necesidad del mundo académico.

Asimismo publicamos de manera sistemática, en un mismo catálogo, tesis doctorales y actas de congresos académicos, que son distribuidas a través de nuestra Web.

El servicio de «libros a la carta» funciona de dos formas.

1. Tenemos un fondo de libros digitalizados que usted puede personalizar en tiradas de al menos cinco ejemplares. Estas personalizaciones pueden ser de

---

Ensayo sobre la divina Autoridad del Nuevo Testamento por David Bogue. Traducido del inglés por el doctor don José Muñoz de Sotomayor... Segunda edición, 1829; 8.º, XII + 240 páginas.

todo tipo: añadir notas de clase para uso de un grupo de estudiantes, introducir logos corporativos para uso con fines de marketing empresarial, etc. etc.

2. Buscamos libros descatalogados de otras editoriales y los reeditamos en tiradas cortas a petición de un cliente.